航空运输类专业系列教材

航空运输地理

（第2版）

主　编/江　红（中国民航大学）

人民交通出版社
北京

内 容 提 要

本书为航空运输类专业系列教材。全书共七章，内容包括绪论、地球运动与航空运输、天气与航空运输、航空运输相关组织、航空运输布局、中国航空运输地理与世界航空运输地理。每章还设有引导案例、知识延伸模块，以帮助学生更全面掌握知识体系。

本书可作为高等职业院校空中乘务、民航运输等相关专业教材，也可供行业相关从业人员学习参考。

图书在版编目(CIP)数据

航空运输地理 / 江红主编. — 2版. — 北京 : 人民交通出版社股份有限公司，2025. 8. — ISBN 978-7-114-19932-5

Ⅰ. F56

中国国家版本馆 CIP 数据核字第 2024UM5357 号

审图号：GS 京(2024)2761 号

Hangkong Yunshu Dili

书　　名：航空运输地理（第 2 版）
著 作 者：江　红
责任编辑：李　娜
责任校对：赵媛媛　魏佳宁
责任印制：张　凯
出版发行：人民交通出版社
地　　址：（100011）北京市朝阳区安定门外外馆斜街 3 号
网　　址：http://www.ccpcl.com.cn
销售电话：（010）85285857
总 经 销：人民交通出版社发行部
经　　销：各地新华书店
印　　刷：北京虎彩文化传播有限公司
开　　本：787 × 1092　1/16
印　　张：13.25
字　　数：278 千
版　　次：2017 年 4 月　第 1 版
2025 年 8 月　第 2 版
印　　次：2025 年 8 月　第 2 版　第 1 次印刷
书　　号：ISBN 978-7-114-19932-5
定　　价：45.00 元

PREFACE

前　言

航空运输地理学是以航空运输地理分析为基础，围绕航空运输领域的人地关系、空间组织和区域结构建立的系统科学，它是交通地理学的重要组成部分，也是其最年轻的学科分支，在自然地理中的地质、地形、天文、气象要素以及人文地理中的经济、文化、交通、人口等知识体系的基础上，融合航空运输相关知识，重点研究自然地理、人文地理与航空运输之间相互影响的关系，并基于此揭示航空运输的发展规律。目前，航空运输地理较权威的教材主要用于本科教学及高职民航运输专业，还没有针对空中乘务专业的相关教材。鉴于此，我们结合空中乘务专业的特点及需求编写了本书。

本书具有以下特色：第一，对航空运输地理内容体系进行了重新设计，主要基于航空运输地理的内涵，侧重分析了自然地理、人文地理与航空运输之间的关系以及航空运输的发展规律，共包括七部分内容，分别是绪论、地球运动与航空运输、天气与航空运输、航空运输相关组织、航空运输布局、中国航空运输地理、世界航空运输地理。第二，在各章节中根据教学的需要增加了部分引导案例和延伸知识，以期帮助学生更好、更全面地掌握知识体系。

本书第一、二、三、四、五、七章由江红、戴雅兰编写，第六章由冯敏、戴雅兰编写，江红负责全书的统稿和整理工作。在本书的编写过程中，刘小娟老师、孙奇老师和王林老师提出了很多宝贵意见；编者参考了很多业内专家和学者的观点，借鉴了相关教材和文献，在此一并表示诚挚的谢意。

由于编者水平有限，书中难免存在疏漏之处，恳请读者批评指正。

编　者

2024 年 7 月

CONTENTS

目　录

01

第一章

绪论

一、航空运输地理的含义

1. 地理学

地理学是研究地球表面的自然现象和人文现象空间分布以及两者间相互关系的一门学科，自然地理学和人文地理学是地理学中密切联系的两大组成部分。

自然地理学的研究对象是自然地理环境，包括只受到人类间接或轻微影响而原有自然面貌未发生明显变化的天然环境和长期受到人类直接影响而使原有自然面貌发生重大变化的人为环境。自然地理学的研究内容随着学科的发展越来越广泛，主要有以下几方面：①研究各自然地理成分（地貌、气候、水文、土壤、植被和动物界等）的特征、结构、成因、动态和发展规律；②研究各自然地理成分之间的相互关系，彼此之间的物质和能量的循环与转化的动态过程；③研究自然地理环境的地域分异规律，进行部门和综合自然区划以及各种实用区划；④研究各个区域的部门自然地理和综合自然地理特征，并进行自然条件和自然资源的评价，为区域开发提供科学依据；⑤研究受人类干扰、控制的人为环境的变化特点、发展趋势及存在的问题，寻求合理利用的途径和整治措施。随着自然地理学的发展以及与许多自然科学发生联系，形成了众多的分支学科。根据研究的特点，自然地理学可分为综合性的和部门性的两组分支学科。综合性的分支学科有综合自然地理学、区域自然地理学、古地理学和历史自然地理学等。部门性的分支学科有地貌学、气候学、水文地理学、土壤地理学、生物地理学（包括植物地理学、动物地理学）、冰川学、冻土学、化学地理学和医学地理学等。

人文地理学是以人地关系的理论为基础，探讨各种人文现象的地理分布、扩散和变化，以及人类社会活动的地域结构的形成和发展规律的一门学科。它是地理学的两个主要分支学科之一，“人文”二字与自然地理学的“自然”二字相对应，泛指各种社会、政治、经济和文化现象，也有一些学者认为仅指社会文化现象。按人文地理学的研究对象和当前各分支学科发展的实际情况，将人文地理学分为政治地理学、社会文化地理学、城市地理学和经济地理学四大部分。其中，政治地理学通过研究国民与领土的关系来分析政治现象的地域体系，并分析以政治、军事、经济和宗教为背景的各种国家集团对世界和地区所起的作用。社会文化地理学分析空间中的社会现象，研究各种社会类型的区域分布并分析比较它们之间的相互关系；从人类文化的空间组合的角度，解释各种文化要素如何使不同地区具有各种区域特征。城市地理学的研究内容包括城市的形成和成长过程，城市的功能和特征，城市的空间结构、社会组织及其影响范围，城市人口构成，城市的类型和规划等。经济地理学以阐释人类生产和生活资料的生产、流通和消费分配等人类经济活动的地域分布和空间组织为主要任务。经济地理学研究扩展为包括农业地理学、工业地理学、交通运输地理学和商业地理学等的领域。而航空运输地理学就是交通运输地理学的一个分支。

2. 交通运输地理学

交通运输地理学是经济地理学的分支学科，研究交通运输地域组织的规律。其核心是研究交通网（包括线网、枢纽和港站）的结构、类型、地域组合及其演变规律，同地区间的运输经济联系、经济发展水平和人口分布有紧密联系的客、货流的产生与变化规律，交通运输在地域生产力综合体形成与发展中的地位与作用。

作为研究交通运输活动空间组织的学科，交通运输地理可分为理论交通运输地理、部门交通运输地理、区域交通运输地理、城市交通运输地理四个部分。其中，理论交通运输地理主要研究交通运输网的构成及其各种交通方式的地位，交通运输在生产布局中的作用，运输联系和客、货流分布及其演变趋势，合理运输与货流规划的理论和方法，交通运输布局的经济效益计算和地域系统评述，交通网络和站场布局的类型和模式，交通运输区划的原理和方法。部门交通运输地理分别研究铁路、水运、公路、管道、航空等运输方式的经济技术特点及地域的适应性。区域交通运输地理分别从国际、国家、国内经济行政区，或按河川流域、地形单元进行交通网络和客、货流的分析，通过对区域交通运输情况的描述，揭示区内经济结构的空间联系和区际物质联系的内在规律。城市交通运输地理主要研究和预测城镇内部道路交通网和客、货流与交通流的形成变化规律，城市对外交通线和站、港空间布局，以及综合交通系统。

交通运输地理学的基本任务是根据有关生产力布局方面的要求，进行客、货流和交通网的调查与规划，各种运输区划，交通运输布局的条件评价和经济论证，解决交通运输发展中的各种经济地理问题，参与国土规划、经济区划、区域规划、城市规划、工业布局和其他生产力布局等任务中有关交通运输问题的研究工作。其目的在于促使交通运输地域组合的合理化，从而取得最佳的社会经济效果。

该学科具有明显的地域性与综合性，特别注意地理环境（自然条件、经济地理环境、社会文化环境）与交通运输的相互作用和影响。其地域性表现在以下三个方面：①把交通运输现象作为生产过程，特别是生产力地域组合中的一个环节来考虑，因而，特别注意地理环境（包括自然环境、经济环境和社会文化环境）的影响，以及其反馈作用；②大量采用空间地域的分析方法，如交通运输地域类型、区域交通运输结构、交通运输区划、交通点、线的区位、交通网络分析、交通运输系统模拟等；③按照国家和区域（行政区、经济区、吸引范围等）来对一定地域内的交通运输情况进行描述和预测。交通运输地理学综合分析交通运输的自然、技术、经济条件及其结合情况，研究各种运输方式组成的统一交通网的内在结构、空间布局和时间次序，揭示其内在机制并预测其未来趋势。研究中利用运量、运距、周转量、运输能力、成本、运价、投资、利润等一系列具体经济指标，以及科学的管理和计划方法。在运用现代数学方法和电子计算机方面，同现代数学联系日益密切。除大量应用分析数学线性规划、数理统计等数学方法外，还引入了网络分析动态规划、模糊数学和投入-产出模式等方法。

3. 航空运输地理学

航空运输地理学的起步源于现代航空运输的发展。尽管航空的设想早于铁路、轮船、公路等现代运输方式，但 18—19 世纪期间，近代航空并未受到地理学家的关注。20 世纪初，伴随现代航空的兴起，航空运输地理学在欧美国家开始构筑其学科基础。可以说，航空运输地理是一门新兴的学科，是庞大的地理科学体系中的一个小分支。它与公路、铁路、水运、管道等其他运输地理学分支构成交通运输地理学的部门学科体系。

航空运输地理是研究航空运输与地理环境之间关系的学科，并在此基础上研究航空运输的发展规律及空间分布特点。航空运输地理学是围绕航空运输的人地关系、空间组织和区域结构建立的系统科学，它是交通地理学的重要组成部分，且是其最年轻的学科分支。随着人类文明的不断进步，航空地理学因其发展需要而不断扩大其研究领域。

航空地理学研究主题主要围绕机场、航线和飞机来展开，而目前的研究主题已扩展为机场、航线、飞机、行业及其相关组合问题，航空运输地理学的传统研究领域主要包括以下 6 个方面。

（1）史志与区域地理总图

“志”是地理学的历史源流，而区域研究则是近代地理学的重要传统主题之一。此部分研究内容主要包括全球、洲际以及国家层面的航空运输发展现状、历史进程和区域特征分析。

（2）机场格局与城镇关联体系

机场是航空运输的物质建构基础，也是现代城市对外交流的重要窗口。随着机场规模的增长，机场分布因经济格局、城镇特征、自然条件等差异出现空间分异，关注机场分布格局成为研究人文地理特征的重要内容。研究内容主要包括机场的空间布局特点，机场格局与城镇体系耦合的地理功能结构，如机场旅客吞吐量与城镇人口之间的关联关系等。

（3）网络结构、组织效应及优化

航线是航空运输企业的核心资源，也是机场及航空业赖以生存与发展的基础。航线相互衔接形成的网络不仅体现航空运输系统的空间服务能力和水平，也反映了区域的经济社会发展水平及其对外联系程度。研究内容包括航线网络的结构特点、航线的空间布局特点等。

（4）航空运输与区域发展的互动关系

航空运输与区域发展的互动关系表现为两重性。一方面，航空运输需求源于其机场腹地内的经济社会需要；另一方面，航空运输提供便捷的运输网络，为区域经济社会的发展提供了重要的基础设施保障体系及区位比较优势，有助于促进区域经济发展，具体表现为对就业、投资、外向型产业以及生产性服务业，如金融、保险、广告和区域总部功能、旅游等具有较大的带动作用。此外，航空运输的基础——空港可以对城市和区域经济产生影响，空港发展与区域经济互动成为研究的重要内容。

（5）机场布局规划及其影响因素

机场布局是民航发展规划的重要基础，布局规划不仅需要考虑经济、社会、政治等因素，还需从国家或区域尺度的机场体系对各机场进行系统定位。主要研究机场的空间布局特点及影响航空运输布局的影响因素。

（6）政策对航空业发展的影响

航空业因其独特的技术经济特性而在不同区域受到发展政策和制度的影响。从全球/国家层面上分析，政策主要影响空域分配、航权协议、价格制定、市场准入等，从而对运输需求、机场布局、市场格局等产生影响。从企业层面分析，制度影响组织效率、运输效益、市场竞争等。从客户层面分析，出行成本、网络覆盖、可达性等值得关注。主要研究内容包括国内外相关的政策制度等。

而近年来国际研究热点领域主要集中在航空网络结构复杂性、世界（中心）城市甄别、机场体系与航空网络演化、航空运输市场的组织行为、航空系统可持续发展相关问题上。

航空运输地理学从早期的交通史学和历史交通地理学中脱胎而出，融合经济地理学、交通规划学、系统科学等形成了现代航空地理学，研究主题从传统的基础设施（机场）、运输工具（飞机）和航线网络三大基础不断拓展，制度、行为（企业与消费者）、可持续发展（行业、企业、机场）等在航空运输地理学中的关注度逐渐增加，航空网络结构的复杂性、世界（中心）城市、机场体系与航空网络的演化规律与机理、航空系统的可持续发展等问题成为国际研究的热点领域及未来研究的重点。

随着航空信息资料的持续增加以及航空资源对学术界开放程度的不断提高，作为经济全球化和区域经济一体化重要支撑的航空运输将获得地理学者的更多关注。航空运输地理学的研究视角不断扩张，其研究方法和概念不断创新，将进一步加强人地关系思想与空间组织的理念，促进与相关学科的交叉合作，从而丰富并发展现代航空地理学。

结合航空运输地理的研究内容，本书的主要内容如下：

（1）地球运动与航空运输

地球的运动主要包括自转和公转两种形式。自转所带来的昼夜更替、时差、地转偏向等现象会对飞行活动带来影响；而公转所带来的昼夜长短、四季更替也会对航空运输的生产活动产生影响。

（2）天气与航空运输

由于地球的运动而引发的各种天气现象对航空运输的影响较大，其中可见的天气现象如风、雨、雪、雷暴等会对飞机的起降过程有影响，而一些不可见的天气现象如风切变等对航空运输的影响也较大。与此同时，天气的基本要素，如温度、气压、降水等也会对航空运输的运营带来影响。

（3）航空运输相关组织

在航空运输的发展中，国内外的航空运输相关组织均与航空运输的发展紧密相关，诸如国际民用航空组织、国际航空运输协会、世界机场协会以及中国航空运输协会等。

（4）航空运输布局

航空运输布局主要指机场、航线以及航空公司（运力）三大要素在空间布局的现状与特点，同时，自然环境、地理位置、经济条件、政治环境、科技条件等因素均会对航空运输的布局产生影响。

（5）中国航空运输地理

基于中国自然环境与经济环境的现状与特点，介绍中国航空运输的发展历程，以及各类航空运输资源的发展情况。

（6）世界航空运输地理

基于世界自然环境及经济环境的区域特点，从世界航空区划的角度出发，介绍一区、二区、三区主要国家的航空运输业及主要航空运输资源的发展情况。

二、航空运输地理的特点

地理学具有两个显著特性，即综合性和地域性。综合性是指地理学与研究地球表面某个层圈或某一个层圈中部分要素的学科都有密切的关系，如研究大气的大气物理学，研究岩石圈的地质学，研究人类圈的经济学、政治学、心理学等。地理学从这些学科中吸取有关各种要素的专门知识,反过来又为这些学科提供关于各种要素与其他现象间联系的知识。地球表面自然现象和人文现象空间分布不均匀的特点，决定了地理学区域性的特征。由于不同的地区存在不同的自然现象和人文现象，一种要素在一个地区呈现出的变化规律在另一个地区可能完全不同，因此研究地理区域就要剖析不同区域内部的结构，包括不同要素之间的关系及其在区域整体中的作用，区域之间的联系，以及他们之间发展变化的制约关系。

与地理学一样，航空运输地理学也具有综合性和地域性两大特征。综合性是指航空运输地理学融合了航空运输与地理学两门学科，并着重分析航空运输与地理学之间的关系；地域性是指航空运输的发展具有明显的地域差异性。

02

第二章

地球运动与航空运输

引 言

地球的运动形式主要包括公转和自转两种，无论是公转还是自转，都会给我们的生活带来影响，如昼夜的交替、四季的变化、地方时差的存在等。而这些现象，也与航空运输的活动紧密相关。例如，为什么航空公司每年要进行航班计划调整？为什么同一架客机从北京到昆明与从昆明到北京的飞行时间会不同？本章在了解地球运动的基础上，重点介绍地球运动对航空运输的影响。

本章知识目标

1. 掌握地球运动（自转、公转）的基本知识。
2. 掌握地球运动对航空运输的影响。
3. 掌握飞行时间计算的方法。

本章思政目标

1. 帮助学生树立科学的宇宙观，明确宇宙中所有的天体都在不断地运动。
2. 帮助学生理解物质世界是普遍联系的，地球自转和公转、时区系统、昼夜交替、四季变换等均有规律可循、存在因果联系，并会影响航空运输活动，进一步培养学生树立辩证唯物主义的思想观，理解事物之间是联系的、发展变化的。

第一节 地球运动

一、地球的公转

一个天体围绕着另一个天体转动叫作公转。太阳系里的行星绕着太阳转动，或者各行星的卫星绕着行星而转动，都叫作公转。公转是一件物体以另一件物体为中心所做的循环运动，一般用来形容行星环绕恒星或者卫星环绕行星的活动。所沿着的轨道可以为圆、椭圆、双曲线或抛物线。

地球公转就是地球按一定轨道围绕太阳转动。与地球的自转具有其独特规律性一样，地球的公转也有其自身的规律。

1. 公转的速度

地球公转是一种周期性的圆周运动，因此，地球公转速度包含着角速度和线速度两个方面。如果采用恒星年作地球公转周期，那么地球公转的平均角速度就是每年 360°，也就是经过 365.2564 日地球公转 360°，即每日公转约 0.986°（59′8″）。地球轨道总长度是 940000000km，因此，地球公转的平均线速度就是每年 9.4 亿 km，也就是经过 365.2564 日地球公转了 9.4 亿 km，即每秒钟 29.8km。

2. 公转的周期

地球绕太阳公转一周所需要的时间，就是地球公转周期。笼统地说，地球公转周期是一“年”。因为太阳周年视运动的周期与地球公转周期是相同的，所以地球公转的周期可以用太阳周年视运动来测得。地球上的观测者，观测到太阳在黄道上连续经过某一点的时间间隔，就是一“年”。由于所选取的参考点不同，“年”的长度也不同。常用的周期单位有恒星年、回归年和近点年。

（1）地球公转的恒星周期就是恒星年。这个周期单位是以恒星为参考点而得到的。在一个恒星年期间，从太阳中心上看，地球中心从以恒星为背景的某一点出发，环绕太阳运行一周，然后回到天空中的同一点；从地球中心上看，太阳中心从黄道上某点出发，这一点相对于恒星是固定的，运行一周，然后回到黄道上的同一点。因此，从地心天球的角度来讲，一个恒星年的长度就是视太阳中心在黄道上连续两次通过同一恒星的时间间隔。恒星年是以恒定不动的恒星为参考点而得到的，所以它是地球公转 360°的时间，是地球公转的真正周期。恒星年长度为 365.2564 日，即 365 日 6 小时 9 分 10 秒。

（2）地球公转的春分点周期就是回归年。这种周期单位是以春分点为参考点得到的。在一个回归年期间，从太阳中心上看，地球中心连续两次过春分点；从地球中心上看，太阳中心连续两次过春分点。从地心天球的角度来讲，一个回归年的长度就是视太阳中心在黄道上，连续两次通过春分点的时间间隔。春分点是黄道和天赤道的一个交点，它在黄道上的位置不是固定不变的。因此，回归年不是地球公转的真正周期，只表示地球公转了 359°59′9″的角度所需要的时间，用日的单位表示，其长度为 365.2422 日，即 365 日 5 小时 48 分 46 秒。

（3）地球公转的近日点周期就是近点年。这种周期单位是以地球轨道的近日点为参考点而得到的。在一个近点年期间，地球中心（或视太阳中心）连续两次过地球轨道的近日点。由于近日点是一个动点，它在黄道上的移动方向是自西向东的，即与地球公转方向（或太阳周年视运动的方向）相同，移动的量为每年 11″，所以，近点年也不是地球公转的真正周期，用日的单位来表示，其长度为 365.2596 日，即 365 日 6 小时 13 分 53 秒。

3. 公转的方向

地球公转的方向为自西向东。

4. 公转的地理意义

（1）引起正午太阳高度的变化

太阳光线对于地平面的交角，叫作太阳高度角，简称太阳高度（用H表示）。同一时刻正午太阳高度由直射点向南北两侧递减。因此，太阳直射点的位置决定着一个地方的正午太阳高度的大小。在太阳直射点上，太阳高度为 90°，在晨昏线上，太阳高度是 0°。正午太阳高度变化的原因：由于黄赤交角的存在，太阳直射点的南北移动，引起正午太阳高度的变化。正午太阳高度就是一日内最大的太阳高度，它的大小随纬度不同和季节变化而有规律的变化。其中，随纬度不同的变化规律为：低纬大而高纬小，春秋二分，从赤道向两极递减；夏至日，从北回归线向南北两侧递减；冬至日，从南回归线向南北两侧递减。随季节变化的规律为：北回归线以北，夏至日前后正午太阳高度达最大值，冬至日前后达最小值，南回归线以南则相反。南北回归线之间地带，太阳每年直射两次。

（2）昼夜长短随纬度和季节变化

地球昼半球和夜半球的分界线叫晨昏线（圈）。晨昏线把所经过的纬线分割成昼弧和夜弧。由于黄赤交角的存在，除二分日时晨昏线通过两极并平分所有纬线圈外，其他时间，每一纬线圈都被分割成不等长的昼弧和夜弧两部分（赤道除外）。地球自转一周，如果所经历的昼弧长，则白天长；夜弧长，则白天短。

（3）四季更替

以二十四节气中的立春、立夏、立秋、立冬为起点，地球在公转轨道上的运行会产生天气和季节的有规律变化。黄赤交角是影响天文四季变化的直接原因。四季包含的月份分别为：春（3、4、5 月）、夏（6、7、8 月）、秋（9、10、11 月）、冬（12、1、2 月）。

（4）五带划分

以地表获得太阳热量的多少来划分热带、温带、寒带。热带：南北回归线之间有太阳直射机会，接受太阳辐射最多。温带：回归线与极圈之间，受热适中，四季明显。寒带：极圈与极点之间，太阳高度角低，有极昼、极夜现象。

二、地球的自转

自转是地球的一种重要运动形式。古希腊的费罗劳斯、海西塔斯等人早已提出过地球自转的猜想，中国战国时代《尸子》一书中就已有“天左舒，地右辟”的论述，而对这一自然现象的证实以及被人们所接受，则是在 1543 年哥白尼日心说提出之后。

1. 自转的速度

除南北极点外，地球上各点自转角速度均为 15°/h。地球自转的线速度，赤道最大，从赤道向两极越来越小，两极为零。

据天体物理学的计算，地球的自转速度在逐年变慢，主要是由月球和太阳对地球的潮汐作用引起的。同时，一年内地球自转存在着时快时慢的周期变化，春季自转变慢，秋季加快，这种周期性变化与地球上的大气和冰的季节性变化有关。此外，地球内部物质的运动，如重元素下沉、向地心集中、轻元素上浮、岩浆喷发等，都会影响地球的自转速度。

2. 自转的周期

笼统地说，地球自转的周期是 1 日。地球自转周期的度量，需要在地外的天空找一个超然于地球自转的参考点。按参考点的不同，天文上的日的长度有三种，即恒星日、太阳日和太阴日，分别以春分点、太阳和月球为参考点。通常所说的 1 日（一昼夜）是指太阳日。

地球自转周期可以从天体周日运动的周期来测定。恒星日是指同一恒星连续两次在同地中天的周期。同理，太阳日就是太阳连续两次在同地中天所需的时间；太阴日则是月球连续两次在同地中天所经历的时间。以上三个周期中，只有恒星日是地球自转的真正周期，即地球自转 360°所经历的时间，因为恒星通常被视为天球上的定点。应当指出，天文上用来定义恒星日的，不是具体的某个恒星，而是春分点。这是由于恒星日是同恒星时相联系的，而恒星时是以春分点作为量时天体的。恒星时就是春分点的时角。为了同这些情况相适应，用来定义恒星日的只能是春分点。如考虑到地轴进动或春分点西退，那么，恒星日与地球自转周期也存在细微的差别。同恒星相比较，太阳和月球都不是天球上的定点。它们除了参与天球周日运动（向西）外，还有各自的巡天运动（向东），因而太阳日和太阴日都不是地球自转的真正周期。太阳和月球在天球上向东运行，意味着它们的赤经持续递增（赤经向东度量）。天体中天时刻按其赤经次序而定。赤经增大，中天时刻就推迟到来，使连续两次中天的时间间隔增长。因此，太阳日和太阴日都要长于恒星日。太阳日和太阴日互不相同，因为二者具有不同的速度。太阳周年运动是地球公转的反映，其速度是每太阳日约 59′；月球的巡天运动是它本身绕转地球，其速度是每太阴日 13°38′（或每太阳日 13°10′）。在 1 个太阳日期间，地球自转不是真正的一周，而是 360°59′；在 1 个太阴日期间，地球自转不是 360°，而是 373°38′。如果以恒星日的长度来分 24 小时（恒星小时），那么，太阳日的长度是 24 时 04 分，太阴日长度是 24 时 54 分。但在日常生活中，人们总是以 24 小时表示太阳日的长度，在这种情形下，恒星日长度为 23 时 56 分；太阴日长度则为 24 时 50 分。

3. 自转的方向

地球绕自转轴自西向东的转动，从北极点上空看呈逆时针旋转，从南极点上空看呈顺时针旋转。

4. 自转的地理意义

（1）昼夜更替

地球自转决定昼夜交替，并使地表各种过程具有昼夜节奏。地球不透明，任何时候太阳都只能照射地球的一半，使地表产生昼和夜的区别。如果地球只有公转而没有自转，那么昼夜更替周期将不是一日而是一年。在这种情况下，与地表热量平衡相联系的一切过程都将发生和现在全然不同的变化。例如，巨大的昼夜温差将会引起十分强烈的风暴，过度的炎热和严寒将会造成生物的灭绝等。但由于地球有自转，昼夜更替适中，地表增温和冷却不超过一定限度，生物才得以生存。

（2）地转偏向力

地转偏向力是由于地球自转而使地球表面运动物体受到与其运动方向相垂直的力，从而使所有在北半球做水平运动的物体都发生向右偏转，在南半球做水平运动的物体则向左偏转。地转偏向力可以改变运动物体的方向，但不会改变地球表面运动物体的速率（速度的大小)。地转偏向力对季风环流、气团运行、气旋(台风)与反气旋(冷空气)的运移路径、洋流与河流的运动方向以及许多自然现象有着明显的影响，例如，北半球河流多有冲刷右岸的倾向，高纬度地区河流上浮运的木材多向右岸集中等。经过科学家的反复验证发现，几乎所有物体在运动时都要发生偏转。

(3)地方时差

地球自转造成同一时刻、不同经线上具有不同的地方时间。一个地方的正午时候，距其 180°经度处却正当午夜。地球表面每隔 15°经线，时间即相差 1h。人们据此划定地球时区。全部经度 360°，分为 24 个时区。以本初经线为中心，包括东西经各 7°30′的范围为中时区。东西另外各 15°经度为东 1 区、西 1 区；如此类推，至东西 12 区，即以 180°经线为中心的时区。在同一时刻，180°经线以东是前一日的结束，以西却是次一日的开始。

地方时：以一个地方太阳升到最高地方的时间为正午 12 时，将连续两个正午 12 时之间等分为 24 个小时，所成的时间系统称为地方时。东边的地点比西边的地点先看到日出，东边地点的时刻较早，西边地点的时刻较晚。

时区：全球共划分为 24 个时区，以本初子午线为基准，从 7.5°W 向东至 7.5°E，划分为一个时区，叫中时区或零时区。在零时区以东，依次划分为东一区至东十二区；在中时区以西，依次划分为西一区至西十二区，东十二区和西十二区各跨经度 7.5°合为一个时区，即十二区，如图 2-1 所示。

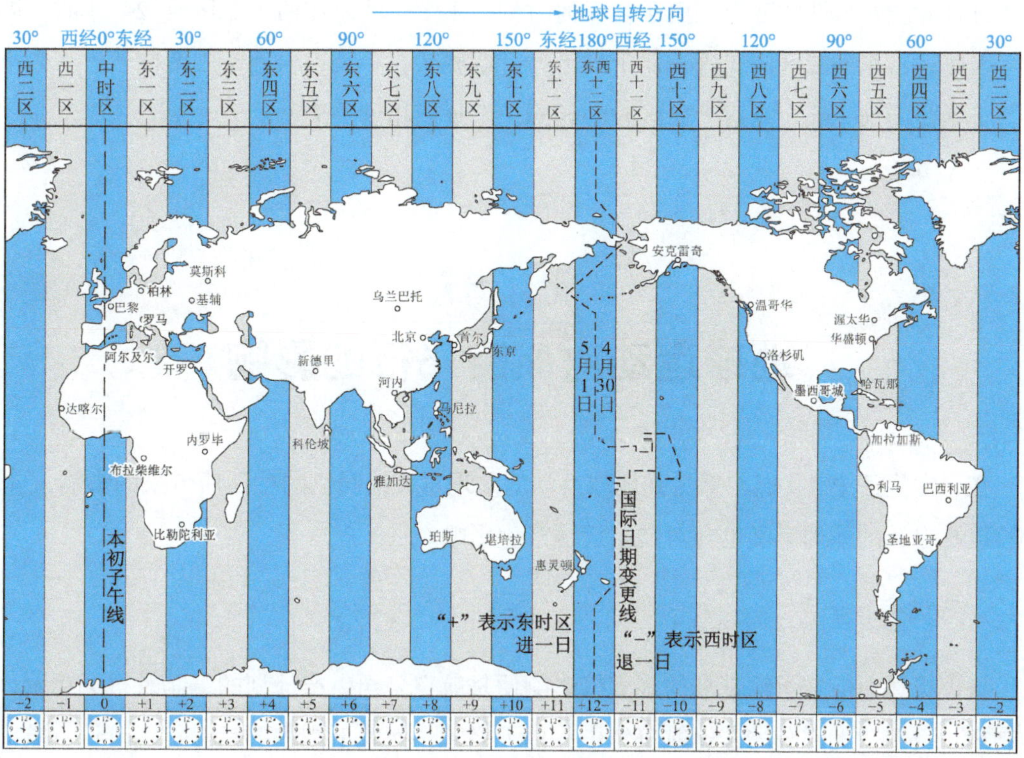

图 2-1　时区示意图

区时的含义：为了方便计时，把每一个时区中央经线的地方时作为整个时区通用的时间，即区时。

区时的计算：所求地的区时 = 已知地的区时 ± 时区差 × 1 小时（计算某地所在的时区：用该地经度 ÷ 15°所得商，四舍五入取整数，即为时区数，东西时区根据所在经度来确定）；时区差的计算：若两地同属于东时区或同属于西时区，时区差为两地时区数之差，若两地分属于东、西时区，则两地时区差为两地时区数之和；“+”“−”号的选取：若要计算的地方位于已知地的东侧，用“+”，反之用“−”。

地方时和区时的关系：一般从光照图上读到的时间，均是地方时，一个地区正午太阳高度角最大时，一定是地方时 12 时，由于区时从地方时而来，区时即为一个时区中央经线的地方时，因此二者的关系密切。两个地点的地方时，可以相差时、分、秒，而两个地点的区时之差只能是小时。

日期界线：国际上规定，把东西十二区之间的 180°经线作为国际日期变更线，简称日界线。

日界线的特征：日界线是地球上新的一天的起点和旧的一天的终点，地球上日期的更替，都从这条线开始。日界线不是一条直线，而是有些曲折，不完全按照 180°经线延伸，这是为了附近国家和地区居民生活的方便，日界线的划定避免通过陆地。

过日界线时日期的变更：由于在任何时刻，东十二区总比西十二区早 24 小时，即一天。因此，自东十二区向东进入西十二区，日期要减去一天；自西十二区向西进入东十二区，日期要增加一天。东西十二区时刻相同，但日期相差一天。

第二节 地球运动对航空飞行的影响

在日常生活中，我们能感受到地球运动的地理意义给我们的生活所带来的影响，同时，公转以及自转的地理意义也会对航空运输产生影响。

一、昼夜更替

昼夜更替对航空运输带来的最直接影响便是航空公司生产计划的编制及机场运营计划的制定。目前，大部分的客运航班集中在白天运营，而晚上则主要运营货运航班。航空公司及机场应根据这一特点进行生产工作的组织。

二、地方时差

时差的存在对于航空运输的影响也较为明显，尤其对于长距离的洲际航线而言，影响最大。目前，主流的国际航线主要飞行方向以东西向为主，这些航线必将跨越经线，因此，大部分的国际航班都将涉及时差换算的问题。在航班计划的制定中，要考虑到始发地与目的地时差的问题，使旅客享受到相对方便的登机及下机时间。而对于国际航班的落地时刻及飞行时间的确定中一定要考虑时差的存在。

1. 飞行时间的计算

在对飞行时间的计算中，可以采用以下三种思路之一进行计算：将始发站和目的站时间均转换成标准时间；将目的站当地时间转换成始发站当地时间；将始发地当地时间转换成目的站当地时间。

例题 1：某旅客从巴黎飞往纽约，从巴黎出发时是巴黎当地时间 10 月 1 日的 17 点 30 分，到达纽约时是纽约当地时间 10 月 1 日 18 点 55 分，请计算旅客在空中的飞行时间：

方法一：[1855/01OCT − (−0500)] − [1730/01OCT − (+0100)] = 7h25min

方法二：[1855/01OCT − (−0500) + (+0100)] − 1730/01OCT = 7h25min

方法三：1855/01OCT − [1730/01OCT − (+0100) + (−0500)] = 7h25min

2. 目的地当地时间的计算

当已知航班的始发时间及空中飞行时间，可以通过上面的思路计算得出到达目的地的当地时间。

例题 2：某旅客从悉尼飞往洛杉矶，从悉尼出发时是悉尼当地时间 8 月 15 日的 15 点 55 分，在空中飞行了 13h30min 后到达洛杉矶，请计算到达洛杉矶时是洛杉矶当地时间何时？

方法一：[? − (−0800)] − [1555/15AUG − (+1000)] = 13h30min

? = 1125/15AUG

方法二：[? − (−0800) + (+1000)] − 1555/15AUG = 13h30min

? = 1125/15AUG

方法三：? − [1555/15AUG − (+1000) + (−0800)] = 13h30min

? = 1125/15AUG

3. 始发地当地时间的计算

当已知航班的落地时间及空中飞行时间，可以通过上面的思路计算得出航班始发地的当地时间。

例题 3：某旅客从东京飞往洛杉矶，到达洛杉矶时是洛杉矶的当地时间 7 月 5 日 9 点 30 分，空中飞行时间为 12h40min，请计算在东京出发时东京的当地时间是何时？

方法一：[0930/05JUL − (−0800)] − [? − (+0900)] = 12h40min

? = 1350/05JUL

方法二：[0930/05JUL − (−0800) + (+0900)] − ? = 12h40min

? = 1350/05JUL

方法三：0930/05JUL − [? − (+0900) + (−0800)] = 12h40min

? = 1350/05JUL

三、地转偏向

按照惯性原理，在地球上运动的物体总是力求保持它的方向和速度，但是，由于地球本身在旋转，从而使各地的方向坐标也不断地变化。也就是东、南、西、北的方向在不断地变化，这就使得运动物体相对发生了偏移。在北半球，无论物体如何运动，总要向运动方向的右侧偏移；在南半球，无论如何运动，总要向运动方向的左侧偏移；在赤道上，由于方向在水平面上没有扭动，运动物体不发生偏移；由赤道向两极，偏移程度增大。

地转偏向力的作用必然使飞行产生一定程度的偏移。实际飞行时，一定要克服偏移，否则飞机则不能准确飞抵目的地。

四、昼夜长短

由于地球公转而产生的昼夜长短现象，对于航班计划的制定会产生影响，航空公司根据季节的不同在一年中会有夏秋班期时刻表和冬春班期时刻表两个生产计划。一方面，由于季节的不同会引起市场需求的变化；另一方面，由于昼夜长短会发生变化，航空公司也需要对每一天的航班时刻进行适当的调整。

五、四季更替

四季更替也是由于地球公转而引发的，由于四季的气温、风向、风速、降雨等天气状况有较大不同，这些不同季节下天气要素的差异性必将对航空运输的日常运营带来较大影响，航空公司、机场等需要根据这些变化，对相应资源配置及组织管理工作进行相应的调整。

知识延伸

飞行员眼中的昼与夜

飞机是在对流层或平流层中飞行，在飞行时，飞行员看到的地球是静止的。

可地球却以一定的线速度在自转。因而飞行员经历的昼夜交替现象与我们平时所经历的大不相同。假设一架飞机向西飞行（飞行速度小于地球自转速度），飞行员连续测得从正午到正午的时间间隔与一个太阳日是什么关系呢？在飞行速度小于地球自转速度的情况下，向西飞行时，飞行员眼中的一天应比一个太阳日要稍长。如果飞行速度等于地球自转速度，此时，飞行员昼夜交替的周期是无穷大（即没有昼夜交替现象），也即飞行员看到的都是同一种景象（如所到之处全是日出或日落或正午）。如果飞行速度大于地球自转速度，则飞行员又能经历昼夜交替现象，不过所看到的日出方向和静止的人类刚好相反。如果是春秋分日，飞行员便能看到太阳从西边出来的情景。如果飞机沿经线圈飞呢？由于不同的纬度地区昼夜长短不同，则昼夜交替具有复杂性。因而飞行员看到的昼夜交替周期、日出、日落更具有复杂性与抽象性。

知识延伸

飞行员是如何应对时差反应的

所有人都有一套自己的生理节律，由光线来决定究竟是该精神百倍还是昏昏欲睡。经常穿梭于不同时区的人对生物钟彻底紊乱后的这种消沉感受肯定不会陌生，每到此时，总是很难适应明暗周期的快速变化。结果便造成了时差反应，这是因为生理节律被打乱而产生的一种现象。对多数人而言，最直观的感受就是整个人像僵尸一样无精打采、昏昏欲睡、情绪不佳，并且容易烦躁。“我们的生物钟并不是按照 24 小时设置的。不幸的是，在错误的时间暴露在光线中会导致你的社会睡眠时刻表与生物钟脱节。”美国国家航空航天局（NASA）疲劳对策小组成员艾琳•E•弗林-伊万斯说，这是飞机高速飞行导致时区变化速度过快而造成的。

但有的人每天都会经历这种巨大的身体冲击，例如飞行员和空勤人员等机组成员。那么，他们是如何解决时差反应（jet leg）的呢？他们是否已经对这种问题具备了免疫能力？

弗林-伊万斯专门为宇航员提供应对时差效应的方法，这些建议也适用于普通旅客。首先，应该时刻思考你的旅行方向，因为这决定了你小睡片刻的时机，以及应该在什么时候考虑摄入合成褪黑素等补充剂。褪黑素是一种激素，可以帮助人体保持睡眠周期。

多数人发现，由东向西飞比由西向东飞更容易适应时区变化。神经学家劳伦斯·雷希特研究了 1991—1993 赛季 19 场美国职棒大联盟球队的比赛记录后发现，当球队前往东部比赛时，往往会比常规状态下多失一分。所以，弗林-伊万斯表示，如果你的航班是自西向东的，那最好提前几天就开始早起，并打开明亮的电灯。旅行当天应该尽量避开光线（戴一副太阳镜可以起到帮助），以便拨快你的生物钟。当你到达目的地后，最初几天应该打开窗帘睡觉，以便获得充足的光线。

不过，如果你是自东向西追着太阳飞行，那就应该在出发前多熬夜，晚上也应该把自己暴露在光线中，从而调慢生物钟。飞机上无须佩戴太阳镜，尽量多吸收光线。“这些光效应与你的生物钟都是相对的，所以如果你从洛杉矶到纽约，就应该把手表保持在洛杉矶时间，确保你在纽约的早晨可以暴露在明亮的光线中，但不要早于洛杉矶时间的凌晨 3 点。这是一个小技巧，因为你调节生物钟时的依据应该是所离开的时区，而不是你所到达的时区。”

长途飞行员兼英国民航飞行员协会飞行安全专家史蒂芬·蓝戴尔斯建议在飞机上多喝水，吃些清淡的饮食，但必须选择恰当的时机，而且尽量不要摄入咖啡因或其他刺激物。万霍耐克表示，就他个人而言，一旦到达目的地，“11 点规则”便可起到最好的效果。“如果我能在上午 11 点到达酒店房间或者回到家中，那就可以小睡一两个小时。随后我会一直坚持到正常的睡觉时间。无论我在路上有没有睡觉，只要感觉午后很疲惫，小睡一会儿都能起到帮助，只需短短的 20 分钟就能达到很好的效果。千万别忘了定闹钟。”

锻炼也是个好办法，他补充道，这可以帮你消除疲劳，而当你最终躺到床上时，还可以提升睡眠质量。他会在到达的第一天找到一个绿意盎然的地方，就算是附近居民区的公园也可以。“我相信，即便是多走几步也很有帮助。正因如此，我通常都不会使用机场的自动人行道，尤其是在下飞机之后。”

NASA 疲劳管理团队的专家表示，平均而言，旅行者每经过一个时区大约都需要一天时间才能适应。但采用一些技巧后，万霍耐克能够将每个时区的适应时间缩短到每天 2 小时左右。所以，他只需要 3 天时间便可适应 6 个小时的时区变化。

有的时候，我们知道自己应该睡觉，但却怎么也睡不着。万霍耐克表示，在这种情况下，完全可以借此机会把握这个不同寻常的时机来体验一座城市的别样风貌。他自己就曾经有过这样难忘的经历：为了享用早餐，他曾经在早晨 5 点跑到洛杉矶宁静的海滩上等候一家咖啡厅开门。而每当想起香港，他的脑海里总是浮现出夜深人静后的景象。

资料来源：搜狐网

本章思维导图

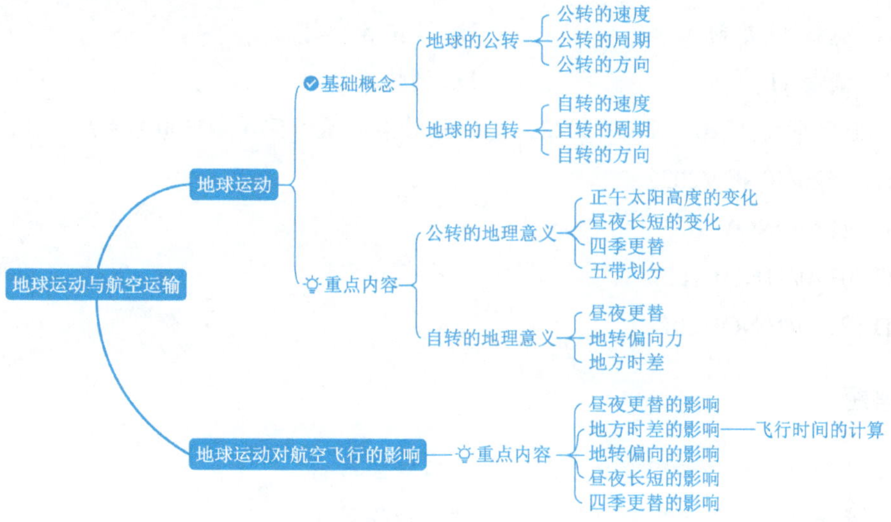

练习题

一、单选题

1. 你的飞行任务：执飞航线为 NYC（西五区）至 TYO（东九区）的航线，起飞时刻为当地时间 2022 年 10 月 26 日 1130，飞行时长 15h05min，请问到达 TYO 时，当地时间为？（　　）

A. 0235/27OCT2022　　B. 1225/26OCT2022

C. 1235/26OCT2022　　D. 1635/27OCT2022

2. 航班 MU359 计划从上海飞往悉尼，起飞的北京时间为 18 点 30 分，已知悉尼是东十区，请问对应悉尼的当地时间是？（　　）

A. 当天的 1430　　B. 当天的 1130

C. 当天的 2030　　D. 第二天的 0430

3. 全球一共划分为多少个时区，相邻时区之间差几个小时？（　　）

A. 12，2　　B. 18，1.5

C. 24，1　　D. 24，2

4. 已知悉尼（+1000）当地时间为 1336/12SEP，请问温哥华（−0800）的当地时间是多少？（　　）

A. 1936/11SEP　　　　B. 0736/13SEP

C. 1936/12SEP　　　　D. 0736/12SEP

5. 请问将东八区转换成西三区，手表应该怎么调整？（　　）

A. 调快 11 小时　　　　B. 调快 5 小时

C. 调慢 11 小时　　　　D. 调快 6 小时

6. 北京时间为 1320/10NOV2022，请问此时洛杉矶时间（–0800）为？（　　）

A. 0520/10NOV2022

B. 2120/9NOV2022

C. 0320/11NOV2022

D. 2120/10NOV2022

二、简答题

1. 简述地球自转的地理意义及其对航空运输的影响。

2. 简述地球公转的地理意义及其对航空运输的影响。

三、计算题

（1）Depart From PAR (+0100) 0630/06APR

Arrive In YMQ (–0500) 0835/06APR

FP = ?

（2）Depart From LON (+0100) 0910/06JAN

Arrive In HKG (+0800) 1450/07JAN

FP = ?

（3）Depart From BJS (+0800) 1835/26MAY

Arrive In YTO (–0500) 2200/26MAY

FP = ?

（4）Depart From THR (+0330) 1020/10MAY

Arrive In PAR (+0100) ?

FP = 0830

（5）Depart From TYO (+0900) ?

Arrive In LAX (–0800) 0450/02FEB

FP = 1325

03

第三章

天气与航空运输

引言

飞机在大气中飞行，大气总是在不停地运动，特别在对流层的中下部，各种天气频繁出现。极端天气往往对航行和起降产生不利影响，轻则导致航班延误、取消，重则造成事故。2006 年 5 月 3 日凌晨，亚美尼亚一架客机从亚美尼亚首都埃里温飞往俄罗斯南部城市索契，由于天气条件恶劣，这架空中客车 A-320 客机抵达索契时曾两次试图在机场迫降，但在第二次迫降时不幸坠入附近的黑海海域，机上 113 人全部遇难。2010 年，波兰总统卡钦斯基夫妇乘坐的飞机在俄罗斯斯摩棱斯克降落时遭遇大雾天气，飞机坠毁，96 人在事故中遇难。2014 年 7 月 23 日复兴航空公司一架从高雄飞澎湖马公的客机，傍晚在马公机场降落时，遭遇恶劣天气，在机场附近重飞失败而失事，造成多人伤亡。本章将基于航空气象学的基础，重点介绍不同天气对航空运输的影响。

本章知识目标

1. 掌握天气的基本要素及其对航空运输的影响。

2. 掌握地面大风、低空风切变、雷暴、积冰的含义并能够分析其对航空运输的影响。

本章思政目标

1. 注重知识交叉，培养学生联系的观点，引导学生思考天气对航空运输发展的影响，建立人地和谐的地理观念，培养学生辩证看待问题的能力。

2. 介绍影响飞机起降和航行的天气，帮助学生有效了解飞机飞行的安全，帮助学生树立安全至上的观念，让其对相关安全规定（如起飞降落时调直小桌板、打开遮光板等）有更深刻的理解。培养学生严谨的治学态度，进一步提高职业素养。

3. 通过恶劣天气引发的事故进行思政教育：一次事故的出现是由多个因素共同影响导致的，其中要注意控制人为因素，引申学生要有严明的工作作风，有责任担当，提高应急处置能力，以保障旅客生命财产安全。

第一节 天气基本要素

天气是指某一个地方距离地表较近的大气层在短时间内的具体状态。而天气现象则是指在大气中发生的各种自然现象，即某瞬时内大气中各种气象要素（如气温、气压、湿度、风、云、雾、雨、雪、霜、雷、雹等）空间分布的综合表现。天气过程就是一定地区的天气现象随时间的变化过程。

（1）气温：大气的温度。

（2）气压：大气的压强。

（3）降水：雾、雨、雪、霜、雹，大气中的水分子只要以液态或固态式降落于地表，均属于降水。

（4）风：大气的水平流动。

一、气温

大气的温度简称气温，气温是地面气象观测规定高度（即1.25～2.00m，我国一般采用1.5m）上的空气温度。气温变化分日变化和年变化。日变化，最高气温是正午12点左右，最低气温是日出前后。年变化，北半球气温，陆地上7月份最高，1月份最低，海洋上8月份最高，2月份最低；南半球与北半球相反。

影响气温分布的主要因素为纬度、海陆和高度。在一年内的不同季节，气温分布是不同的。通常以1月代表北半球的冬季和南半球的夏季，7月代表北半球的夏季和南半球的冬季。赤道地区气温高，向两极逐渐降低。在北半球，1月南北温度差大于7月。这是因为1月太阳直射点位于南半球，北半球高纬度地区不仅正午太阳高度较低，而且白昼较短，而北半球低纬地区，不仅正午太阳高度较高，而且白昼较长，因此1月北半球南北温差较大。7月太阳直射点位于北半球，高纬地区有较低的正午太阳高度和较长的白昼，低纬度地区有较高的正午太阳高度和较短的白昼，以致7月北半球南北温差较小。其次，冬季北半球的等温线在大陆上大致凸向赤道，在海洋上大致凸向极地，而夏季相反。这是因为在同一纬度上，冬季大陆温度比海洋温度低，夏季大陆温度比海洋温度高的缘故。南半球因陆地面积较小，海洋面积较大，因此等温线较平直，遇有陆地的地方，等温线也发生与北半球相类似的弯曲情况。海陆对气温的影响，通过大规模洋流和气团的热量传输才显得更为清楚。

某地气温除了由于太阳辐射的变化而引起的周期性变化外，还有因大气的运动而引起的非周期性变化。实际气温的变化，就是这两个方面共同作用的结果。如果前者的作用大，则气温表现为周期性变化；相反，则表现为非周期性变化。不过，从总的趋势和大多数情况来看，气温日变化和年变化的周期性还是主要的。热量平衡中各个分量，如辐射差额、潜热和显热交换等，都受不同的控制因子影响。这些控制因子中诸如纬度、季节等因子有着明显的地带性和周期的特性。而下垫面性质、地势高低，以及天气条件，如云量多少、大气干湿程度等，均带有非地带性特征。同时，不同地点，这些因子的影响也不相同，因而在热量的收支变化中引起的气温分布也呈不均匀性。

二、气压

气压是作用在单位面积上的大气压力，即单位面积上向上延伸到大气上界的垂直空气柱的重量。著名的马德堡半球实验证明了它的存在。气压的大小与海拔、大气温度、大气密度等有关，一般随海拔升高按指数律递减。气压有日变化和年变化。一年之中，冬季比夏季气压高。一天中，气压有一个最高值、一个最低值，分别出现在 9～10 时和 15～16 时，还有一个次高值和一个次低值，分别出现在 21～22 时和 3～4 时。气压日变化幅度较小，一般为 0.1～0.4kPa，并随纬度增高而减小。气压变化与风、天气的好坏等关系密切，因而是重要的气象因子。

三、降水

地面从大气中获得的水汽凝结物，总称为降水，它包括两部分，一是大气中水汽直接在地面或地物表面及低空的凝结物，如霜、露、雾和雾凇，又称为水平降水；另一部分是由空中降落到地面上的水汽凝结物，如雨、雪、霰雹和雨凇等，又称为垂直降水。但是单纯的霜、露、雾和雾凇等，不作降水量处理。中国气象局地面观测规范规定，降水量仅指的是垂直降水，水平降水不作为降水量处理。一天之内 50mm 以上的降水为暴雨（豪雨），25mm 以上为大雨，10～25mm 为中雨，10mm 以下为小雨，75mm 以上为大暴雨（大豪雨），200mm 以上为特大暴雨。

形成降水的条件有三个：一是要有充足的水汽；二是要使气块能够抬升并冷却凝结；三是要有较多的凝结核。影响降水的因素有海陆位置、地形、大气环流。降水主要分为以下几种：

1. 锋面雨

在锋面上空气缓慢上升（以每秒厘米的速度计算），在冷气团一侧形成层状降水，如图 3-1 所示。

2. 对流雨

如果下垫面高温潮湿，近地面空气强烈受热，引起空气的对流运动，湿热空气在上升过程中，随气温的下降，形成对流云而降水，比如积雨云和浓积云，条件一定时即可降水，如图 3-2 所示。特点是强度大，历时短，范围小，还常伴有暴风、雷电，故又称热雷雨。在热带雨林气候区和夏季的亚热带季风气候区多见。

3. 地形雨

暖湿气流在运行的过程中，遇到地形的阻挡，被迫沿着山坡爬行上升，从而引起水汽凝结而形成降水，称为地形雨，如图 3-3 所示。地形雨一般只发生在山地迎风坡，背风坡气流存在下沉或者下滑，温度不断增高，形成雨影区，不易形成地形雨。

4. 气旋雨

气旋中心附近气流上升，引起水汽凝结而形成降水，称为气旋雨。常见的有热带气旋和温带气旋带来的降水。

图 3-1　锋面雨形式示意图

图 3-2　对流雨形成示意图

图 3-3　地形雨形成示意图

四、风

风是空气流动的现象。简单地说，风是空气分子的运动。气象学特指风是空气在水平方向的流动。风是地球上的一种自然现象，它是由太阳辐射热引起的。太阳光照射在地球表面上，使地表温度升高，地表的空气受热膨胀变轻而上升。热空气上升后，低温的冷空气横向流入，上升的空气因逐渐冷却变重而降落，由于地表温度较高又会加热空气使之上升，这种空气的流动就产生了风。风是矢量，以风向、风速或风力表示。风向指气流的来向，常按 16 方位记录。风速是空气在单位时间内移动的水平距离，以米/秒（m/s）为单位。大气中水平风速一般为 1.0～10m/s，台风、龙卷风有时达到 102m/s。而农田中的风速可以小于 0.1m/s。风速的观测资料有瞬时值和平均值两种，一般使用平均值。风的测量多采用电接风向风速计、轻便风速表、达因式风向风速计以及用于测量农田中微风的热球微风仪等仪器，也可根据地面物体征象按风力等级表估计。

风受大气环流、地形、水域等不同因素的综合影响，表现形式多种多样，如季风、地方性的海陆风、山谷风、焚风等。

知识延伸

上面介绍了主要的天气要素，而这些天气要素会对航空运输带来哪些影响呢？首先，当气温发生变化时，会对空气中氧分子的活动带来影响，进而对燃油燃烧带来影响，最终将影响到发动机的推力，导致飞机的升力发生变化，这时航班的载重就将发生相应变化，一般来说，在夏季，全国范围普遍高温，高温可造成发动机推动力相对减少，造成航班飞机的全重减载。而冬季气温的变化会带来雨雪天气，对飞行造成不利影响，特别是降雪往往会造成北方很多机场的航班延误甚至停航。而气压的变化也会对包括航班载重量在内的多项指标带来影响，当机场海拔较高时，空气相对就会稀薄，航班的载重量就要适当降低，由此就可以解释同样的飞机，当在平原机场和高原机场执行任务时，其载重量是有所区别的。

雨的发生则会影响能见度，进而对航班的起降带来影响，风对航班正常运营也会带来影响，包括地面大风、风切变等多种现象。本章将在最后介绍影响航空运输的主要天气。

第二节
地球的圈层结构与大气层

一、地球的圈层结构

地球圈层分为地球外圈和地球内圈两大部分。地球外圈可进一步划分为四个基本圈层，即岩石圈、生物圈、水圈、大气圈；地球内圈可进一步划分为三个基本圈层，即地壳、地幔和地核。此外在地球外圈和地球内圈之间还存在一个软流圈，它是地球外圈与地球内圈之间的一个过渡圈层，位于地面以下平均深度约150km处。岩石圈、软流圈和地球内圈一起构成了所谓的固体地球。对于地球外圈中的大气圈、水圈和生物圈，以及岩石圈的表面，一般用直接观测和测量的方法进行研究。而地球内圈，主要用地球物理的方法，例如地震学、重力学和高精度现代空间测地技术观测的反演等进行研究。地球各圈层在分布上有一个显著的特点，即固体地球内部与表面之上的高空基本上是上下平行分布的，而在地球表面附近，各圈层则是相互渗透甚至相互重叠的，其中生物圈表现最为显著，其次是水圈。

二、大气层

地球被一层很厚的大气层包围着。大气层的成分主要有氮气，占78.1%；氧气占20.9%；氩气占0.93%；还有少量的二氧化碳、稀有气体（氦气、氖气、氪气、氙气、氡气）和水蒸气。大气层的空气密度随高度而减小，越高空气越稀薄。大气层的厚度在1000km以上，但没有明显的界线。整个大气层随高度不同表现出不同的特点，分为对流层、平流层、中间层、电离层（暖层）和散逸层，如图3-4所示，再上面为星际空间。

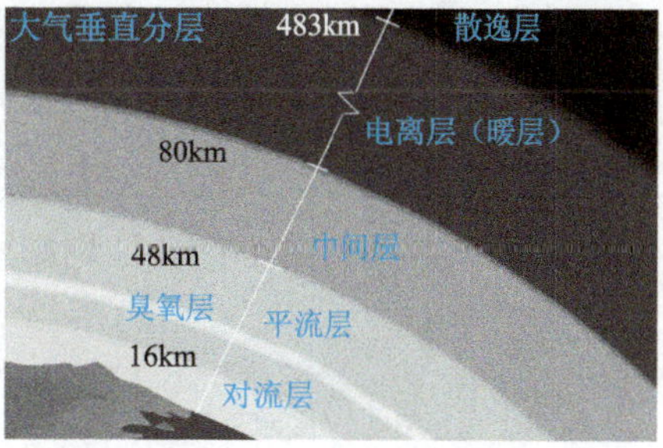

图3-4　大气层示意图

1. 对流层

最接近地球表面的一层大气层，空气的移动是以上升气流和下降气流为主的对流运动，叫作“对流层”。平均厚度约为12km，但它的厚度不一，其厚度在地球两极上空为8km，在赤道上空为17km，是大气层中最稠密的一层，总质量占大气层的四分之三以上。大气层中的水汽几乎都集中于此，是展示风云变幻的“大舞台”，刮风、下雨、降雪等天气现象都发生在对流层内。对流层最显著的特点是有强烈的对流运动。该层的具体特点如下：

（1）温度随高度的增加而降低。这是因为该层不能直接吸收太阳的短波辐射，但能吸收地面反射的长波辐射而从下垫面加热大气。因而靠近地面的空气受热多，远离地面的空气受热少。每升高1km，气温约下降6.5℃。

（2）空气对流。因为岩石圈与水圈的表面被太阳晒热，而热辐射将下层空气烤热，冷热空气发生垂直对流，又由于地面有海陆之分、昼夜之别以及纬度高低之差，因而不同地区温度也有差别，这就形成了空气的水平运动。

（3）温度、湿度等各要素水平分布不均匀。大气与地表接触，水蒸气、尘埃、微生物以及人类活动产生的有毒物质进入空气层，故该层中除气流做垂直和水平运动外，化学过程十分活跃，并伴随气团变冷或变热，水汽形成雨、雪、雹、霜、露、云、雾等一系列天气现象。

2. 平流层

对流层上面，直到高于海平面50km这一层，气流主要表现为水平方向运动，对流现象减弱，这一大气层叫作平流层，又称同温层。这里基本上没有水汽，晴朗无云，很少发生天气变化。在20～30km高处，氧分子在紫外线作用下，形成臭氧层，像一道屏障保护着地球上的生物免受太阳紫外线及高能粒子的袭击。对流层与平流层相比有以下特点：

（1）气温随高度的增加而增加。平流层中大气的热能主要来自臭氧对太阳辐射的吸收，主要是对紫外线的吸收。气温从190K增加到270K。

（2）大气运动以平流为主，平流层因此得名，该层中气流相对平稳。

（3）含水汽和杂质极少，云、雨天气现象几乎绝迹。

由此可见，平流层中没有强烈的对流运动，没有危险的天气现象，气流平稳，能见度高，是飞机航行的良好层次。

从以上两个层次的分析来看，对流层上部和平流层内应该是飞行的理想层次。但是，目前平流层还没有被充分利用。首先，飞机本身必须具备高空飞行的能力。随着高度的增加，空气逐渐稀薄，飞行对操纵的反应相对迟缓。这些缺陷只有通过飞机性能的提高才能解决。另一方面，由于行政区划的限制和空中管制的约束，多数中、短程飞行都被限制在较低的层次中。

3. 中间层

中间层又称中层，即自平流层顶到85km之间的大气层。该层内因臭氧含量低，同时能被氮、氧等直接吸收的太阳短波辐射已经大部分被上层大气所吸收，所以温度垂直递减率很大，对流运动强盛。中间层顶附近的温度约为190K；空气分子吸收太阳紫外辐射后可发生电离，习惯上称为电离层的D层，有时在高纬度地区夏季黄昏时有夜光云出现。物质组成以氮气和氧气为主，几乎没有臭氧。中间层以上，到离地球表面500km，叫作“暖层”。

在这两层内，经常会出现许多有趣的天文现象，如极光、流星等。

4. 电离层（暖层）

电离层是地球大气的一个电离区域。60km 以上的整个地球大气层都处于部分电离或完全电离的状态，电离层是部分电离的大气区域，完全电离的大气区域称磁层。也有人把整个电离的大气区域称为电离层，这样就把磁层看作电离层的一部分。距地球表面 100～800km。最突出的特征是当太阳光照射时，太阳光中的紫外线被该层中的氧原子大量吸收，因此温度升高，故称又暖层。散逸层在暖层之上，为带电粒子所组成。

除地球外，金星、火星和木星都有电离层。电离层从离地面约 50km 开始一直伸展到约 1000km 高度的地球高层大气空域，其中存在相当多的自由电子和离子，能使无线电波改变传播速度，发生折射、反射和散射，产生极化面的旋转并受到不同程度的吸收。

在电离作用产生自由电子的同时，电子和正离子之间碰撞复合，以及电子附着在中性分子和原子上，会引起自由电子的消失。大气各风系的运动、极化电场的存在、外来带电粒子不时入侵，以及气体本身的扩散等因素，引起自由电子的迁移。在 55km 高度以下的区域中，大气相对稠密，碰撞频繁，自由电子消失很快，气体保持不导电性质。在电离层顶部，大气异常稀薄，电离的迁移运动主要受地球磁场的控制，称为磁层。

5. 散逸层

散逸层又名大气层，热层顶以上是外大气层，延伸至距地球表面 1000km 处。这里的温度很高，可达数千度；大气已极其稀薄，其密度为海平面处的一亿亿分之一。

大气层中各层高度及温度特点见表 3-1。

大气层中各层高度及温度分布变化特点示意表　　表 3-1

层序	高度（km）	温度分布变化
对流层	0～17	随着高度的增加而降低
平流层	17～50	随着高度的增加而升高
中间层	50～80	随着高度的增加而降低
电离层	80～500	随着高度的增加而升高
散逸层	500～1000	随着高度的增加而升高

知识延伸

民航飞机主要在对流层和平流层活动，从地面算起到约 18000m 高度之内。其中，没有增压的飞机和小型的喷气飞机则在 7000m 以下的对流层活动；而大型和高速的喷气客机（有座舱环境控制系统）在 7000～13000m 的对流层顶部和平流层活动。原因：在这个高度没有垂直方向的气流，飞机飞得平稳，而且由于空气稀薄，飞行阻力小，因而飞机可以以较高的速度飞行，节约燃油，经济性能好。对于超音速飞机和一些高速军用飞机其飞行高度可达13500～18000m。

第三节
飞行高度层

飞行高度层是指以1013.2百帕气压为基准的等压面，各等压面之间具有规定的气压差，以标准大气水平面为基准面，按一定高度差划分的高度层。把航空器配备在不同的高度层上，使航空器之间有规定的安全高度差，是防止航空器互撞或航空器与地面障碍物相撞的重要措施。

根据2007年10月国务院、中央军事委员会修订的《中华人民共和国飞行基本规则》，航路、航线飞行或者转场飞行的垂直间隔，按照飞行高度层配备。

飞行高度层按照以下标准划分：

（1）真航线角在0°～179°范围内，高度在900～8100m，每隔600m为一个高度层；高度在8900～12500m，每隔600m为一个高度层；高度在12500m以上，每隔1200m为一个高度层。

（2）真航线角在180°～359°范围内，高度在600～8400m，每隔600m为一个高度层；高度在9200～12200m，每隔600m为一个高度层；高度在13100m以上，每隔1200m为一个高度层。

（3）飞行高度层应当根据标准大气压条件下假定海平面计算。真航线角应当从航线起点和转弯点量取。

飞行高度层应当根据飞行任务的性质、航空器性能、飞行区域以及航线的地形、天气和飞行情况等配备。

航路、航线飞行或者转场飞行时，因航空器故障、积冰、绕飞雷雨区等原因需要改变飞行高度层的，机长应当向飞行管制部门报告原因和当时航空器的准确位置，请求另行配备飞行高度层。飞行管制部门允许航空器改变飞行高度层时，必须明确改变的高度层以及改变高度层的地段和时间。

遇有紧急情况，飞行安全受到威胁时，机长可以决定改变原配备的飞行高度层，但必须立即报告飞行管制部门，并对该决定负责。改变高度层的方法是：从航空器飞行的方向向右转30°，并以此航向飞行20km，再左转平行原航线上升或者下降到新的高度层，然后转回原航线。

在我国现行飞行高度层配备标准基础上，缩小8400～12500m高度范围内原600m垂直间隔，即在8400～8900m实行500m垂直间隔，其余高度范围实行300m垂直间隔。8400m以下、12500m以上仍分别维持300m、600m垂直间隔不变。

知识延伸

飞机飞行层数增加，空域容量和流量将增加，可减少航班延误

2007年1月22日起，我国8400～12500m高度范围内的飞行高度层将由7层增加至13层。此举将减少因流量控制而造成的航班延误。民航总局原空管局局长苏兰根介绍，我国现行的飞行高度层配备标准是在8400m高度以下飞行高度层实行300m垂直间隔，8400m高度以上飞行高度层实行600m垂直间隔。新的飞行高度层配备标准将改为：8400m以下飞行高度层仍实行300m垂直间隔；缩小8400～12500m高度范围内飞行高度层垂直间隔，即8400～8900m实行500m垂直间隔，8900～12500m实行300m垂直间隔，12500m以上仍维持600m垂直间隔不变。民航总局原副局长王昌顺透露，缩小垂直间隔标准后，飞行高度层将增加6个，空域容量和利用率将得到明显提高，对减少流量控制和航班延误，促进航空运输快速发展具有十分重要的意义。

第四节 影响航空运输的主要天气

正常的飞行过程可分为起飞爬升、航路巡航、进近着陆3个阶段。其中，起飞爬升和进近着陆两个阶段所用时间约占整个飞行时间的40%，但其发生事故的概率高达95%以上，而占总时间60%左右的航路巡航阶段的事故率在5%以下。据此，可分为影响起降的重要天气以及影响航行的重要天气。

一、影响起降的重要天气及现象

1. 地面大风

引 例

● 2012年11月8日，15时16分至15时23分，昆明长水机场出现地面阵性大风，15时22分出现风速最大值18m/s，平均风向230°，这是自新机场投入使用以来首次出现地面大风，对机场的正常运营带来影响。

- 武汉机场遭遇 12 级大风，东航一架 737-800 型客机约 90°转圈后，尾翼触碰上停在一旁的廊桥。
- 2013 年 8 月首都机场因大风多架航班降落受阻，有的航班多次试降，有的航班只能选择备降或者返航。

气象上，一般把地面风速大于 12m/s 的风称为大风。航空上，对地面大风有更严格的规定，机型不同，其所能承受的最大风速允许值也不同。风为矢量，它与跑道的夹角变化时，最大风速允许值也随之发生变化。下表列出了部分机型在不同风向时所能承受的最大风速值。超过此值，则不能安全起降。地面大风是影响航空安全的重要天气因素之一，在飞机起飞和着陆时容易造成操作不当引发严重后果，对地面上的停场飞机和其他设备也会造成破坏。有地面大风时，往往产生乱流涡旋，从而影响飞机的稳定性能，加大操纵难度。尤其是有侧风起降时，使机身倾斜，有时使翼尖擦地，造成事故。风速强劲时甚至会对停放的飞机造成很大的破坏。在一定条件下，地面大风可伴有风沙、吹雪、浮尘等发生，致使近地面的能见度降低，从而影响起降。不同机型起降的最大风速允许值见表 3-2。

不同机型起降的最大风速允许值（单位：m/s）　　表 3-2

风向与跑道的夹角	B707	B747SP	B757
0°	25	25	25
45°	18	18	18
90°	12	12	15

2. 低空风切变

（1）低空风切变的含义

风切变是指风速和（或）风向在空间的变化，包括上升气流和下降气流的变化。航空器对风切变的反应相当复杂，与航空器类型、飞行阶段和风切变的作用尺度有关。发生在低层（距地面 600m）的风切变严重影响航空器的起降，将发生在这一气层中的风切变称为低空风切变，如图 3-5 所示。

低空风切变在水平方向垂直运动的气流存在很大的速度梯度，也就是说垂直运动的风速会出现突然的加剧，产生特别强的下降气流，被称为微下冲气流。这个强烈的下降气流存在于一个有限的区域内，并且与地面撞击后转向与地面平行而变成为水平风，风向以撞击点为圆心向四面发散，所以在一个更大一些的区域内，又形成了水平风切变。

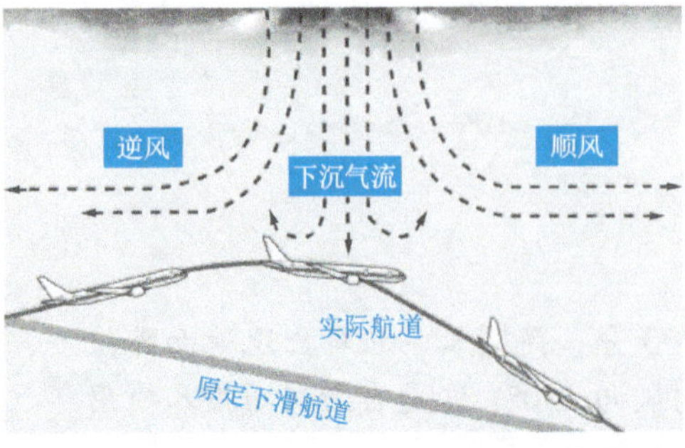

图 3-5　低空风切变示意图

（2）低空风切变的类型

风切变根据风场空间结构不同分为以下三种类型。水平风的垂直切变，指在垂直方向上，一定距离内两点之间的水平风速和（或）风向的改变（“一定距离”通常取 30m）；水平风的水平切变，指在水平方向上两点之间的水平风向和（或）风速的改变；垂直风切变，指上升或下降气流（垂直风）在水平方向上两点之间的改变，这类风切变多发生在雷暴云的影响范围里。

根据飞机的运动相对于风矢量之间的各种不同情况，把低空风切变分为以下四种形式：

① 顺风切变：指飞机在起飞、着陆过程中，水平风的变量对飞机来说是顺风。例如，飞机由逆风区进入顺风区，由大逆风区进入小逆风区，由小顺风区进入大顺风区。顺风切变使飞机空速减小，升力下降，飞机下沉，危害较大。

② 逆风切变：指的是水平风的变量对飞机来说是逆风。例如飞机由小逆风区进入大逆风区，由顺风区进入逆风区，由大顺风区进入小顺风区等，都是逆风切变。逆风切变使飞机空速突然增大，外力也增大，飞机抬升，危害相对要小。

③ 侧风切变：的是飞机从一种侧风或无侧风状态进入另一种明显不同的侧风状态，它使飞机发生侧滑、滚转或偏转。

④ 垂直风切变：指的是飞机从无明显的升降气流区进入强烈的升降气流区域的情形，特别是强烈的下降气流，往往有很强的猝发性，强度很大，使飞机突然下沉，危害很大。对起飞、着陆构成严重威胁的是雷暴云下的下冲气流，在下冲气流强度较大时形成下击暴流。下冲气流中不仅有明显的垂直风切变，还有强烈的水平风切变，常出现严重事故。

（3）低空风切变的危害

由于低空风切变具有变化时间短、范围小、强度大等特点，在这种环境中飞行，相应地就要发生突然性的空速变化，空速变化引起了升力变化，升力变化又引起飞行高度的变化。例如当飞机飞行轨迹正好通过微下冲气流时，飞机会突然地非正常下降，偏离原有的轨迹，有可能高度过低造成危险。当飞机飞出微下冲气流后，又进入了顺风气流，使飞机与气流的相对速度突然降低，突然的减速很可能使飞机进入失速状态，飞行姿态不可控。因此，低空风切变在飞机起飞、着陆阶段中对飞行安全威胁极大。现在国际和国内的运输机，特别是民航飞机的质量越来越大（50～200t），具有很大的惯性；另外，现代喷气式飞机发动机对推油门的反应比活塞式运输机慢得多，发动机增速所需时间较长。当遭遇到低空风切变时，往往来不及增加空速克服由风切变造成的升力损失，因此，当飞机起飞和着陆进入强低空风切变区域时，就会受到威胁，严重时可能发生飞行事故。具体来说，低空风切变对起飞、着陆的主要影响有：改变飞机航迹，影响飞机的稳定性和操纵性，影响某些仪表的准确性。这些影响都会给飞机的操纵带来困难，严重影响飞行安全。

① 顺风切变对起飞、着陆的影响

飞机着陆过程中进入顺风切变区时（例如从强逆风突然转为弱逆风，或从逆风突然转为无风或顺风），指示空速会迅速降低，升力会明显减小，从而使飞机不能保持下滑线而向下掉高度。此时的修正动作是加油门带杆使飞机增速，减小下降率，回到下滑线上后再稳杆收油门重新建立下滑姿态。但如果顺风切变的高度很低，飞行员来不及及时修正，将会造成大的偏差。顺风切变对起飞、着陆的影响如图 3-6 所示。

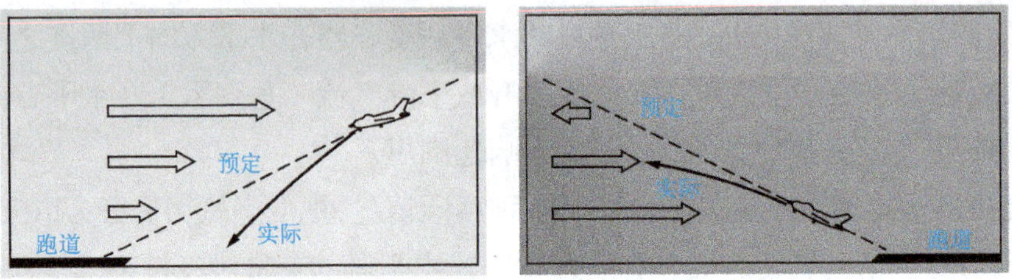

a)　　　　　　　　b)

图 3-6　顺风切变对起飞、着陆的影响示意图

② 逆风切变对起飞、着陆的影响

飞机着陆下滑进入逆风切变区时（例如从强的顺风，突然转为弱顺风，或从顺风突然转为无风或逆风），指示空速迅速增大，升力明显增加，飞机被抬升，脱离正常下滑线。飞行员的修正动作是收油门松杆，使飞机减速，增加下降率，回到下滑线上后再加油门带杆使飞机重新建立下滑姿态。逆风切变对起飞、着陆的影响如图 3-7 所示。

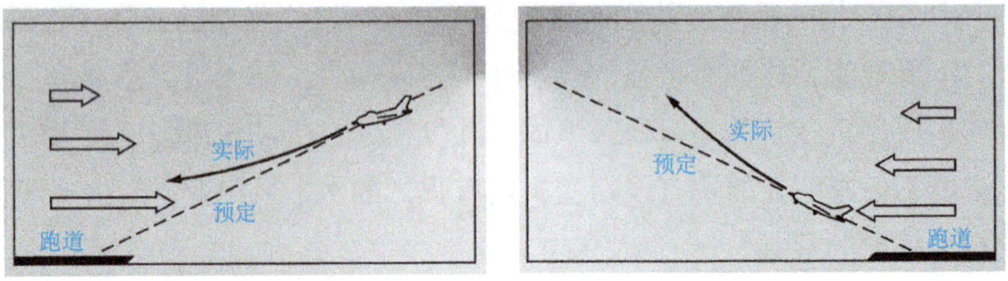

a)　　　　　　　　b)

图 3-7　逆风切变对起飞、着陆的影响示意图

③ 侧风切变对起飞、着陆的影响

侧风切变会使起飞、着陆过程中的飞机产生侧滑，带坡度，使飞机偏离预定滑行方向，造成横侧偏差，如图 3-8 所示。

④ 垂直风切变对着陆的影响

当飞机在着陆过程中遇到升降气流时，飞机的升力会发生变化，从而使下降率发生变化，如图 3-9 所示。垂直风对飞机着陆危害巨大，飞机在雷暴云下进近着陆时常遇到严重的下降气流，对于这种情况，飞行员只能选择复飞。

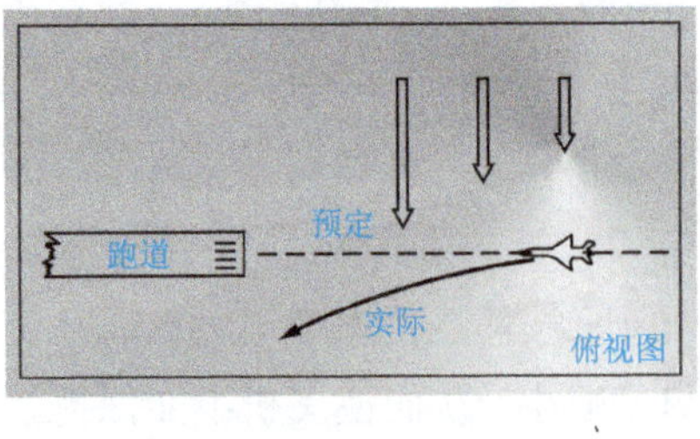

图 3-8　侧风切变对起飞、着陆的影响示意图

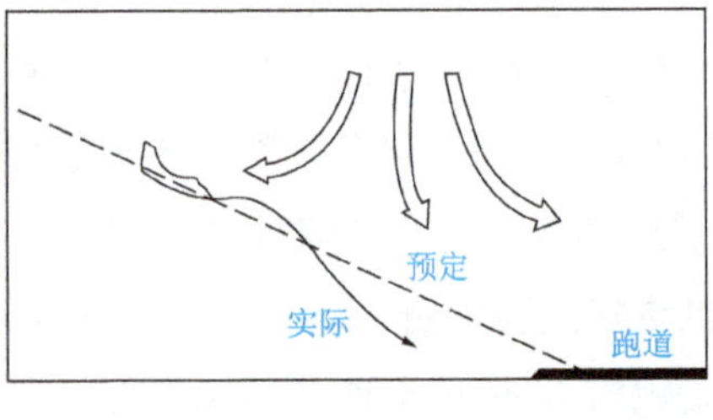

图 3-9　垂直风切变对着陆的影响示意图

（4）产生低空风切变的条件

雷暴：雷暴是产生风切变的重要天气条件。雷暴的下降气流在不同的区域可造成两种

不同的风切变。一种是发生在雷暴单体下面，由下冲气流造成的风切变，这种风切变的特点是范围小、寿命短、强度大。另一种是雷雨中的下冲气流到达地面后，形成强烈的冷性气流向四外传播，这股气流可传到离风暴 20km 处，由于它离开雷暴主体，并且不伴随其他可见的天气现象，所以往往不易发现，对飞行威胁较大。

锋面：锋面是产生风切变最多的气象条件。锋两侧气象要素有很大差异，锋面过渡区的垂直结构，是产生风切变的重要条件。一般说来，在锋两侧温差大（≥5℃）和（或）移动快（≥55km/h）的锋面附近，都会产生较强的风切变。

辐射逆温型的低空气流：当晴夜产生强辐射逆温时，在逆温层顶附近常有低空气流，高度一般为几百米，有时可在 100m 以下，与逆温层的高度相联系，有时也称它为夜间急流。它的形成是因为逆温层阻挡了在其上的大尺度气流运动与地面气层之间的混合作用和动量传递，因而在逆温层以上形成了最大风速区，即低空急流。逆温层阻挡了风速向下的动量传递，使地面风很弱，而且风向多变，这样就在地面附近与上层气流之间形成了较大的风切变。从总体上说，这种风切变强度比雷暴或锋面的风切变要小得多，但比较有规律，一般秋季与冬季较多。低空急流在日落后开始形成，日出前达到最强，日出后随逆温层的解体而消失，在夜间和拂晓对飞行有一定影响。

地形和地物：当机场周围山脉较多或地形、地物复杂时，常有由于环境条件产生的低空风切变。当阵风风速比其平均值增减 5m/s 以上时，或大风吹过跑道附近的高大建筑物时，会产生局地性风切变。

案 例

1991 年 4 月 25 日，中国南方航空公司 CZ392 航班在昆明巫家坝机场降落时遭遇风切变，最终飞机在 21 号跑道着陆并自行滑行到了停机坪。待全部乘客下机后，机组和技术人员对飞机进行了检查，发现该机的前起落架及固定部位的框架结构出现严重破损，附近的隔框桁条出现不同程度的变形和弯曲，蒙皮表面也出现轻微的扭曲和褶皱或者裂纹，该起事故被定性为三等飞行事故。事后中国民航总局派出调查组对 CZ392 航班巫家坝机场重着陆事件进行了调查。结论：CZ392 航班昆明巫家坝机场重着陆事故是由于机组在低高度遇到中度风切变的情况下操纵处置失当所致。在提交的调查报告中指出：CZ392 航班在向巫家坝机场最终进近过程中两次遭遇低空风切变，第一次机组处置并无不妥，但在处置第二次低空风切变的时候机组错误地收油，导致飞机升力不足产生重着陆。正确的操作方法应为保持一定油门，如果落地有困难，应该坚决复飞。该起事故体现出 CZ392 航班机组对风切变缺乏足够的警惕性，修正不及时，仍然按照正常情况实施操纵，甚至在重着陆跳起后仍错误地采取稳杆措施。暴露出一部分飞行员对风切变的知识储备不够，操纵和处置能力不强。建议各航空公司大力加强组织飞行员学习和研究风切变的特点和处置方法，同时将其列入模拟机训练的固定内容。

资料来源：腾讯网

3. 低能见度

能见度，是反映大气透明度的一个指标，航空界定义为具有正常视力的人在当时的天气条件下还能够看清楚目标轮廓的最大距离。能见度和当时的天气情况密切相关。当出现降雨、雾、霾、沙尘暴等天气时，大气透明度较低，因此能见度较差。低能见度天气主要由低云、降水、雾、风沙、吹雪、浮尘、烟、霾等天气现象产生。能见度与飞行活动有密切关系，能见度不好是飞行活动中严重的视程障碍，直接给目视飞行造成困难，甚至会危及飞行安全。气象台预报的能见度通常是1km、2km、4km、6km、8km、10km和10km以上几个等级。当能见度在4km以下时就称为复杂气象；当能见度大于10km时，即可认为能见度很好。能见度是决定本机场开放还是关闭的最关键因素。在地面导航设备较差的机场，在能见度小于0.8km时就要关闭。

（1）低云

低云通常称之为“低云族”，常指高度在2500m以下的云，个别地区有时高达3500m，非常壮观。低云多由水滴组成，厚的或垂直发展旺盛的低云则是由水滴、过冷水滴、冰晶混合组成。云底高度一般在2500m以下，随季节、天气条件及不同的地理纬度而有变化。大部分低云都可能产生降水，雨层云常有连续性降水，积雨云多有阵性降水，有时降水量很大。特别是云底高度在500m以下的云，生成和移动较快，短时间内可掩盖整个机场上空，使能见度迅速降低，对安全起降影响很大。

（2）降水

地面从大气中获得的水汽凝结物，总称为降水，它包括两部分，一是大气中水汽直接在地面或地物表面及低空的凝结物，如霜、露、雾和雾凇，又称为水平降水；另一部分是由空中降落到地面上的水汽凝结物，如雨、雪、霰雹和雨凇等，又称为垂直降水。但是单纯的霜、露、雾和雾凇等，不作为降水量处理。降水使能见度降低，降水越强，能见度越低，见表3-3。

降水能见度示意表　　表3-3

降水	小雨	中雨	大雨	小雪	中雪	大雪
能见度（km）	大于10	4～10	小于4	大于1	0.5～1	小于0.5

降水不但能使能见度降低，而且其附着于飞机和地表，对低空飞行及着陆都会产生不利的影响。在空中，降水在座舱玻璃上造成流水或黏附雪花，使空中能见度更低。飞机如在过冷水滴的云层下飞行，会迅速结冰，危及安全。在大雨中飞行时，由于雨水的附着，改变了机身表面形态，往往使升力减小，阻力增大，同时因大雨对机身的冲击，飞机的水平和垂直动量损失，使其在进近阶段速度过快而失速。在地面，降水附着在跑道上，地面摩擦力减小，导致飞机操纵困难。特别是跑道积雪、结冰时更为显著，在快速滑行或突然制动时，飞机可能偏离跑道。

（3）雾

在水汽充足、微风及大气层稳定的情况下，如果接近地面的空气冷却至某程度时，空气中的水汽便会凝结成细微的水滴悬浮于空中，使地面水平的能见度下降，这种天气现象称为雾。雾在春季二至四月间较多。当大气中因悬浮的水汽凝结，能见度低于 1km 时，这种天气现象在气象学中称为雾。雾可分为辐射雾、平流雾、混合雾、蒸发雾、烟雾。

雾形成的条件一是冷却，二是加湿，三是有凝结核，增加水汽含量。一种雾是由辐射冷却形成的，多数出现在晴朗、微风、近地面水汽比较充沛且比较稳定或有逆温存在的夜间和清晨，气象上叫辐射雾；另一种是暖而湿的空气做水平运动，经过寒冷的地面或水面，空气中的水蒸气逐渐受冷液化而形成的雾，气象上叫作平流雾；有时兼有两种原因形成的雾叫混合雾。可以看出，通常只有深秋初冬能具备这些条件，尤其是深秋初冬的早晨。

城市中的烟雾是另一种原因所造成的，那就是人类的活动。早晨和晚上正是供暖锅炉的高峰期，大量排放的烟尘悬浮物和汽车尾气等污染物在低气压、风小的条件下不易扩散，与低层空气中的水蒸气相结合，比较容易形成烟尘（雾），而这种烟尘（雾）持续时间往往较长。如被称为“雾都”的伦敦。

当机场上空有浓雾时，将严重妨碍飞机的起降，所以雾是造成航班延误最主要的天气之一。

案 例

2022 年 11 月 19 日，青岛航空获批《运行规范》A0999、C0021 条款，标志着青岛航空低能见度运行能力得到进一步完善和巩固，自 2022 年 11 月 22 日起，青岛航空将正式实施 RVR300m/300m/75m 的II类进近和着陆及 RVR200m 的低能见度起飞。

此次低能见度运行补充审定工作，降低了II类运行标准，新增了低能见度起飞（不含 HUD 低能见度起飞）、低能见度滑行等运行资质，能够有效减少因低能见度、低云天气所导致的延误、返航、备降等运行不正常状态，进一步提高青岛航空全天候运行水平，确保航班安全、稳定运行。全天候运行是我国民航突破航班正常率“瓶颈”的重要一环，是解决行业发展需求与人民群众对民航发展的获得感、幸福感和安全感的有效手段，也是民航秉承“真情服务”高质量发展的客观体现，青岛航空获得低能见运行能力一方面避免了航班延误，及时保障旅客顺利出行，另一方面进一步提升了青岛航空旅客满意度和整体服务水平。

资料来源：民航资源网

4. 雷暴

雷暴是伴有雷击和闪电的局地对流性天气。它通常伴随着滂沱大雨或冰雹，而在冬季时甚至会随暴风雪而来，因此属强对流天气。雷暴共分为三种，分别为单体雷暴、多体雷暴及超级单体雷暴。

单体雷暴是在大气不稳定，但只有少量甚至没有风切变时发生。这些雷暴通常较为短暂，不会持续超过 1h。在平日亦有很多机会看到这种雷暴，因此亦被称为阵雷。

多单体雷暴由多个单体雷暴所组成，是单细胞雷暴进一步发展而成的。这时会因为气流的流动而形成阵风带，这个阵风带可以延绵数里，如果风速加快、大气压力加大及温度下降，这个阵风带会越来越大，并且吹袭更大的区域。

超级单体雷暴是在风切变极大时发生的，并由各种不同程度的雷暴组成。这种雷暴的破坏力最大，并且有30%的概率会产生龙卷风。

根据雷暴形成时不同的大气条件和地形条件，一般将雷暴分为热雷暴、锋雷暴和地形雷暴三大类。此外，也有人把冬季发生的雷暴划为一类，称为冬季雷暴。在我国南部还常出现所谓旱天雷，也叫干雷暴。

雷暴对飞机起降以及巡航均有较大影响，强雷暴的出现往往对飞行造成危险。在雷暴中飞行时，云中强烈的乱流使飞行发生严重颠簸，甚至使飞机处于无法控制的状态；云中大量的过冷水滴会使飞机发生积冰；闪电能严重干扰无线电通信，甚至烧坏仪器；冰雹可能击穿飞机蒙皮等。在一般情况下，应避免在雷暴区飞行。通常，出发机场和到达机场有雷暴天气发生时，都会造成航班大面积延误。

二、影响航行的重要天气及现象

航行指飞机在高空的平飞阶段，此阶段可能遇到雷暴、飞机颠簸、结冰、高空急流、山地气流等危险天气及现象。

1. 雷暴

强雷暴的堡状云体可能突到7000m以上，从而对航行产生威胁。

2. 飞机颠簸

飞机颠簸是飞机进入扰动空气层后发生的左右摇晃、前后冲击、上下抛掷及机身震颤等现象。飞机颠簸使飞机各部承受的荷载发生变化，可能造成部件损害。颠簸发生时，常使仪表示度失常，难以靠仪表飞行。同时，飞机的颠簸会增大飞行阻力，增加燃料消耗，影响航程。还会使机组人员与旅客困乏疲惫。飞机颠簸为扰动气流所致，扰动气流在不同高度层都有可能发生。几乎在每次飞行中都会遇到飞机颠簸，一般不会出现太大危险。但如果遇到强烈的扰动气流，也可能造成严重事故。

案　例

2012年南航飞上海客机在途中突然遭遇强气流，据描述，飞机在起飞约半小时后突然下坠，机舱内没有绑安全带的旅客和正在派餐的空姐都飞了起来撞到天花板，而饮品则在无重状态下飘在空中，突然顿了一下之后人和物都一起砸了下来，整个机舱和旅客的身上都是饮料，而餐盒餐车杂志报纸等则散落四处。后来飞机猛地往上拉回来，飞机才恢复正常。颠簸可能在空中任何高度发生，造成飞机空中颠簸的原因复杂，但最常见、危险性最大的是晴空颠簸，因为没有云团等可见的天气现象，飞行机组难以提前发现并避让颠簸区。晴空颠簸的预报和预防是民航界的难点和重点。

3. 飞机积冰

飞机航行时，大气中的过冷水滴在飞机表面冻结成冰层的现象称飞机结冰。飞机积冰多发生在飞机突出的迎风部位。积冰后，飞机的空气动力性能变差，影响稳定性和操纵性。天线积冰将妨碍通信联系，座舱盖积冰会使目视飞行发生困难。现代化大型客机上一般都装有防冰设备，除少数恶劣情况下仍有积冰现象外，一般不会发生很大危险。

4. 高空急流

高空急流指高空中风速超过 30m/s 的强、窄气流。高空气流的分布比较有规律，某些急流随季节的变化而南北移动。我国青藏高原南北两侧有北支西风急流和南支西风急流，它们夏季北移，冬季南移。在我国南海地区上空还存在一条东风急流。在急流中，风的水平切变和垂直切变明显，容易使气流产生扰动，从而造成飞机颠簸。飞机逆高空急流飞行时，速度降低，燃料消耗大。横穿急流时，将产生很大的偏流，难以保持航向。如掌握了高空急流的分布及其特点，顺其飞行，则可节省燃油。

5. 山地气流

气流过山时，因受阻被迫绕山和抬升，造成气流升降。越山后，往往又在背风坡造成乱流。由于山区地形和气候的复杂变化，还会产生动力乱流和热力乱流。飞越山地时，在迎风坡，飞机受上升气流的抬举而自动升高，在背风坡则受下降气流影响自动下降。比较而言，背风坡对飞行更具有危害。在山区，飞机被迫下降时可能造成撞山事故，也可能被下降气流带入背风坡涡旋中，使飞机难以操控。此外，山地乱流也会对飞行造成较大影响。因此，在山地飞行时应尽量保持在安全高度之上。

知识延伸

天气原因是造成航班延误的主要原因，一般认为，天气恶劣是显而易见的，造成航班延误旅客能理解，其实不见得。

民航方面对于因天气恶劣造成延误的解释是：天气原因，不够飞行标准，不能按时起飞。一般民航服务人员往往和旅客一样也不了解具体是什么恶劣天气影响航班的。从旅客角度来看：天气恶劣就是大风、大雨、大雾时飞机可能无法起降，航班就要延误。而这种认识是片面的，会造成很多误解，认为民航方面在骗人，尤其是出现有的航班能飞，有的航班飞不了的情况时。

“天气原因”简单的四个字实际包含了很多种情况，如出发地机场天气状况不宜起飞，目的地机场天气状况不宜降落，飞行航路上气象状况不宜飞越等。

为了确保飞行安全，符合飞行、起飞、降落的天气标准有不少，这里首先介绍天气状况对一次航班飞行的影响体现在哪些方面，以助于理解：

（1）出发地机场天气状况（能见度、低空云、雷雨区、强侧风）；

（2）目的地机场天气状况（能见度、低空云、雷雨区、强侧风）；

（3）飞行航路上的气象情况（高空雷雨区）；

（4）机组状况（机组技术等级、分析把握当前气象及趋势做出专业的决策）；

（5）飞机状况（该机型对气象条件的安全标准、符合安全的前提下某些机载设备失效导致飞机不宜在该天气状况飞行）；

（6）因恶劣天气导致的后续状况（多指机场导航设施受损、跑道不够标准如结冰、严重积水等）。

常见的情形释疑如下：

因天气原因延误：首先，目的地城市天气良好，无大雨、大风，却仍然延误。目的地机场所在城市天气状况良好不代表该机场适宜飞机降落，机场起飞或降落航道附近为低云、雷雨区是导致这类型延误的常见因素。为确保飞行安全，飞机即使处在自动降落状况，在降落前的一定高度（一般为60m）飞行员也必须完全能见跑道及地面状况，如果此时无法看见跑道，是不允许降落的。

其次，一旦在狭窄的航路上出现雷雨区等状况，某些条件下可采取绕过雷雨区的方式通过，但出于飞行安全和国防需要，民航航路是严格受限的，可绕飞、回旋的余地很小，雷雨区较大时，此方法就行不通了。

再次，就是去同一个目的地，有的飞机能飞，有的却告知因为天气延误，出现这种情况的可能性很多。首先要明确的是飞机起降的标准与飞机机型有关，同样的机型在各航空公司定的具体安全标准也可能有差异，机长对当前气象及趋势做出决策也会有所不同。飞机是否能飞取决于机长对飞机状态、机场、气象等判断后的决定。《中华人民共和国民用航空法》规定，机长发现民用航空器、机场、气象条件等不符合规定，不能保证飞行安全的，有权拒绝飞行。

还有一种情况就是，有的飞机快到目的地机场才告知因天气原因无法降落而备降其他机场或返航，而有些飞机又能正常落地。虽然民航气象部门依靠先进的设备会不断发布比较准确的气象变化趋势预报以利于航班运作和调度，但天气情况是不断变化的，也难以很准确地判断，这就会出现到快落地时天气情况突然恶化导致飞机无法降落，出于安全考虑或油量不足以继续盘旋等待天气好转，飞机就不得不备降其他机场的情况。

天气不断在变化，可能是短时间的恶劣天气。这就会出现5min前和5min后的天气都允许飞机降落，而有的飞机正好赶上那阵恶劣的天气状况而无法降落，这也是常见的现象，同时，如前所述，当天气处于标准边缘时，能否降落由机长决定。机长认为天气不宜降落备降其他机场或返航应该绝对支持。

关于天气原因延误航班要请旅客注意的关键点是：天气原因绝不仅仅是指目的地机场所在城市的天气状况，飞机起降不怕大风、大雨，影响的关键气象因素是能见度、机场起飞降落航道附近的低云、雷雨区，强侧风。天气晴朗航班却因天气原因而延误是正常的现象。

知识延伸

8·24黑龙江伊春坠机事故指的是2010年8月24日发生的坠机事故，2010年8月24日21时38分08秒，河南航空有限公司机型为ERJ-190，注册编号B-3130号飞机执行哈尔滨至伊春的VD8387班次定期客运航班任务在黑龙江省伊春市林都机场距离30号跑道690m处（北纬47°44′52″，东经129°02′34″）坠毁，部分乘客在坠毁时被甩出机舱。机上乘客共计96人，其中儿童5人。事故造成44人遇难，52人受伤，直接经济损失30891万元。该事故属可控飞行撞地，事故原因为飞行员失误。

直接原因如下：

一是机长违反河南航空《飞行运行总手册》的有关规定，在低于公司最低运行标准（根据河南航空有关规定，机长首次执行伊春机场飞行任务时能见度最低标准为3600m，事发前伊春机场管制员向飞行机组通报的能见度为2800m）的情况下，仍然实施进近。

二是飞行机组违反民航局《大型飞机公共航空运输承运人运行合格审定规则》的有关规定，在飞机进入辐射雾，未看见机场跑道、没有建立着陆所必需的目视参考的情况下，仍然穿越最低下降高度实施着陆。

三是飞行机组在飞机撞地前出现无线电高度语音提示，且未看见机场跑道的情况下，仍未采取复飞措施，继续盲目实施着陆，导致飞机撞地。

血淋淋的伊春空难，不应只是轻轻翻过的历史一页。它理应带给人们更多的警醒，促发业界更多的行动。事故的发生是多个因素的叠加，这份沉甸甸的报告也再一次提醒我们，飞行无小事，飞行必须遵循科学发展规律，牢固树立安全理念，做到防患于未然；看似简单的网上准备，应该认真对待；每天看似熟悉的应急程序，应该认真复习。这些都是对每一次飞行最基本的要求，只有熟悉飞机应急设备的分布和撤离程序，牢固掌握灭火瓶、氧气瓶和滑梯的操作方法，我们才能在紧急撤离时为挽救旅客生命赢得宝贵的时间。

资料来源：百度百科

本章思维导图

- 天气与航空运输
  - 天气基本要素
    - 基础概念
      - 气温
      - 气压
      - 降水
      - 风
    - 重点内容——天气基本要素变化对航空运输的影响
  - 地球的圈层结构与大气层
    - 基础概念
      - 圈层结构
      - 大气层
        - 对流层及其特点
        - 平流层及其特点
        - 中间层
        - 电离层
        - 散逸层
    - 重点内容——民用客机在大气层活动的区域
  - 飞行高度层
    - 基础概念——飞行高度层的规定
  - 影响航空运输的主要天气
    - 基础概念
      - 影响起降的重要天气
        - 地面大风
        - 低空风切变
        - 低能见度
        - 雷暴
      - 影响航行的重要天气
        - 雷暴
        - 飞机颠簸
        - 飞机积冰
        - 高空急流
        - 山地气流
    - 重点内容
      - 低空风切变
        - 低空风切变的含义
        - 低空风切变的类型
        - 低空风切变的影响
      - 地面大风
        - 地面大风的含义
        - 地面大风的影响

练习题

一、单选题

1. 风速大于（　　）m/s 的风为地面大风。

A. 10　　B. 12

C. 15　　D. 18

2. 某航班起飞时为逆风起飞，风速为 5m/s，受到气流影响，风速突然变为 9m/s，风向不变，此时该航班的飞行轨迹很有可能（　　）于预定的飞行轨迹。

A. 低　　B. 高

C. 向左偏　　D. 向右偏

3. 下列天气现象被誉为隐形杀手的是（　　）。

A. 雷暴　　B. 低空风切变

C. 大雾　　D. 地面大风

二、多选题

1. 下列哪些天气会引发低能见度（　　）。

A. 低云　　B. 雾

C. 霾　　D. 扬尘

E. 暴雨

2. 一般来说，民用客机主要在（　　）飞行。

A. 对流层　　B. 平流层

C. 中间层　　D. 电离层

E. 散逸层

3. 关于天气与航空运输说法正确的是（　　）。

A. 低空风切变有“隐形杀手”之称

B. 飞机积冰主要影响飞机的起降

C. 大于 16m/s 的风为地面大风，可能会加大飞机操纵难度

D. 雷暴中的闪电会严重干扰无线电通信，甚至烧坏仪器

4. 以下关于天气与航空运输说法正确的有（　　）。

A. 天气的基本要素是风、降水、气压、气温

B. 低能见度是指能见度低于1200m以下的天气

C. 低云、降水、雾霾、吹雪均会引发低能见度，影响飞机起降

D. 飞机一般在对流层顶部和平流层底部飞行

三、判断题

1. 2023年2月13日，天津的气温是−3～6℃，2023年5月1日，天津的气温是23～8℃，对于某一航班来说，只要不更换机型，那么该航班可装业载不发生变化。（ ）

2. 2022年11月13日，某航空公司的航班由天津飞往拉萨，只要不更换机型，那么该航班在天津起飞时的可装业载与在拉萨起飞时的可装业载不发生变化。（ ）

四、简答题

1. 简述大气层结构，并对流层、平流层的特点进行对比分析。
2. 简述不同天气要素对航空运输的影响。
3. 简述我国飞行高度层配备标准。
4. 简述低空风切变对飞机着陆的影响。
5. 影响飞机起降的天气有哪些?
6. 影响飞机航行的天气有哪些?

04

第四章

航空运输相关组织

引 言

为了更好地规范、引导航空运输业的发展，国际民用航空组织、国际航空运输协会、中国航空运输协会等国际、国内相关组织发挥着不同的职能作用。本章将主要介绍国际及我国与航空运输相关的主要组织的基本情况、职责等。

本章知识目标

1. 掌握 ICAO 的基本情况及航权的含义。
2. 掌握 IATA 的基本情况。
3. 掌握 ACI 的基本情况及职责。
4. 掌握 CATA 的基本情况及职责。
5. 掌握 CCAA 的基本情况及职责。
6. 掌握 CAAC 的基本情况及职责。

本章思政目标

1. 通过介绍航空主权概念，帮助学生树立航空主权意识。
2. 建立正确发展观，构建命运共同体，提升职业素养。
3. 提升学生国家荣誉感，树立国情观。
4. 引导学生辩证思考。

第一节 世界航空运输相关组织

一、ICAO

国际民用航空组织（International Civil Aviation Organization，ICAO）是联合国的一个专门机构，1944 年 12 月 7 日在美国的芝加哥为促进全世界民用航空安全、有序地发展而成立。国际民用航空组织（以下简称国际民航组织）总部设在加拿大蒙特利尔，负责制定国际空运标准和条例，是 193 个缔约国（截至 2020 年）在民航领域中开展合作的媒介。是联合国的专门机构。

1. 历史

国际民航组织前身为根据1919年《巴黎公约》成立的空中航行国际委员会（ICAO）。由于第二次世界大战对航空器技术发展起到了巨大的推动作用，使得世界上已经形成了一个包括客、货运输在内的航线网络，但随之也引起了一系列亟须国际社会协商解决的政治上和技术上的问题。因此，在美国政府的邀请下，52个国家于1944年11月1日至12月7日参加了在芝加哥召开的国际会议，签订了《国际民用航空公约》(通称《芝加哥公约》)，按照公约规定成立了临时国际民航组织（PICAO）。1947年4月4日，《芝加哥公约》正式生效，国际民航组织也因之正式成立，并于5月6日召开了第一次大会。同年5月13日，国际民航组织正式成为联合国的一个专门机构。1947年12月31日，“空中航行国际委员会”终止，并将其资产转移给“国际民用航空组织”。

2. 宗旨

国际民航组织（ICAO）的宗旨和目的在于发展国际航行的原则和技术，促进国际航空运输的规划和发展，以便实现下列各项目标：确保全世界国际民用航空安全和有秩序地发展；鼓励为和平用途的航空器的设计和操作技术；鼓励发展国际民航应用的航路、机场和航行设施；满足世界人民对安全、正常、有效和经济的航空运输的需要；防止因不合理的竞争而造成经济上的浪费；保证缔约各国的权利充分受到尊重，每一缔约国均有经营国际空运企业的公平的机会；避免缔约各国之间的差别待遇；促进国际航行的飞行安全；普遍促进国际民航在各方面的发展。

以上九条共涉及国际航行和国际航空运输两方面问题。前者为技术问题，主要是确保航行安全；后者为经济和法律问题，主要是确保公平合理，尊重主权。两者的共同目的是保证国际民航安全、正常、有效和有序地发展。

3. 组织机构

国际民航组织由大会、理事会和秘书处三级框架组成。

大会是国际民航组织的最高权力机构，由全体成员国组成。大会由理事会召集，一般情况下每三年举行一次，遇有特别情况时或经五分之一以上成员国向秘书长提出要求，可以召开特别会议。大会决议一般以超过半数通过。参加大会的每一个成员国只有一票表决权。但在某些情况下，如《芝加哥公约》的任何修正案，则需超过三分之二的票数通过。大会的主要职能为：选举理事会成员国，审查理事会各项报告，提出未来三年的工作计划，表决年度财政预算，授权理事会必要的权力以履行职责，并可随时撤回或改变这种权力，审议关于修改《芝加哥公约》的提案，审议提交大会的其他提案，执行与国际组织签订的协议，处理其他事项等。大会召开期间，一般分为大会、行政、技术、法律、经济五个委员会对各项事宜进行讨论和决定，然后交大会审议。

理事会是向大会负责的常设机构，由大会选出的33个缔约国组成。理事国分为三类：第一类是在航空运输领域有特别重要地位的成员国，第二类是对提供国际航空运输的发展有突出贡献的成员国，第三类是区域代表成员国。三类成员国的比例分配为10∶11∶12。理事会设主席一名。主席由理事会选举产生，任期三年，可连选连任。理事会每年召开三次会议，每次会议会期约为两个月。理事会下设财务、技术合作、非法干扰、航行、新航行系统、运输、联营导航、爱德华奖八个委员会。每次理事会开会前，各委员会先分别开会，以便将文件、报告或问题提交理事会。理事会的主要职责包括：执行大会授予的任务并向大会报告本组织及各国执行公约的情况；管理本组织财务；领导属下各机构工作；通过公约附件；向缔约各国通报有关情况，以及设立运输委员会，研究、参与国际航空运输发展和经营有关的问题并通报成员国，对争端和违反《芝加哥公约》的行为进行裁决等。

秘书处是国际民航组织的常设行政机构，由秘书长负责保证国际民航组织各项工作的顺利进行。秘书长由理事会任命。秘书处下设航行局、航空运输局、法律局、技术合作局、行政局五个局以及财务处、外事处，此外，秘书处有一个地区事务处和七个地区办事处，分设在曼谷、开罗、达喀尔、利马、墨西哥城、内罗毕和巴黎。地区办事处直接由秘书长领导，主要任务是建立和帮助缔约各国实行国际民航组织制定的国际标准和建设措施以及地区规划。

4. 成员管理

关于国际民航组织成员的资格问题，由1944年《芝加哥公约》以及国际民航组织与联合国签订的协议所规定。

各国通过批准和加入《芝加哥公约》获得国际民航组织成员资格。《芝加哥公约》规定，公约自26个国家批准后生效。因此，最初批准公约的26个国家成为国际民航组织的创始成员国。创始成员国不具备任何特权，与随后加入的成员所享有的权利和承担的义务是完全相同的。公约生效后，即开放加入，但范围限于联合国成员国、与联合国成员国联合的国家或在第二次世界大战中的中立国。同时，公约也准许其他国家加入，但须得到联合国的许可并经大会五分之四的票数通过；如果该国在第二次世界大战中侵入或者攻击了别国，那么必须在得到受到侵入或者攻击的国家的同意后，由国际民航组织把申请书转交联合国全体大会，若大会在接到第一次申请后的第一次会议上没有提出拒绝这一申请的建议，国际民航组织才可以按照公约规定批准该申请国加入国际民航组织。

根据《芝加哥公约》的规定，任何成员国在合理的期限内，不能履行其财政上的义务或者违反了该公约关于争端和违约规定时，将被中止或暂停其在大会和理事会的表决权。如果联合国大会建议拒绝一国政府参加联合国建立或与联合国发生关系的国际机构，则该国即自动丧失国际民航组织成员国的资格。但经该国申请，由理事会多数通过，并得到联合国大会批准后，可重新恢复其成员资格。

任何缔约国都可以在声明退出《芝加哥公约》的通知书送达之日起一年之后退出公约，同时退出国际民航组织。如果有关公约的修正案决议中规定，任何国家在该修正案生效后的规定时期内未予批准，即丧失其国际民航组织成员的资格。对于没有履行这一义务的缔约国而言，就被剥夺了成员资格。

5. 主要活动

国际民航组织按照《芝加哥公约》的授权，发展国际航行的原则和技术。近二十年，各种新技术飞速发展，全球经济在环境也发生了巨大变化，对国际民用航空的航行和运输管理制度形成了前所未有的挑战。为加强工作效率和针对性，继续保持对国际民用航空的主导地位，国际民航组织制定了战略工作计划，重新确定了工作重点，于1997年2月由其理事会批准实施。

（1）法规（Constitutional Affairs）

修订现行国际民航法规条款并制定新的法律文书。主要项目有：敦促更多的国家加入关于不对民用航空器使用武力的《芝加哥公约》第3分条和在包用、租用和换用航空器时由该航空器登记国向使用国移交某些安全职责的第83分条（我国均已加入）；敦促更多的国家加入《国际航班过境协定》（我国尚未加入）；起草关于统一承运人赔偿责任制度的“新华沙公约”；起草关于导航卫星服务的国际法律框架。

（2）航行（Air Navigation）

制定并刷新关于航行的国际技术标准和建议措施是国际民航组织最主要的工作，《芝加哥公约》的18个附件有17个都是涉及航行技术的。战略工作计划要求这一工作跟上国际民航的发展速度，保持这些标准和建议措施的适用性。

规划各地区的国际航路网络、授权有关国家对国际航行提供助航设施和空中交通与气象服务、对各国在其本国领土之内的航行设施和服务提出建议，是国际民航组织“地区规划（Regional Air Navigation Planning）”的职责，由7个地区办事处负责运作。由于各国越来越追求自己在国际航行中的利益，冲突和纠纷日益增多，致使国际民航组织的统一航行规划难以得到完全实施。战略工作计划要求加强地区规划机制的有效性，更好地协调各国的不同要求。

（3）安全监察（Safety Oversight Program）

全球民航重大事故率平均为1.44架次/百万架次，随着航空运输量的增长，如果这一比率不降下来，事故的绝对次数也将上升到不可接受的程度。国际民航组织从20世纪90年代初开始实施安全监察规划，主要内容为各国在自愿的基础上接受国际民航组织对其航空当局安全规章的完善程度以及航空公司的运行安全水平进行评估。这一规划已在第32届大会上发展成为强制性的“航空安全审计计划（Safety Audit Program）”，要求所有的缔约国必须接受国际民航组织的安全评估。

安全问题不仅在航空器运行中存在，在航行领域的其他方面也存在，例如空中交通管制和机场运行等。为涵盖安全监察规划未涉及的方面，国际民航组织在还发起了“在航行域寻找安全缺陷（Program for Identifying Safety Shortcomings in the Air Navigation Field）”的计划。

（4）制止非法干扰（Aviation Security）

制止非法干扰即我国通称的安全保卫或空防安全。这项工作的重点为敦促各缔约国按照附件 17“安全保卫”规定的标准和建议措施，特别加强机场的安全保卫工作，同时大力开展国际民航组织的安全保卫培训规划。

（5）实施新航行系统（ICAO CNS/ATM Systems）

新航行系统即“国际民航组织通信、导航、监视/空中交通管制系统”，是集计算机网络技术、卫星导航和通信技术以及高速数字数据通信技术于一体的革命性导航系统，将替换现行的陆基导航系统，大大提高航行效率。20 世纪 80 年代末期由国际组织提出此概念，在 90 年代初完成全球规划，现已进入过渡实施阶段。这种新系统要达到全球普遍适用的程度，尚有许多非技术问题要解决。战略工作计划要求攻克的难题包括卫星导航服务（GNSS）的法律框架、运行机构，全球、各地区和各国实施进度的协调与合作，融资与成本回收等。

（6）航空运输服务管理制度（Air Transport Services Regulation）

国际民航组织在航空运输领域的重点工作为“简化手续（Facilitation）”，即“消除障碍以足以促进航空器及其旅客、机组、行李、货物和邮件自由地、畅通无阻地跨越国际边界”。18 个附件中唯一不涉及航行技术问题的就是对简化手续制定标准的建议措施的附件 9“简化手续”。

在航空运输管理制度方面，1944 年的国际民航会议曾试图制定一个关于商业航空权的多边协定来取代大量的双边协定，但未获多数代表同意。因此，国家之间商业航空权的交换仍然由双边谈判来决定。国际民航组织在这方面的职责为，研究全球经济大环境变化对航空运输管理制度的影响，为各国提供分析报告和建议，为航空运输中的某些业务制定规范。战略工作计划要求国际民航组织开展的工作有：修订计算机订座系统营运行为规范，研究服务贸易总协定对航空运输管理制度的影响。

（7）统计（Statistics）

《芝加哥公约》第 54 条规定，理事会必须要求、收集、审议和公布统计资料，各国有义务报送这些资料。这不仅对指导国际民航组织的审议工作是必要的，而且对协助各国民航当局根据现实情况制订民航政策也是必不可少的。这些统计资料主要包括：承运人运输量、分航段运输量、飞行始发地和目的地、承运人财务、机队和人员、机场业务和财务、航路设施业务和财务、各国注册的航空器、安全、通用航空以及飞行员执照等。

国际民航组织的统计工作还包括经济预测和协助各国规划民航发展。

（8）技术合作

20 世纪年代以前，联合国发展规划署援助资金中 5%用于发展中国家的民航项目，委托给国际民航组织技术合作局实施。此后，该署改变援助重点，基本不给民航项目拨款。鉴于不少发展中国家引进民航新技术主要依靠外来资金，国际民航组织强调必须继续维持其技术合作机制，资金的来源，一是靠发达国家捐款，二是靠受援助国自筹，委托给国际民航组织技术合作局实施。不少发达国家认为国际民航组织技术合作机制效率低，还要从项目资金中提取13%的管理费，很少向其捐款，主要选择以双边的方式直接同受援国实施项目。

（9）培训

国际民航组织向各国和各地区的民航训练学院提供援助，使其能向各国人员提供民航各专业领域的在职培训和国外训练。战略工作计划要求，今后培训方面的工作重点是加强课程的标准化和针对性。

6. 同中国的关系

我国是国际民航组织的创始国之一，于1944年签署了《国际民用航空公约》，并于1946年正式成为会员国。1971年11月19日国际民航组织第七十四届理事会第十六次会议通过决议，承认中华人民共和国政府为中国唯一合法代表。1974年我国承认《国际民用航空公约》并参加国际民航组织的活动。同年我国当选为二类理事国，至今已八次连选连任二类理事国。2004年在国际民航组织的第35届大会上，我国当选为一类理事国。蒙特利尔设有中国常驻国际民航组织理事会代表处。2013年9月28日，中国在加拿大蒙特利尔召开的国际民航组织第38届大会上再次当选为一类理事国。这是自2004年以来，中国第四次连任一类理事国。当天参加投票选举的国家有173个，除中国外，德国、日本、意大利、澳大利亚、俄罗斯、巴西、美国、英国、法国、加拿大也同时继续当选一类理事国。中国自1974年恢复参加国际民航组织活动以来，连续10次当选为国际民航组织二类理事国，并于2004年竞选成为一类理事国。作为国际民航组织的创始国之一，中国积极参与国际民航组织各类活动和项目。2010年以来，中国向国际民航组织的航空保安行动计划、北亚地区运行安全及持续适航合作、非洲航空安全全面实施计划项目提供了82万美元捐款，并与国际民航组织合作为发展中国家培训了近200多名航空专业人员。

7.《芝加哥公约》

（1）历史

国际民用航空组织于1944年12月7日通过《国际民用航空公约》，因其在美国城市芝加哥签订，故又称其为《芝加哥公约》。根据芝加哥公约的规定，1947年4月1日，国际民航组织正式成立。1992年9月召开的国际民航组织第29届大会作出决议，自芝加哥公约签署50周年的1994年起，将每年的12月7日定为“国际民航日”。我国于1974年2月15日承认该公约，同时决定参加国际民航组织的活动。

（2）主要内容

①确认国家航空主权原则：公约规定，缔约各国承认每一国家对其领土之上的空气空间具有完全的排他的主权。

②适用范围：公约只适用于民用航空机。

③飞机的权利：公约规定，关于不定期航空业务，各缔约国同意不需要事先批准，飞机有权飞入另一国领土，或通过领土作不停降的飞行；关于定期航班，则需要通过签订双

边协定的方式，才得以在该国领土上空飞行或进入该领土。

④ 国家主权：公约规定各缔约国有权拒绝外国飞机在其国内两个地点之间经营商业性客、货运输，因军事需要或公共安全的理由可以设置飞行禁区。

案 例

大韩航空 007 号班机遭击落事件，发生于当地时间 1983 年 9 月 1 日清晨（UTC 时间为 8 月 31 日傍晚），大韩航空 007 号班机进入苏联领空，遭苏联空军 Su-15 拦截机攻击，坠落于库页岛西南方的公海。

资料来源：百度百科

⑤ 设立国际民航组织：为及时处理因民航迅速发展而出现的技术、经济及法律问题，设立国际民航组织作为公约的常设机构。公约规定了该机构的名称、目的和大会、理事会、航空委员会等的组成及职责。

⑥ 争议和违约：公约规定，缔约国发生争议可提交理事会裁决，或向国际法庭上诉；对空运企业不遵守公约规定者，理事会可停止其飞行权；对违反规定的缔约国，可暂停其在大会、理事会的表决权。

（3）航权

“航权”按国际惯例被称为“空中自由”。“Traffic rights”航权的概念起源于 1944 年“芝加哥会议”，亦称之为“空中自由”权（freedoms of the air），其法律根据是 1944 年的《国际航班过境协定》（通称《两大自由协定》）和《国际航空运输协定》（通称《五大自由协定》）的规定。

① 第一航权：领空飞越权。在不着陆的情况下，本国航机可以在协议国领空上飞过，前往其他国家目的地。例：北京—旧金山，中途飞越日本领空，那就要和日本签订领空飞越权，获取第一航权，否则只能绕道飞行，增加燃料消耗和飞行时间。

② 第二航权：技术经停权。本国航机可以因技术需要（如添加燃料、飞机故障或气象原因备降）在协议国降落、经停，但不得进行任何业务性工作，如上下旅客，装卸货物、邮件。例如：北京—纽约，如果由于某飞机机型的原因，不能直接飞抵，中间需要在日本降落并加油，但不允许在该机场上下旅客和装卸货物。此时就要和日本签订技术经停权。

③ 第三航权：目的地下客权。本国航机可以在协议国境内卸下乘客、邮件或货物。例如：北京—东京，如获得第三航权，中国民航飞机承运的旅客、货物可在东京进港，但只能空机返回。

④ 第四航权：目的地上客权。本国航机可以在协议国境内载运乘客、邮件或货物返回。例如：北京—东京，如获得第四航权，中国民航飞机能载运旅客、邮件或货物搭乘原机返回北京。

⑤ 第五航权：中间点权或延远权。某国或地区的航空公司在其登记国或地区以外的两国或地区间载运旅客或货物，但其班机的起点与终点必须为其登记国或地区。也就是说，第五航权是要和两个或两个以上的国家进行谈判的。以新加坡航空公司的货机为例，它执飞新加坡经

我国厦门、南京到美国芝加哥的航线，并在厦门、南京拥有装卸国际货物的权利。解释如下：

a. 承运人本国（第一国始发地）—中途经停第三国—目的地国（第二国），即承运人从本国运输客、货到另一国家时中途经过第三国（也就是始发地国家和目的地国家以外的其他国家），并被允许将途经第三国登机的旅客、装载的货物卸到目的地国。这种权利是第五航权的一种。比如中国和新加坡的双边协定允许中国承运人在东南亚选择一点作为中途经停点，并可以将当地的客、货运到新加坡。这样对中国承运人的新加坡—马来西亚—泰国旅游运输就非常有利，一个航班上既可以有中国—新加坡的旅客，也可以有泰国—新加坡的旅客，同时因为中国—泰国本来有第三、四航权所以同时还有中国—泰国的旅客。旅行社在组织新加坡—马来西亚—泰国旅游的时候就可以选择同一家公司承担所有的航程，非常有竞争力，并且方便旅客。如果没有第五航权新加坡—马来西亚—泰国旅游至少要找两家公司承运。但是要注意，能否顺利地行使第五航权，还要有中途经停国家政府的同意。

b. 承运人本国（第一国始发地）—目的地国（第二国）—以远点第三国，即承运人将自己国家始发的客、货运到目的地国家，同时又被允许从目的地国家上客、货，并被允许运到另一国家。还是以新加坡—马来西亚—泰国旅游为例，中国和泰国的双边协定同意中国承运人将泰国的客货运往东南亚的另一个国家，并同意将东南亚另一个国家的客货运到泰国。这样，中国承运人选择了新加坡，就组成了中国—泰国—新加坡航线。可以看出只有在同时具有这两种第五航权时，承运人才可以完整地使用这些权利，否则，即便获得了其中之一，也很难进行操作。

第五航权是针对两个国家的双边协定而言的，在两国的协定中允许对方行使有关第三国运输的权利。但是在没有第三国同意的情况下，这个权力等于没有。因此航空公司在用这个权力的时候，必然同时要考虑中国与这个第三国有没有相应的权利。第五航权之所以复杂，就是因为它涉及多个双边协定，并且在不同的协定中意味着不同种类的航权。

⑥ 第六航权：桥梁权。某国或地区的航空公司在境外两国或地区间载运客、货且中途经停其登记国或地区（此为第三及第四自由的结合）的权利。例如：伦敦—北京—首尔，国航将源自英国的旅客运经北京后再运到韩国。新加坡航空公司承运英国—澳大利亚之间的客人，这些客人并不是要到新加坡去，但是新加坡航空公司通过其在樟宜机场的中枢，将欧洲的客人拉过来，再运到澳洲。同样，在中国—美国的航线上，日本、韩国的航空公司第六航权运用得很好，抢占了中国和美国承运人大量的市场。他们把美国的客源先运到日本、韩国，再做中转，然后运到中国来。

⑦ 第七航权：完全第三国运输权。本国航机可以在境外接载旅客和货物，而不用返回本国。即本国航机在甲、乙两国间接载旅客和运载货物。例如：伦敦—巴黎，由德国汉莎航空公司承运。

⑧ 第八航权：（连续的）国内运输权。某国或地区的航空公司在他国或地区领域内两地间载运客、货的权利（境内经营权）。第八航权只能是从自己国家的一条航线在别国的延长。

例如：东京—北京—成都，由日本航空公司承运。

⑨第九航权：（非连续的）国内运输权。本国航机可以到协议国作国内航线运营。第九航权，可以是完全在另外一个国家开设的航线。

九种航权如图 4-1 所示。

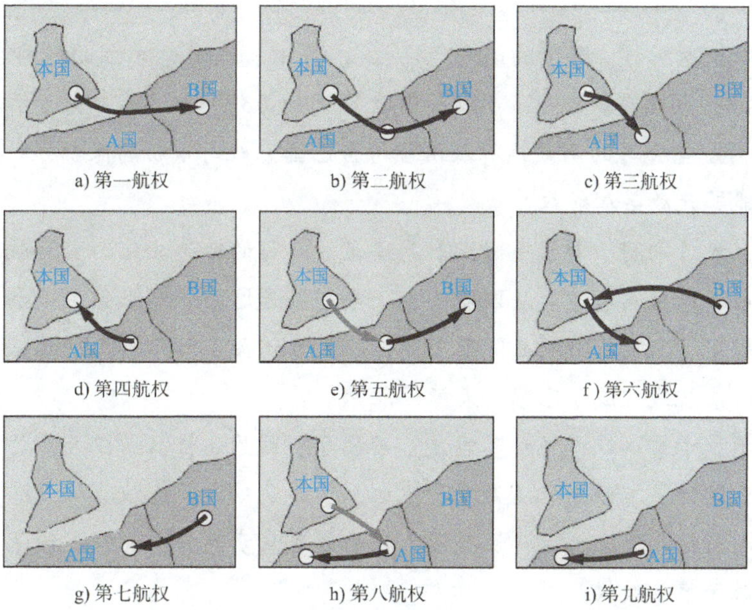

图 4-1 九种航权示意图

案 例

2003 年 3 月，海南的天空悄悄发生了一场深刻的变革——经国家民航总局批准，海南成为排名前列开放第三、四、五航权的试点省份，海南成为中国最开放的“天空特区”，成为国际航空业关注的焦点。航权开放后，海南已经开通了与俄罗斯、哈萨克斯坦、韩国以及东南亚等众多国家和地区的直航航线，吸引了大批境外游客到海南休闲度假，“阳光海南，度假天堂”成为中国在国际度假休闲旅游市场上的一张名片。在开通的这些国际航线中，东南亚的航线格外引人关注。2016 年 7 月，海口直飞柬埔寨金边、暹粒国际航线开通；同年 8 月底和 9 月初，海口直飞老挝万象、琅勃拉邦的国际航线相继开通……一条条飞往东南亚国家的国际航线的开通，既是海南对国家“一带一路”倡议与“澜湄合作”机制的响应与支持，也为两地友好往来提供了便利。借助一条条“空中丝路”，海南正开启对外交往与合作的新征程。正是借助空中、海上航线的开通，海南近年来与“一带一路”沿线地区的经贸合作日益密切。未来海南将积极搭建平台鼓励企业“走出去”，寻求与老挝、柬埔寨等地的投资合作机会；开发一程多站旅游产品，吸引更多的国内外游客；深化贸易合作，促进资源整合。

资料来源：搜狐网

知识延伸

第八航权

第八航权也叫作“连续的国内运输权”，具体来说就是A国的航司在从A国飞往B国的一个城市以后，还可以再飞往B国的另外一个城市。由于第八航权涉及B国国内航空公司的利益，所以出于对自己国家航司市场的保护，一般情况下没有国家能够开放第八航权。

此外，疫情期间，由于中国民航局规定涉及目的地为北京的国际航班必须先从指定的第一入境点入境。法国航空有一条航线是巴黎—北京，但是在中国民用航空局的规定下，飞机必须先降落天津，在天津入关，然后再飞往北京，所以法国航空的这条航线就成了巴黎—天津—北京。

这属不属于第八航权呢？答案是：不属于。因为飞机只是以天津为第一入境点，来自巴黎的旅客必须都从天津下飞机，但是法航也没有权力从天津再拉上新的一批客人前往北京；也就是法航没有权力单独售卖天津—北京航线的客票，所以这并不属于第八航权。

二、IATA

国际航空运输协会（International Air Transport Association，IATA）是一个由世界各国航空公司所组成的大型国际组织，其前身是1919年在海牙成立并在第二次世界大战时解体的国际航空业务协会，总部设在加拿大的蒙特利尔，执行机构设在日内瓦。和监管航空安全和航行规则的国际民航组织相比，它更像是一个由承运人（航空公司）组成的国际协调组织，管理在民航运输中出现的诸如票价、危险品运输等问题。

1. 性质

国际航空运输协会（以下简称国际航协）从组织形式上是一个航空企业的行业联盟，属非官方性质组织，但是由于世界上的大多数国家的航空公司为国家所有，即使非国有的航空公司也受到所属国政府的强力参与或控制，因此国际航协实际上是一个半官方组织。它制定运价的活动，也必须在各国政府授权下进行，它的清算所对全世界联运票价的结算是一项有助于世界空运发展的公益事业，因而国际航协发挥着通过航空运输企业来协调和沟通政府间政策，解决实际运作困难的重要作用。

2. 宗旨

协会的宗旨是为了世界人民的利益，促进安全、正常和经济的航空运输，扶植航空交通，并研究与此有关的问题；对于直接或间接从事国际航空运输工作的各空运企业提供合作的途径；与国际民航组织及其他国际组织协力合作。

3. 发展简史

国际航空运输协会前身是 1919 年在海牙成立并在第二次世界大战时解体的国际航空业务协会。1944 年 12 月，出席芝加哥国际民航会议的一些政府代表和顾问以及空运企业的代表聚会，商定成立一个委员会为新的组织起草章程。1945 年 4 月 16 日在哈瓦那会议上修改并通过了草案章程，同年 10 月，新组织正式成立，定名为国际航空运输协会，总部设在加拿大的蒙特利尔。第一届年会在加拿大蒙特利尔召开。在全世界近 100 个国家设有办事处，280 家会员航空公司遍及全世界 180 多个国家。凡国际民航组织成员国的任一经营定期航班的空运企业，经其政府许可都可成为该协会的会员。经营国际航班的航空运输企业为正式会员，只经营国内航班的航空运输企业为准会员。

4. 组织结构

目前，国际航空运输协会共有 280 个会员：美洲地区 50 个；欧洲地区 99 个；中东、非洲地区 60 个；中国及北亚地区 31 个；亚洲及太平洋地区 40 个。年度大会是最高权力机构；执行委员会有 27 个执行委员，由年会选出的空运企业高级人员组成，任期三年，每年改选 1/3，协会的年度主席是执行委员会（以下简称执委会）的当然委员。常设委员会有运输业务、技术、财务和法律委员会；秘书处是办事机构。在新加坡、日内瓦、贝鲁特、布宜诺斯艾利斯、华盛顿设地区运输业务服务处；在曼谷、日内瓦、伦敦、内罗毕、里约热内卢和达喀尔设地区技术办事处；在日内瓦设清算所。

5. 机构组成

全体会议是国际航空运输协会的最高权力机构，每年举行一次会议，经执委会召集，也可随时召开特别会议。所有正式会员在决议中都拥有平等的一票表决权，如果不能参加，也可授权另一正式会员代表其出席会议并表决。全体会议的决定以多数票通过。在全体会议上，审议的问题只限于涉及国际航空运输协会本身的重大问题，如选举协会的主席和执委会委员、成立有关的委员会以及审议本组织的财政问题等。

执委会是全会的代表机构，对外全权代表国际航空运输协会。执委会成员必须是正式会员的代表，任期分别为一年、二年和三年。执委会的职责，包括管理协会的财产、设置分支机构、制定协会的政策等。执委会的理事长是协会的最高行政和执行官员，在执委会的监督和授权下行使职责并对执委会负责。在一般情况下，执委会应在年会及全体会议之前召开，其他会议时间由执委会规定。执委会下设秘书长、专门委员会和内部办事机构，维持协会的日常工作。目前执委会有 30 名成员。

国际航空运输协会分为运输、财务、法律和技术委员会。各委员会由专家、区域代表及其他人员组成并报执委会和大会批准。目前运输委员会有 30 名成员，财务委员会有 25 名成员，技术委员会有 30 名成员，法律委员会有 30 名成员。

国际航空运输协会总部设在加拿大蒙特利尔，但主要机构还设在日内瓦、伦敦和新加坡。国际航空运输协会还在安曼、雅典、曼谷、达卡、香港、雅加达、吉达、吉隆坡、迈阿密、内罗毕、纽约、波多黎各、里约热内卢、圣地亚哥、华沙和华盛顿设有地区办事处。

6. 基本职能

协会的基本职能：统一国际航空运输规则，业务代理，空运企业间的财务结算，技术上的合作，参与机场活动，协调国际航空旅客、货物运价，航空法律工作，帮助发展中国家航空公司培训高级和专门人员。

7. 主要活动

国际航空运输协会的活动分为三种：①同业活动，代表会员进行会外活动，向具有权威的国际组织和国家当局申述意见，以维护会员的利益；②协调活动，监督世界性的销售代表系统，建立经营标准和程序，协调国际航空运价；③行业服务活动，承办出版物、财务金融、市场调研、会议、培训等服务项目。通过上述活动，统一国际航空运输的规则和承运条件，办理业务代理及空运企业间的财务结算，协调运价和班期时刻，促进技术合作，参与机场活动，进行人员培训等。

8. 成员申请

国际航空运输协会的会员分为正式会员和准会员两类。国际航空运输协会会籍向获得符合国际民航组织成员国身份的政府所颁发执照的任何提供定期航班的经营性公司开放。国际航空运输协会正式会员向直接从事国际经营的航空公司开放，而国际航空运输协会准会员身份只向国内航空公司开放。国际航空运输协会现有两百多家会员航空公司。

申请加入国际航空运输协会的航空公司如果想成为正式会员，必须符合下列条件：批准其申请的政府是有资格成为国际民航组织成员的国家政府；在两个或两个以上国家间从事航空服务。其他航空公司可以申请成为准会员。国际航空运输协会的执委会负责审议航空公司的申请并有权决定接纳航空公司成为正式会员或准会员。

为制止会员拖欠会费，章程明确规定，如果一个会员在 180 天之内未缴纳会费、罚金或履行其他财政义务，也没有能够在此期限内做出履行此类义务的安排，那么该会员的权利将受到限制，不再拥有表决权，其代表也不可以成为国际航空运输协会任何机构的成员，但是其会员资格并未终止，仍然享有根据协会章程所应享有的其他权利和义务。

任何会员可以自行通知国际航空运输协会理事长退出该组织，并自通知发出之日起 30 天生效。如果会员违反了国际航空运输协会的有关章程或规定，或者在其航空公司所代表的国家被国际民航组织除名，或者会员宣告破产，执委会可以取消其会员资格。

9. 工作内容

根据 1978 年国际航空运输特别大会决定，国际航空运输协会的活动主要分为行业协会活动和运价协调活动两大类。1988 年又增加了行业服务。

（1）运价协调

国际航空运输协会通过召开运输会议确定运价，经有关国家批准后即可生效。第二次世界大战以后，确立了通过双边航空运输协定经营国际航空运输业务的框架。在此框架内，由哪一家航空公司经营哪一条航线以及运量的大小，由政府通过谈判确定，同时，在旅客票价和货物运费方面也采用一致的标准，而这个标准的运价规则是由国际航空运输协会制定的。如有争议，有关国家政府有最后决定的权利。

为便于工作，协会将全球划分为三个区域，即一区，包括所有北美和南美大陆及与之毗连的岛屿，格陵兰、百慕大、西印度群岛和加勒比海群岛、夏威夷群岛（包括中途岛和帕尔迈拉）；二区，包括欧洲全部（包括俄罗斯联邦在欧洲的部分）和与之毗连的岛屿，冰岛、亚速尔群岛、非洲全部和与之毗连的岛屿、阿森松岛和地处伊朗伊斯兰共和国西部并包括其在内的亚洲部分；三区，包括除二区已包括部分的亚洲全部和与之毗连的岛屿，东印度群岛的全部、澳大利亚、新西兰和与之毗连的岛屿，以及除一区所包括之外的所有的太平洋岛屿。

（2）运输服务

国际航空运输协会制定了一整套完整的标准和措施，以便在客票、货运单和其他有关凭证以及对旅客、行李和货物的管理方面建立统一的程序，这也就是所谓的“运输服务”，主要包括旅客、货运、机场服务三个方面，也包括多边联运协议。

（3）代理人事务

国际航空运输协会在 1952 年就制定了代理标准协议，为航空公司与代理人之间的关系设置了模式。协会举行一系列培训代理人的课程，为航空销售业造就合格人员。协会近年来随着自动化技术的应用发展制定了适用旅客、货物销售的航空公司与代理人结算的“开账与结算系统”和“货运账目结算系统”。

（4）法律

国际航空运输协会的法律工作主要表现为：世界航空的平稳运作而设立文件和程序的标准；为会员提供民航法律方面的咨询和诉讼服务；在国际航空立法中，表达航空运输承运人的观点。

（5）技术

国际航空运输协会对《芝加哥公约》附件的制定起到了重要作用，目前在技术领域仍然进行着大量的工作，主要包括航空电子和电信、工程环境、机场、航行、医学、简化手续以及航空保安等。

10. 会员关系管理

国际航协 7 个地区办事处为：北美地区办事处（美国华盛顿），南美地区办事处（智利圣地亚哥），欧洲地区办事处（比利时布鲁塞尔），非洲地区办事处（瑞士日内瓦），中东地区办事处（约旦安曼），亚太地区办事处（新加坡），北亚地区办事处（北京）。

作为全世界七个地区办事处之一，北亚地区会员关系管理事务办事处成立于 1996 年，办公地点设在北京。其主要职责是在本地区介绍国际航协为促进世界航空运输发展而制定的各项政策和发展战略；加强国际航协业务活动的开展；促进国际航协产品和服务的推广；了解、分析本地区航空运输政策的发展动向；保障国际航协项目在本地区的顺利进行；协助国际航协中国办事处各部门的工作。

具体工作包括：执行并推广国际航协在全世界的政策，推广国际航协的产品与服务；推动国际航协在本地区的活动；发展国际航协在本地区的新会员，包括国际航协行业伙伴计划会员；协调航空公司联运和收益管理服务项目在中国的开展；协调国际航协运价事务在本地区的活动；协助国际航协基础设施经济战略项目在中国的活动；协调国际航航空运输协会用户收费和航空煤油收费工作组在中国的业务工作；推动国际航空培训基金在中国的发展，并为该基金奖学金在中国的使用提出建议；与所在地区民航当局和其他政府机构保持密切和定期联络；协调国际航协与中国会员公司的联系；推动国际航协中国会员公司之间的合作；协助国际航协的会务工作和出版物的订购；协助办理国际航协航空公司两字代码和三字结算码的工作；协助国际航协其他部门在本地区业务的开展。

知识延伸

国际航空运输协会（IATA）发表报告称，自2004年推出“简化商务”计划，已为整个行业节省了550亿美元，提高了基础设施供应商的成本效率。通过缩短航线减少燃耗，并在行业内分享燃油管理的最佳方法。2004年11月，国际航空运输协会在其新加坡年会上确立了“简化商务”（Simplifying the Business，StB）计划。主要包括电子客票（ET）、通用自助值机（CUSS）、二维条码登机牌（BCBP）、电子货运及RFAD等5项内容，全部工作计划在2010年全部完成。国际航协的“简化商务”计划推出近7年来，整个航空业节省了550亿美元，否则航空业将亏损高达1050亿美元。2010年4月，国际航协宣布与中国航空业在飞行安全、简化商务、基础设施和商业自由等四大领域进行深入合作，以期进一步助力和服务中国航空业的发展。

三、ACI

国际机场协会（Airport Council International，ACI），1991年成立。ACI由六个地理区域组织构成：非洲、亚洲、欧洲、拉丁美洲/加勒比海、北美和太平洋地区，总部设在日内瓦，地区总部分别设在开罗、新德里、布鲁塞尔、梅里达、华盛顿和香港。同年成立了ACI的常设委员会以及同主题的地区委员会。

ACI有五个常设委员会：经济、环境、便利及服务、航空安全、安全/技术。四个小组委员会：机场信息技术、航空环保委员会(CAEP)、货物、运行安全。

ACI 在全世界有 573 个成员，在 178 个国家和地区运营着多达 1643 家机场。2005 年全年，ACI 的成员运送了 42 亿人次旅客，运输了 8180 万 t 货物，起降了 7160 架航班。

机场是国际航空运输的支柱。为充分保障自身利益和影响力，全球机场行业需要一个强有力的发声平台——国际机场协会（ACI）便承担着这一角色。ACI 致力于提高全球机场的收益水平，促进机场管理和运行在专业方面日臻完善。为彰显机场行业在全球经济和社会活动中的重要价值，ACI 始终致力于让机场行业在维持、发展和繁荣现有的安全、环保、高效的全球空中交通系统中发挥最大的作用。

由于航空运输系统内的各个组成部分是相互依存的，因此 ACI 的一个主要目标就是要实现与航空业内各组成部分、相关人士及政府的高度合作。

机场要想稳定、有效且有利润地运行，需要一个平衡、合适的经济法律环境。为了确保机场权益能够被充分考虑，ACI 代表机场行业的利益，努力去影响国际和国内的法律、规章、政策和标准。

机场连通着世界，它对于地区社会经济发展非常重要。ACI 使机场发展的重要性得以交流，从而加强对于机场给地区、社会团体和个人带来的无可争辩的利益的公众认识。

每个机场都是不同的。因此机场及其雇员有很多经验可以与同行进行分享。通过 ACI 的出版物、会议、委员会、培训、学习项目以及多个 ACI 的网站，可以便捷地交流机场的最佳实践方法，从而促进了彼此的沟通。

ACI 建立了一个全球范围内的机场组织，它的成员不仅包括世界上每一个民用机场，还涵盖了大量的附属行业。ACI 为这些成员提供行业知识，促进专业发展和机场运营管理的完善，从而加速其自身的发展。

第二节 中国航空运输相关组织

一、CATA

中国航空运输协会（简称中国航协，英文译名：CHINA AIR TRANSPORT ASSOCIATION，缩写：CATA）成立于 2005 年 9 月 26 日，是依据我国有关法律规定，经中华人民共和国民政部核准登记注册，以民用航空公司为主体，由企、事业法人和社团法人自愿参加组成的、行业性的、不以营利为目的的全国性社团法人。党建领导机关是中央和国家机关工作委员会，接受行业管理部门中国民用航空局的业务指导和监督管理。截至 2025 年 3 月，协会会员单位1071家。

1. 发展思路

“十四五”时期协会发展基本思路：坚持以习近平新时代中国特色社会主义思想为指导，深入学习贯彻习近平总书记对民航工作的重要指示批示精神，认真落实民航总体工作部署，坚持“打基础、上台阶、创一流”的工作方针，以推动协会高质量发展为主题，以加强参与行业治理能力建设为抓手，以服务会员、服务行业、服务社会为导向，促进高质量发展、促进持续安全，维护会员权益、维护市场秩序，强化科教文化、强化合作交流，充分发挥助力支撑、引导协调、支持保障和桥梁纽带作用，积极打造引领型、创新型、服务型、协同型社会组织，朝着法治化、数字化、国际化方向，扎实推进能力建设、制度建设、队伍建设、品牌建设和文化建设，弘扬“讲政治、讲学习、讲团结、讲奉献、讲廉洁”作风，基本建设成为政府信得过、企业离不开、社会反响好、自身过得硬的一流社会组织，为实现建成民航强国目标贡献力量。

2. 建设宗旨

积极承担社会组织责任，努力为全体会员服务，促进航空运输发展和民航持续安全，为实现建成民航强国战略目标贡献力量。

3. 业务范围

（1）宣传、贯彻党和国家关于民航业的方针政策和法律法规。

（2）代表会员利益，反映会员诉求，维护会员权益。

（3）研究行业发展和改革的重大问题，改善企业经营环境，促进行业高质量发展。

（4）协助政府有关部门和会员单位开展航空安全工作，促进持续安全。

（5）开展行业自律，推进诚信体系建设，为会员提供相关服务业务以及业务评估评价工作，维护市场秩序。

（6）开展团体标准工作，组织协调相关团体标准的制定、推广，参与相关行业标准的制定、修订工作。

（7）开展教育科技和文化工作。组织实施专业技术和管理培训，经批准，开展相关职业技能水平评价，促进提升职工队伍素质和管理水平，开展民航科学技术奖评审以及相关评估评价工作，推动科技成果转化和应用。

（8）为会员单位搭建交流合作平台，促进开展国内外交流与合作。

（9）依据有关规定，收集储存信息资料，编辑出版协会书刊，提供信息咨询服务。

（10）协助政府主管部门和会员单位开展海峡两岸、国际交流与合作。

（11）接受政府有关部门和会员的委托，提供其他服务

4. 组织机构

中国航协设理事长、副理事长、秘书长等领导职务。下设综合事务部（理事会办公室）、党群工作部、计划财务部、运输业务部、通航业务部、团标环保部、科技培训部、交流会

展部、发展研究部（研究咨询中心）9个部门；分支机构有航空安全工作委员会、通用航空分会、航空运输销售代理分会、航空食品分会、航空油料分会、教育培训和文化分会、客舱乘务工作委员会、法律工作委员会、财务金融审计工作委员会、收入会计工作委员会、航空环境保护工作委员会、民航科技和信息化工作委员会、航空物流工作委员会、客运商务工作委员会、海峡两岸航空运输交流工作委员会、航空物流发展专项基金管理委员会。

5. 发起单位

中航协由中国航空集团公司、中国东方航空集团公司、中国南方航空集团公司、海南航空股份有限公司、上海航空股份有限公司、中国民航大学、厦门航空有限公司、深圳航空有限责任公司、四川航空股份有限公司等单位发起。

二、CCAA

中国民用机场协会（China Civil Airports Association，缩写：CCAA）是经中国民用航空总局、民政部批准的中国民用机场行业唯一的合法代表。

1. 建设宗旨

协会按照“共同参与、共同分享、共同成就”的指导思想，以维护会员合法权益为宗旨，采用多种形式服务会员，诸如举办各类国内外交流会议，收集和评估机场发展信息，组织课题调研和提出政策建言，并受政府委托，起草行业标准，推动新技术运用等。

2. 团体会员

协会总部设在北京，目前现有185个会员机场，会员机场旅客吞吐量、货运量和航班起降架达到全国总量的99%以上。

三、CAAC

中国民用航空局（简称中国民航局或民航局，Civil Aviation Administration of China，CAAC）是中华人民共和国国务院主管民用航空事业的由部委管理的国家局，归交通运输部管理。其前身为中国民用航空总局，在1987年以前曾承担中国民航的运营职能；2008年3月，由国务院直属机构改制为部委管理的国家局，同时更名为中国民用航空局。

其职责主要有：

（1）提出民航行业发展战略和中长期规划、与综合运输体系相关的专项规划建议，按规定拟订民航有关规划和年度计划并组织实施和监督检查。起草相关法律法规草案、规章草案、政策和标准，推进民航行业体制改革工作。

（2）承担民航飞行安全和地面安全监管责任。负责民用航空器运营人、航空人员训练机构、民用航空产品及维修单位的审定和监督检查，负责危险品航空运输监管、民用航空器国籍登记和运行评审工作，负责机场飞行程序和运行最低标准监督管理工作，承担民航航空人员资格和民用航空卫生监督管理工作。

（3）负责民航空中交通管理工作。编制民航空域规划，负责民航航路的建设和管理，负责民航通信导航监视、航行情报、航空气象的监督管理。

（4）承担民航空防安全监管责任。负责民航安全保卫的监督管理，承担处置劫机、炸机及其他非法干扰民航事件的相关工作，负责民航安全检查、机场公安及消防救援的监督管理。

（5）拟订民用航空器事故及事故征候标准，按规定调查处理民用航空器事故。组织协调民航突发事件应急处置，组织协调重大航空运输和通用航空任务，承担国防动员有关工作。

（6）负责民航机场建设和安全运行的监督管理。负责民用机场的场址、总体规划、工程设计审批和使用许可管理工作，承担民用机场的环境保护、土地使用、净空保护有关管理工作，负责民航专业工程质量的监督管理。

（7）承担航空运输和通用航空市场监管责任。监督检查民航运输服务标准及质量，维护航空消费者权益，负责航空运输和通用航空活动有关许可管理工作。

（8）拟订民航行业价格、收费政策并监督实施，提出民航行业财税等政策建议。按规定权限负责民航建设项目的投资和管理，审核（审批）购租民用航空器的申请。监测民航行业经济效益和运行情况，负责民航行业统计工作。

（9）组织民航重大科技项目开发与应用，推进信息化建设。指导民航行业人力资源开发、科技、教育培训和节能减排工作。

（10）负责民航国际合作与外事工作，维护国家航空权益，开展与港澳台的交流与合作。

（11）管理民航地区行政机构、直属公安机构和空中警察队伍。

（12）承办国务院及交通运输部交办的其他事项。

本章思维导图

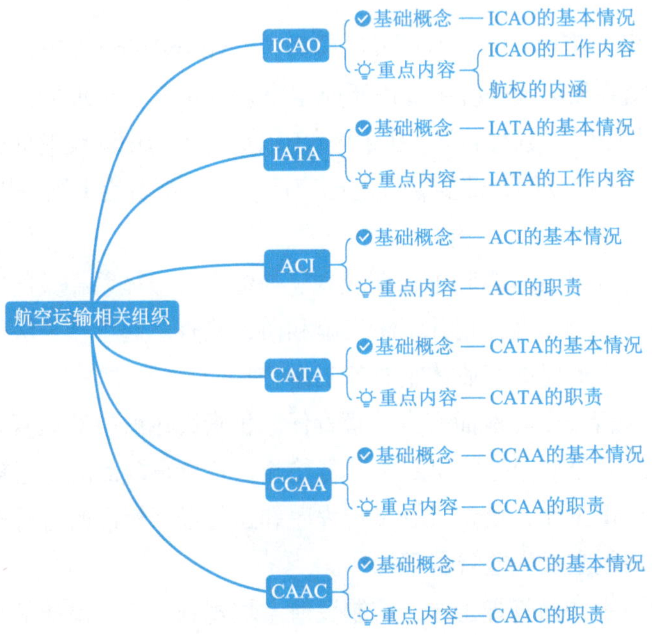

练习题

一、单选题

1. ICAO 的总部位于（　　）。

A. 纽约　　B. 华盛顿

C. 多伦多　　D. 蒙特利尔

2. IATA 的总部位于（　　）。

A. 纽约　　B. 华盛顿

C. 多伦多　　D. 蒙特利尔

3. 假如新加坡航空预开通 SHA-SIN-NYC 的航线，则需要与相关国家签订至第（　　）航权。

A. 五　　B. 六

C. 七　　D. 八

4. 土耳其位于（　　）子区。

A. 二　　B. 非洲

C. 欧洲　　D. 中东

5. 国际民航组织的成立年份是（　　）。

A. 1946　　B. 1949

C. 1947　　D. 1974

6. IATA 成立于（　　）年。

A. 1945　　B. 1947

C. 1950　　D. 1974

二、多选题

1. 以下关于 IATA 的描述正确的是（　　）。

A. 其于 1945 正式成立，总部在 CA 的 YVR

B. IATA 是各国民用航空企业之间组成的国际航空运输机构

C. 国航及南航均属于 IATA 正式会员

D. 英文全称是 International Civil Air Organization

E. 中文全称是国际航空运输协会

2. 以下关于 ICAO 的描述错误的是（　　）。

A. 中国作为第一类理事国加入，时间为 1974 年

B. 英文全称为 International Civil Air Organization

C. 中文全称是国际航空运输协会

D. 是联合国下属机构

E. 其正式成立时间为 1947 年

3. 假如我国欲开通到新加坡的定期航班，则需要向相关国家开放（　　）航权。

A. 第一　　B. 第二

C. 第三　　D. 第四

E. 第五

三、简答题

1. 简述航权的含义。
2. 简述 ICAO 的工作内容。
3. 简述 IATA 的工作内容。

05

第五章

航空运输布局

引 言

航空运输系统主要包括机场、航线等要素，这些要素在空间分布上呈现不同的特点。比如，在我国的不同区域，机场的空间分布密度是不同的；北京、上海是我国国际航线的主要进出航空港，而云南、新疆、内蒙古是支线机场密集分布地区。那么，有哪些因素会影响航空运输资源的空间分布？我国及世界航空运输市场中，机场、航线等要素在空间分布上具体呈现什么特点？本章在介绍航空运输布局基本要素的基础上，重点介绍影响航空运输布局的因素以及航空运输布局的现状和特点。

本章知识目标

1. 掌握航空运输布局的基本要素。
2. 掌握机场的含义及机场系统构成。
3. 掌握航线定义、结构形式及其优缺点。
4. 掌握航空公司含义及分类。
5. 掌握影响航空运输布局的五大因素并明确其如何影响航空运输布局。
6. 掌握世界机场的布局现状及特点、中国航空运输布局现状及特点。

本章思政目标

1. 引导学生从地理角度、从社会和自身发展的需要去认识自然环境和人类社会，树立人地协调观。
2. 通过介绍航线结构形式的优缺点，引导学生辩证思考事物发展的两面性。
3. 通过对相关航空运输数据的分析引导学生思考航空运输发展的相关问题，从航空运输发展、规划等角度切入，提升学生的家国情怀。

第一节 航空运输布局的要素

一、航空运输布局的要素

对于航空运输生产布局而言，航线、机场以及航空公司的运力分布是航空运输布局的三大要素。在这三大要素中航空公司的运力配置将取决于基地机场和运营航线的状况。因此，航空运输布局的合理性关键在于航空网络的结构形式以及机场布局。

二、航线

1. 航线的含义

航线是指经过批准开辟的连接两个或几个地点的航空交通线。航线不仅确定了飞机飞行的具体方向、起讫和经停地点，还根据空中交通管制的需要，规定了航线的宽度和高度，以维护空中交通秩序，保证飞行安全。航线应具备以下三个条件。

（1）有定期飞行；

（2）有足以保证运输飞行和降落所需的机场及地面设备；

（3）需经过批准。

2. 航线的分类

（1）根据航线起讫地点的归属不同，航线可分为以下两种。

① 国际航线：指飞行的路线连接两个国家或两个以上国家的航线。在国际航线上进行的运输是国际运输，一个航班如果它的始发站、经停站、终点站有一点在外国领土上，其都可称为国际运输。

例如：北京（BJS）—纽约（NYC）

天津（TSN）—首尔（SEL）

② 国内航线：是在一个国家内部的航线，又可以分为干线和支线。

例如：北京（BJS）—上海（SHA）

天津（TSN）—厦门（XMN）

（2）根据航线是否有经停点，航线可以分为以下两种。

① 直达航线：由城市 A 直接飞到城市 B，中间没有经停的航线。

例如：北京（BJS）—武汉（WUH）

② 经停航线。

例如：天津（TSN）—杭州（HGH）—厦门（XMN）

3. 航线的结构形式

航空运输布局能否达到资源的优化配置，其中航线网络采取何种结构形式是一个非常关键的因素。航线网络结构可采用城市对式、城市串式和中枢辐射式三种类型。

（1）城市对式

① 含义：城市对式航线结构是指各组成航线都是从各城市自身的需求出发，建立的城市与城市两点间的航线。直达航线是传统的航线形式，它是在起讫点城市之间空运市场需求的客观基础上自然形成的，即有需求就开通的航线。虽然直达航线也在空间上互相衔接形成网络结构，但城市对式航线结构并没有从网络总体的层次上对网络内航线资源进行系统的有机配置。

② 优点：城市对式结构的基本特点是两地间都为直飞航线，旅客不必中转，旅客出行更为便捷，最能体现航空运输快捷的特点，最大限度地节约旅客的在途时间。所以，城市

对航线结构的主要优点体现在当不计成本时，这是对旅客最理想的供应方式。

③ 缺点：但是正如前面所提到的城市对航线结构实际上并不存在网络内航线资源的有机配置。它实际上是由若干独立的直达航线组成的，并不能称之为严格意义上的网络。它的缺陷是很明显的。

a. 城市对航线结构完全是根据需求开辟航线，可以说只是简单的运送系统，吸引、开发需求的功能较弱。

b. 直达航线的开辟完全按照起讫点的需求量开辟，这就使得城市对航线结构中客流量小、航班密度低的航线比例较大。航班密度低，地面等待时间相对于空中飞行时间太长，对于时间要求强的旅客来说，航空运输不能其满足快速的需求。航空运输不能体现快捷的特点，必然对旅客的吸引力降低，使旅客转向其他交通方式。航空的客流量随之下降，客流量的减少又会引起航班密度的降低，形成一种恶性循环。航空公司也由于客流量少，飞机载运率低，不能获得理想的效益。

c. 城市对航线结构使得航空公司出现大量重复性飞行，一方面造成航空公司间的恶性竞争，一方面造成运力的严重浪费。

（2）城市串式

① 含义：城市串航线结构是指一条航线由若干航段组成的航线结构。城市串式是在城市对的基础上发展而来的。

② 优点：采用该种航线结构的航班通过在途中经停以获得补充的客货源，从而弥补起止航站之间的运量不足，提高飞机的利用率、载运率和客座率、节省运力投入。对于运量不是很充足的国内及国际航线可采用此种航线结构。同时，对于运力资源较为紧张的航空公司，也可通过此种航线结构缓解资源紧张状况。

③ 缺点：城市串的航线结构最突出的缺点是航班运营时间较长，同时由于经停点多，航班延误的概率会增大，进而会影响整个航程及运营网络中运力的调配。

（3）中枢辐射式

① 含义：中心辐射式航线结构（又称为轮辐式、轴辐式航线结构）是一个兼顾航线资源配置的空间和时间两方面效果的综合概念。从空间上讲，中心辐射式航线网络结构是指通过几个有选择的轴心机场（通常是大城市的机场），在它们之间建立干线，满足大城市之间客货需求；同时以支线形式由轴心辐射至附近各小城市，以汇集和疏散客货。在这种有机的航线网络中，一方面把四面八方的客货源汇集到一个枢纽航站中转后集中运往其他枢纽航站，另一方面又把来自其他枢纽航站的客货经本枢纽航站中转后分散运往四面八方。从时间方面讲，在中心辐射式航线结构中，航班时刻的衔接是不能忽略的，离开航班之间的中转和衔接，中心辐射式航线结构也就无从谈起。

中枢辐射式结构由城市对航线和枢纽机场的辐射航线共同构成。通常要确定全国或区域范围内的中枢机场，它是区域内的航空客货集散地，与区外的其他中枢机场之间有便利的空运联系。中枢机场之间采用城市对式航线直飞，再以每个中枢机场为中转站建立其辐射航线。客流量较小的城市之间不采用对飞形式，而是分别把客货运送到中枢机场，通过中枢机场进行航班衔接、客货中转，实现相互之间的空中联结。

② 优点：相对于城市对式或城市串式航线网络结构来说，中枢航线结构具有很多方面的作用或优点。

a. 能更好地适应市场需求。多数国家的空运需求集中分布于少数大型中枢机场，而大多数中小型机场的空运需求量较少，这是空运市场的显著特点。中枢航线结构中的中枢机场正是考虑到这一特点而建立的。中枢机场之间的干线飞行一般采用大中型飞机，且可安排较高的航班密度，基本上能够满足空运主要市场的需求。辐射式支线的飞行，一般采用中小型飞机，一方面满足了运量不大的市场需求，另一方面可适当增大航班密度，显示航空方便快捷的优势。

b. 能刺激需求，促进航空运输量的增长。在中枢航线结构中，干线与辐射式支线连通后，使所有网络内的航站之间均可通航，这就增加了通航点，使大中小城市之间的空中联络更为畅通，这无疑能为旅客提供更大的便利，并促使一些潜在的空运需求转化为现实的需求。进一步，由于在此种结构中，干线与支线功能明了并有机地连接在一起，大小机群与航线匹配，能使航空公司的运营效率提高、运营成本降低，从而可降低票价，进一步刺激市场需求。

c. 有利于航空公司提高飞机的利用率、客座率和载运率。运量较少的机场之间采用对飞的形式，一方面使自身航线经营难以维持，另一方面又对中枢机场起到不必要的分流作用，降低了中枢机场之间的航班客座率和载运率。中枢航线结构的建立，可将原来小型机场对飞航线上的空运量转移到干线上来，从而提高了干线上的客座率和载运率。原来吞吐量较少的机场改用小型飞机运营，通过支线与中枢机场连接进而与干线连通。这样就避免了在运量较少的机场之间采用大中型飞机对飞而造成的运力过剩，同时，也提高了小型飞机的客座率和载运率。在不增加运力的情况下大量增加航线数量和航班频率，可以提高飞机的利用率。

d. 有利于机场提高经营效益。中枢航线结构的建立，使得中枢机场能发挥规模经济效应，飞机起降架次和客货吞吐量的大幅度增加，将使航空业务收入和非航空性收入随之增加，单位运营成本降低；同时，中小机场也能通过起降架次和客货吞吐量的增加而改善财政状况，增强自我生存和发展的能力。总之，中枢航线结构的建立和成功运营，能提高航空公司和机场的经营效益，促进航空运输业的发展，并有效带动地区经济的发展和繁荣。

同时，辐射航线通过枢纽航站的中转把少数孤立的航段连接成数量倍增的航线，大大加强了航线资源配置的空间效果，带来范围经济。随着一个枢纽机场衔接城市的增加，衔接城市对的数量急剧增加，这可由数学模型加以描述。设n为中心辐射式航线网中的终止于枢纽机场的区间市场数，则衔接市场数为$n(n-1)/2$，城市对通航总数为$n(n+1)/2$，其中衔接市场数指通过在枢纽机场中转而间接通航的城市对数。例如，假设有 3 个点对点的航班，由通过一个航路枢纽连接的航班来代替，则通航的航线市场由 3 个跃升到 21 个。所以中心辐射式航线结构可以将航空公司的飞机、人员、航材等资源进行有效的再分配，使航空公司可以用同一航班向多个市场提供服务，使航空公司可用相同的资源拥有量服务于更广泛的市场范围，以降低飞机投入不可分割的固有内在特性对收益水平的负面影响，从而在很大程度上取得航线范围经济性。

中枢航线结构的始创者是美国的航空公司。美国的主要骨干航空公司从 20 世纪 60 年代末开始尝试中枢航线结构的建设和运营。1978 年开始，美国对航空运输业实施放松管制政策后，中枢航线结构得到大多数航空公司和机场当局的重视，逐步发展和完善起来。欧洲和亚洲的一些航空公司亦纷纷效仿。之后，世界上大多数航空发达国家都先后进行了中枢航线结构的建设，逐步实现以城市对为主的航线网络布局向中枢辐射式航线网布局转化。目前旅客运输量排名前 20 位的大型航空公司基本上实行了中枢航线网络的运营；旅客吞吐量排名前 20 位的机场无一例外都是中枢航空港。中枢航线结构的作用和优点被实践一一验证。特别在全球放松管制形成浪潮和航空联盟大行其道的今天，中枢航线结构越来越成为航空公司建立长期竞争优势的必要而有效的手段。有人将中枢航线结构与计算机订座系统、收益管理系统和常旅客奖励制度一起，称为现代航空公司经营管理的“四个基本条件”。

③ 缺点：中枢辐射式航线结构也有其内在固有的缺陷。主要表现在以下几方面。

a. 对旅客而言，中转飞行造成航程时间加长，由于需要到枢纽机场转机，无疑增加了旅客的额外负担，特别是行李必须随同中转，更加麻烦。这些问题对于 500km 以内的短程市场破坏性很大。

b. 对航空公司而言，中枢辐射式航线结构对航空公司的经营管理水平提出了更高的要求。一方面，为使支线航班和干线航班在枢纽机场及时衔接，航空公司需要把一天中到离枢纽机场的航班集中到少数几个高峰时间内，形成“到离航班群”，而旅客为了自己旅行方便也有选择早晨、中午、傍晚到离机场的时间偏好。为了提高航班效益，航空公司的“到离航班群”应该迎合旅客选择航班的时间偏好，使二者尽量重合。这就对航空公司的航班计划安排提出了更高要求。另一方面，由于中枢辐射式航线结构对机队结构多样化的要求，也增加了航空公司维修和机务保障的难度。

c. 对机场而言，特别是轴心机场，“到离航班群”现象使其需要投资比平时需要大得多的停机坪和候机楼，造成这些设施在非高峰时间的浪费；再者，中转旅客在机场停留时间很短，客流只是从一个门到另一个门的过程，这就使轴心机场的辅助经营收益减少（如机场开设的商店、餐厅及宾馆的收入）；此外，轴心机场太依赖于航空公司对航线的安排，较少依靠它所在地区经济发展对航空旅行的需求，这使得机场越来越受到航空公司的影响，增加了机场财务的不稳定性。当一个机场被航空公司选定为轴心机场后，该机场的吞吐量会迅速增加，但当相反的情况发生时，则具有潜在的危险性。

三、机场

1. 机场的含义

民用机场是指专供民用航空器起飞、降落、滑行、停放以及进行其他相关活动所使用的划定区域，包括附属的建筑物、装置和设置。

机场主要由飞行区、航站区和延伸区三部分组成。

（1）飞行区（空侧）

飞行区是指供飞机起飞、降落、滑行、停靠等活动之用，包括跑道、滑行道、机坪及其他设施设备等。

跑道是机场最重要的设施。停机坪大多指的是飞机停放在航站楼旁的区域，方便乘客登机和运输行李，有时停机坪距离航站楼有一段路程，这时乘客需步行或搭乘登机用的巴士才能登机。塔台主要供交通管制员使用，塔台人员会利用无线电或其他通信方式给予飞行员指示，导引他们进行起飞或降落的动作。这种安全监督的模式能够加强飞行安全，加快班机处理速度。另外，跑道上会有若干个导航辅助工具帮助飞行员着陆，如目视进场下滑显示灯。一些机场都有配备甚高频全向信标，以帮助飞行员找到往机场的方向，甚高频全向信标系统都会搭配测距仪来确定飞机跟甚高频全向信标中间的距离。天气状况不佳时，即使飞行员看不到地面状况，他们仍可使用仪表着陆系统来查找正确的飞行跑道和进场方法。较大的机场有时也提供精确进场雷达（PAR），此系统利用雷达来追踪飞机的水平和垂直移动，由飞行员进行目视着陆。机场引导标志提供滑行的飞机跟地勤车辆在跑道区移动时所需的方向和信息，规模较小的机场可能只使用少量或未使用任何指标，而是依靠机场地图。许多机场都有跑道灯，在夜间、大雨或浓雾的情况下，引导飞机使用跑道和滑行道。跑道上，绿色灯光代表降落的起点，而红色灯光显示代表跑道的终点；跑道两侧边灯为白色，以一定的间距排列在跑道两侧，表明跑道边缘。一些机场有更复杂的跑道照明，包括跑道中线灯，沿着跑道中心线排列，以及进场辅助灯。低流量的机场会使用飞行员控制灯光，让飞行员在飞机上控制跑道的照明，可节省电力和人员成本。除了跑道之外，滑行道也会有指示灯，蓝灯代表滑行道的边缘，一些机场还会装设绿灯代表滑行道的中线。

知识延伸

世界上最长的民用机场跑道是中国的昌都邦达机场，长度为5500m，其中的4200m满足4D标准。同时它也是海拔最高的跑道，其高程为4334m。世界上最宽的跑道在俄罗斯的乌里扬诺夫斯克东方港机场，有105m宽。

（2）航站区

航站区是指客货运输服务区，即航站楼及货站等设施，是地面交通和空中交通的接合部，是机场对旅客及货物服务的中心地区。航站区主要包括登机机坪和候机楼及货站。

①登机机坪：是指旅客从候机楼上机时飞机停放的机坪，这个机坪要求能使旅客尽量减少步行上机的距离。按照旅客流量的不同，登机机坪的布局可以有多种形式，如单线式、指廊式、卫星厅式等。旅客登机可以从登机桥登机，也可采用车辆运送登机。

②候机楼：分为旅客服务区和管理服务区两大部分。旅客服务区包括值机柜台、安检、

海关以及检疫通道、登机前的候机厅、迎送旅客活动大厅以及公共服务设施等。管理服务区则包括机场行政后勤管理部门、政府机构办公区域以及航空公司运营区域等。

③ 货站：是指为航空货物提供进港、出港、安全检查、理货、装箱打板、存放等功能的场所。

（3）延伸区

延伸区是指由航空运输服务派生出来的区域，包括进出机场的地面交通系统以及派生需求衍生出的其他功能场所。

另外，机场也可分为“非禁区”和“禁区”（管制区）范围。非禁区范围包括停车场、公共交通车站、储油区和连外道路，而禁区范围包括所有飞机进入的地方，包括跑道、滑行道、停机坪和储油库。大多数的机场都会在非禁区到禁区的中间范围，做严格的控管。搭机乘客进入禁区范围时必须经过航站楼，在那里可以购买机票、接受安全检查、托运或领取行李，以及通过登机门登机。

知识延伸

最早的飞机起降地点是草地，一般为圆形草坪，飞机可以在任何角度，顺着有利的风向来进行起降，周围会有一个风向仪以及机库（因为当时的飞机一般是木及帆布制成，不能风吹雨打，日晒雨淋）。之后开始使用土质场地域，避免草坪增加的阻力，然而，土质场地并不适合潮湿的气候，否则会泥泞不堪。随着飞机重量的增加，起降要求亦跟着提高，混凝土跑道开始出现，任何天气、任何时间皆适用。世界上最古老的机场目前有争议，但成立于 1909 年、位于美国马里兰州的大学园区机场（College Park Airport）是世界上最老且持续经营的机场，虽然它只是个小型机场。另一个被称为是世界上历史最悠久的机场是位于美国亚利桑那州的比斯比-道格拉斯国际机场（Bisbee-Douglas International Airport），此机场停放着美国史上第一架飞机。1908 年，道格拉斯航空俱乐部成立，滑翔机也随之成立。那时的滑翔机是由两匹马拉动，飞过道格拉斯青年会大楼后方。1909 年，飞机开始装设马达和螺旋桨，亚利桑那州于是成为首架动力飞行的飞机的区域。该机场为美国第一座国际机场的地位经由罗斯福总统的一封信证实，信里面总统宣布它为“美国的第一座国际机场”。1922 年，第一个供民航业使用的永久机场和航站楼出现在德国柯尼斯堡，这个时代的机场开始使用水泥铺设的停机坪，允许夜间飞行和较重的飞机降落。20 世纪 20 年代后期，出现第一个使用照明设施的机场，20 世纪 30 年代机场下滑照明设备开始使用，因此飞机起降的方向和角度开始有了固定的规定。

2. 机场的分类

（1）按飞行区等级分类

技术标准采用飞行区等级指标I（数字代号）和等级指标II（字母代号）的方式。飞行区等级指标I：根据机场飞行区使用的最大飞机的基准飞行场地长度，分为 1、2、3、4 四个等级。飞行区等级指标II：根据机场飞行区使用的最大飞机的翼展和主起落架外轮外侧间的距离，从小到大分为 A、B、C、D、E、F 六个等级。

4F 级飞行区配套设施必须保障空中客车 A380 飞机全重（560t）起降。

4E 级机场：指在标准条件下，可用跑道长度 ≥ 1800m，可用最大飞机的翼展 52～< 60m 和主起落架外轮外侧间距 9～< 14m。

4D 级机场：指在标准条件下，可用跑道长度 ≥ 1800m，可用最大飞机的翼展 36～< 52m 和主起落架外轮外侧间距 9～< 14m。

4C 级机场：指在标准条件下，可用跑道长度 ≥ 1800m，可用最大飞机的翼展 24～< 36m 和主起落架外轮外侧间距 6～< 9m。

3C 级机场：指标准条件下，可用跑道长度 1200～< 1800m，可用最大飞机的翼展 24～< 36m 和主起落架外轮外侧间距 6～< 9m。

（2）按服务对象划分

① 军用机场：供军事飞行专用。

② 民用机场：包括运输机场、通用航空机场、试飞机场、学校用机场。

③ 军民合用机场：既有军事飞行，又从事民用航空运输。

（3）按在民航运输网络系统中所起的作用划分

① 枢纽机场：连接国际、国内，航线密集的大型机场，旅客在此可以很方便地中转到其他机场。枢纽机场能提供一种高效便捷、收费低廉的服务，从而让航空公司选择它作为自己的航线目的地，让旅客选择它作为中转其他航空港的中转港。枢纽机场既是国家经济发展的需求，也是航空港企业发展的需求。国内枢纽机场是由中国民用航空局规划的，由北京、上海、广州组成的三大门户复合枢纽机场，和天津、昆明、成都、西安、重庆、乌鲁木齐、郑州、沈阳、武汉组成的九大区域性门户枢纽机场构成。

② 干线机场：以国内航线为主，空运量较为集中的机场。这类机场主要指位于省会、自治区首府以及重要工业、旅游、开放城市的机场。深圳、杭州、大连、厦门、南京、青岛、呼和浩特、长沙、南昌、哈尔滨、兰州、南宁是我国定位的十二个主要干线机场。

③ 支线机场：是指设计目标年旅客吞吐量小于 50 万人次（含）、主要起降短程飞机、规划的直达航班一般在 800～1500km 范围内的机场。支线节点是航空运输网络中重要的节点，是航空运输需求相对较小的城市与外界交流的重要窗口。

（4）按航线性质划分

① 国际航线机场：有国际航线进出，并设有海关、边防检查（移民检查）、卫生检疫和动植物检疫等政府联检机构。

② 国内航线机场：专供国内航班使用的机场。

（5）按机场所在城市的性质、地位划分

① I类机场：即位于全国经济、政治、文化大城市的机场，是全国航空运输网络和国际航线的枢纽，运输业务繁忙，除承担直达客货运输外，还具有中转功能。北京、上海、广州三大城市机场均属于此类机场，亦为枢纽机场。

② II类机场：即位于省会、自治区首府、直辖市和重要的经济特区、开放城市和旅游城市，或经济发达、人口密集城市的机场，可以建立跨省、跨区域的国内航线，是区域或省区内民航运输的枢纽，有的有少量国际航线，亦为干线机场。

③ III类机场：即位于国内经济比较发达的中小城市，或一般的对外开放和旅游城市的机场，除开辟区域和省内支线外，可与少量跨省区中心城市建立航线，也可称之为次干线机场，如青岛、温州、三亚等城市的机场。

④ IV类机场：即位于省、自治区内经济比较发达的中小城市和旅游城市，或经济欠发达、但地面交通不便城市的机场。航线主要是在本省区内或连接邻近省区。这类机场也可称为支线机场。

四、航空公司

1. 航空公司的含义

航空公司（Airlines）是指以各种航空飞行器为运输工具、以空中运输的方式运载人员或货物、提供民用航空服务的企业。航空公司使用的飞行器可以是他们自己拥有的，也可以是租来的，他们可以独立提供服务，或者与其他航空公司合伙或者组成联盟。航空公司的规模可以从只有一架运输飞机到拥有数百架飞机提供各类全球性服务的国际航空公司。航空公司的服务范围可以分洲际的、洲内的、国内的，也可以分航班服务和包机服务。

2. 航空公司的分类

航空公司可以按多种方式进行分类。

（1）按公司规模分：可分为大型航空公司、小型航空公司。

（2）按飞行范围分：可分为国际航空公司、国内航空公司。

（3）按运输的种类分：可分为运航空公司、货运航空公司。

第二节
影响航空运输布局的因素

影响产业布局的因素有很多，大体可归为五大类：一是自然因素，二是经济因素，三是社会因素，四是技术因素，五是地理位置因素。不同的产业对这些条件有不同的要求，而这些条件本身在地区分布上也有很大差异。因此，在规划产业布局的过程中，要根据不同的产业充分重视的对地区条件的分析研究，否则，就有可能违反自然规律和社会经济规律的发展，从而造成较大的经济损失。航空运输的布局也会受到上述条件不同程度的影响和制约。

一、自然因素

自然因素包括自然资源和自然环境。自然资源是自然条件中被人类利用的部分，按其生成条件可分为不可再生资源和可再生资源，如石油、煤炭、天然气等。自然环境是影响人类生产、生活的自然条件的各个要素包括地质、地貌、气候、水源、土壤、生物等相互联系、相互制约形成的自然综合体。自然因素对航空、铁路、水运等交通运输业布局的影响，主要指自然环境对其影响。由于航空运输本身的特性，使某些要素仅在一定范围内一定程度上对其产生影响。

1. 地面自然要素

一般来说，铁路、公路、管道等交通运输方式的交通线路都需要地面工程来完成，因而地貌、地质、水文条件的制约较为显著。而航空运输的线路受地面要素的影响不大，只是在航路设置、确定飞行高度和地面起降时要考虑地貌条件的制约。但是，航空运输与其他运输方式一样，都离不开固定的地面场站，机场、管制中心、地面雷达站等都对地面自然条件提出一定的要求。

地形地貌是修建机场和确定航路的重要条件。修建机场是一项大型的工程，必须考虑工程地质条件，应选择在地质、地貌较稳定的地区，在容易发生地震、断裂、崩塌、滑坡、泥石流的地区，不宜修建机场。机场附近需要一定的净空地带，周围不应有高大突出的植被或其他障碍物，还要求四周地形起伏小，视野开阔，因此机场特别是大型机场总是建在平原、盆地或宽阔的谷底。此外，充足的水源也是建设一个航空港的必要条件。

2. 气象气候条件

飞机在大气中飞行，飞行活动明显受到天气条件的影响和制约。天气条件是决定飞行安全、正点的重要因素。天气现象虽千变万化，但总有一定规律可循。各种危险天气的产生具有一定的地域性和季节性。例如：台风、飓风、热带风暴多产生于赤道地区以外的热带海域；雷暴总在温带地区的夏季和初秋频繁出现；冷流经过的海岸、冰雪区的上空和盆地、山谷常常出现大雾天气。长期稳定的天气现象是造成某一气候区的重要因素。在不同的气候区，危险天气出现的可能性不同。因此，航线应尽量避开危险天气的易发地区，选择最安全的飞行路线。在航站内，飞机的起降主要受地面风速、风向、低空风切变、地面与空中能见度、降水等因素的制约，气候条件的差异往往决定上述因素的好坏。特别是盛行风向、风速，对机场的选址及跑道的走向都有较大影响。飞机起降的理想条件是逆风起降，这就使跑道的走向必须与当地的盛行风向一致。若当地的盛行风向为多个方向，为了避免侧风的威胁，应采用双向、三向或多向跑道。由于飞机沿着盛行风向起降，当机场与城市的连线方向和盛行风向一致时，势必要穿越城市上空。为了尽量避免飞机噪声的影响，机场与城市之间要保持一定的距离，而且机场应选择在恰当的位置上，使飞机不穿过城市上空。同时，还要保证机场与城市之间有便利的交通。

总之，良好的自然环境为机场建设及航路设置提供必要的物质条件及适宜的活动空间，若忽视自然环境的影响，则会造成不必要的经济损失。因此，在新建机场、开辟航线时应充分考虑自然环境的影响和制约。

知识延伸

为什么飞机不能直接飞越西藏?

西藏一直被视为“空中禁区”，因为空气稀薄、气候复杂等原因，就算途经西藏可以减少飞行路程，大部分的航班也会选择绕行，不敢轻易将西藏划进航线。

海拔高——飞机的航行必须要考虑到航线经过地区的海拔。一般民航客机的飞行高度在 6000～12600m 之间，而西藏地区平均海拔就已经超过了 4000m，除去最高 8848m 的珠穆朗玛峰，高度在七八千米的山峰也多达几十座。在西藏还有一条历史上著名的“驼峰航线”。它是第二次世界大战时期，美国为了将物资从印度运输到中国，开辟的一条空中运输线，在运输途中，飞行员必须飞越喜马拉雅山脉，恶劣的气候和复杂的地势，让当时的不少运输机，都遭遇了撞山和坠毁事故。直至第二次世界大战结束，美军共损失飞机 1500 架以上，牺牲优秀飞行员近 3000 人，损失率超过 80%，而中国航空公司也有 168 名飞行员牺牲，损失率超过 50%。即使是在飞行技术更为发达的今天，民航客机想要安全地在西藏高山群里飞行，也必须将飞行高度升至 1 万 m 以上。虽然不少飞机都能达到这个高度，但并不代表在万米高空就没有撞机的风险了。

西藏高空湍流复杂——地表的地势结构，对空气流动也有很大影响，在地势复杂的地方，气流流动极其的不稳定，很容易就会引发湍流。打个比方，如果飞机是行驶的汽车，那么湍流就是道路上的泥坑，泥坑越大越多汽车行驶就越危险，不过湍流可比路上的障碍要危险得多。

一旦飞机发生意外故障，将难以自救——一方面，虽然西藏地广，但备用机场却很少。而且，考虑到西藏海拔高、空气稀薄，飞机的动力性能会随之下降，飞机起降的跑道距离要比一般的机场跑道更长。目前西藏共有五个机场，除了跑道长度 3000m 的林芝米林机场外，其余机场的跑道长度都在 4000m 以上。

当然，西藏分布的机场也绝不是摆设，随着旅游业的发展，不少人也会选择到西藏旅游，乘坐飞机是最快捷的方式。所以仍然有部分航空公司在确保安全的情况下，会选择设立飞往西藏的航班。综上所述，除了必要的飞行要求外，各处航班选择绕过西藏飞行，也是很有必要的。

资料来源：百度

二、经济因素

经济因素是影响航空运输发展和布局的最重要的因素，它包括经济发展水平、经济开放度、产业结构、相关行业。

1. 经济发展水平

经济发展水平决定了整个社会的经济结构和物质流通量，决定了社会的收入和消费水准，相应地也就决定了空运需求。通常用工农业总产值、国内生产总值或社会总产值等指标衡量一个国家或地区的经济发展水平。各国和各地区的实证研究表明，经济增长，航空运输量也随之增长。经济发达国家或地区必定是空运需求旺盛，航空运输发达的国家和地区。从目前世界航空运输的生产布局来看，欧洲、北美、俄罗斯、日本等地区和国家的航空运输业要远远超过大多数发展中国家。我国长三角、粤港澳大湾区等沿海经济发达地区，航空运输业也较为发达。国民经济的发展促进航空运输的发展，航空运输又反过来促进国民经济的发展，二者存在较大程度的相关关系。根据专家计算，我国从20世纪50—90年代，国民经济增长速度为8%～9%，航空运输增长速度为20%～25%，航空运输的发展速度为经济发展速度的2～2.5倍。从世界上看，自1950年至1990年的40年间，世界经济增长速度约为5%，航空运输增长速度为12%，为经济发展速度的2.4倍。由此可见，航空运输的发展与经济发展水平有着紧密的联系，而世界经济发展水平的差异，必然造成当今航空运输布局的不平衡。2021年我国不同区域机场业务量比例如图5-1所示，从我国不同地区机场吞吐量来看，经济较发达的东部地区无论是旅客吞吐量还是货邮吞吐量均占全国总量的绝大多数。

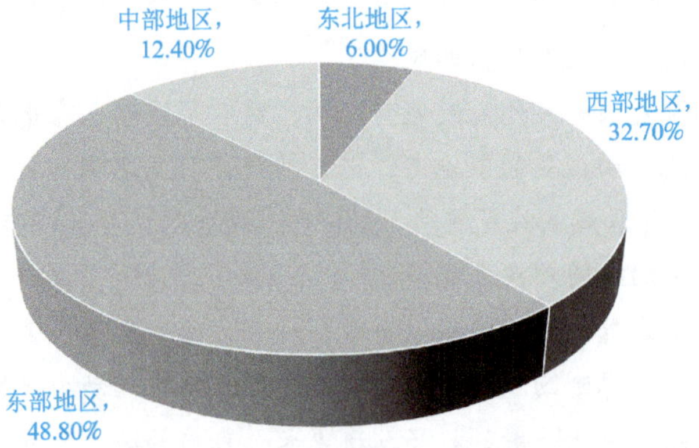

a) 2021年民航运输机场旅客吞吐量按地区分布

图 5-1

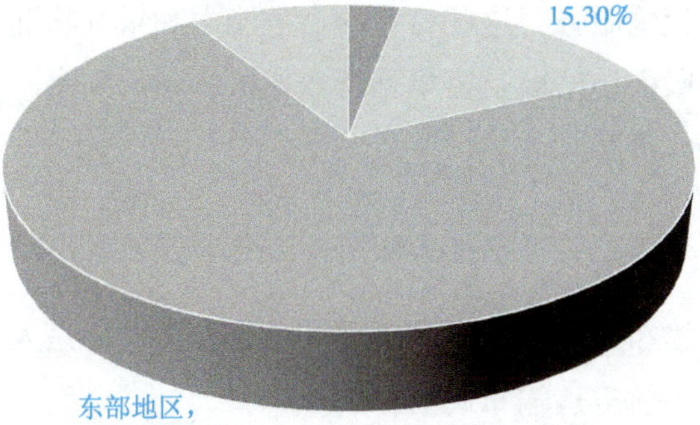

b) 2021 年民航运输机场货邮吞吐量按地区分布

图 5-1 2021 年我国不同区域机场客、货吞吐量比例示意图

2. 经济开放度

航空运输的快速、省时等特点，使之成为国际长途运输的理想方式。因此，国家或地区的经济开放程度对航空运输布局具有较大影响。经济开放度高的国家或地区，其航空运输发展迅速；反之，经济封闭型国家或地区，其航空运输就较为落后。在全球经济一体化的今天，专业化分工日益精细，一件产品的生产，需要多个国家和地区跨国界的协作。专业化协作要求的是高频度的准时、精确的物流，而航空运输正是能满足这种要求的物流方式。中国致力于改革开放，加强对外经济联系，因而航空运输业发展迅速。尤其在经济开放度较高，对外贸易较发达的东部沿海地区，航空运输业也较为发达。

3. 产业结构

产业结构从经济学上可以划分为第一、二、三产业。第一产业是广义农业，第二产业是建筑业、采矿业、加工制造业等，其他的为第三产业，包括金融业、房地产业、保险业、餐饮业、教育业等。一般来讲，经济越发达的国家和地区，第二产业和第三产业所占的比例越高，其航空运输需求越旺盛。以农业生产为主的国家和地区，其经济对外开放程度低，经济发展水平不高，因而航空运输需求较少。在工业生产中，资金密集型的电子、电器、精密仪器等高新技术产业往往聚集在大型国际枢纽机场周围，依托便利的航空运输条件，形成了“临空型”工业区，例如以首都机场为中心的空港经济区和以浦东机场为中心的空港经济区。我国目前正致力于产业结构的调整和升级，随着产业结构由低级向高级的演进，和产业结构高加工度和高附加值化，航空运输需求必然越来越旺盛。

4. 相关行业

任何行业都不可能脱离其他行业而孤立存在，与其他行业都有或多或少的经济联系。尤其是专业化分工高度发达的今天，行业之间的联系更是异常紧密，航空运输业也不例外。影响航空布局的行业如旅游业、对外贸易行业、劳务输出行业等，都对航空服务的依赖较大，因此又被称为“航空密集型”行业。这些行业的发展状况对航空运输业的发展至关重要，反之，发达的航空运输服务对这些行业的竞争能力和景气状况也影响巨大，方便而快捷的航空运输服务也将吸引这些航空密集型产业在机场附近安家，在形成完整的产业供应链条的同时，繁荣机场经济圈。

三、社会因素

社会因素对航空运输布局的影响主要表现在两个方面，一是人口因素对航空运输布局的影响；二是政治因素对航空运输布局的影响。

1. 人口因素

人口既可以成为航空运输的对象，也可以作为航空运输所需的劳动力。作为运输对象的人口，其数量、密度、素质、收入、分布及迁移等都对航空运输布局产生重要影响。在一定的社会经济条件下，某地区人口总数越大、密度越高、收入越高，则航空运输需求越旺盛，反之则小。对某一国家来说，人口数量大、密度高的地区，往往经济较为发达，个人的经济收入相对较高，且对内对外的经济联系紧密。因此，这些地区的航空运输就比较发达。而人口较少的地区则情况相反，航空运输业也相对落后。了解世界人口迁移的动向、规模及现状，对分析国际航空客运的现状及其发展有重要意义。我国地域辽阔，地理条件复杂，70%的人口分布在东部地区，西部地区居民分布稀疏。

人口分布对航空货运也有影响。人口稠密的地区，经济相对发达，物资交换频繁，对各种产品的消费量大。人口稠密的地区往往成为各种物资的集散地。从目前空运货物的种类来看，大宗的服装、食品、活鲜主要运往人口稠密的消费区。

作为航空运输所需劳动力的人口，其技术水平、文化素质更为重要。航空运输是技术密集型的行业，要求从业人员具有较高的文化素质和专业技术水平。在文化教育、科技水平较高的地区发展航空运输，其劳动力的质量较高，有利于航空运输的发展。而在文化教育、科技水平较落后的地区发展航空运输业，其从业人员的素质就可能受到影响。

知识延伸

中国航空出行需求空间广阔

我国航空出行需求长期保持增长态势。我国旅客周转量从1951年的0.23亿人公里持续增长至2019年的11705.3亿人公里，年均复合增速18.43%。“四五”至“八五”期间，旅客周转量波动上升，增速较快。其中，“四五”期间五年复合增速达53.77%，“六五”“八五”期间五年复合增速超20%。“十五”至“十三五（不含2020年）”期间，旅客周转量平稳上升。2020年受新冠疫情影响，旅客周转量迅速下滑。2021 年，我国旅客周转量为 6529.68 亿人公里，仅为 2019 年的 55.78%。

我国整体航空需求仍有上升空间。2019 年，我国人均航空出行次数为 0.47 次，远低于世界平均值 1.03 次。根据《新时代民航强国建设行动纲要》规划，我国人均航空出行次数在 2035 年要超过 1 次。随着中国经济的持续发展以及新冠疫情的逐步消退，未来我国航空需求仍存在增长潜力。在民航强国战略的支持下，中国民航人均乘机比有望达到规划目标。

资料来源：百度

2. 政治因素

政治属于上层建筑的范畴，在某些特定的情况下，政治因素可以对整个国家或地区的经济发展和生产布局产生重要影响。航空运输是进行政治、外交活动的有力工具，政治因素对航空运输的影响是不容忽视的。政治因素除了表现为国家一系列的法律法令，以及航空运输政策、方针等，还包括社会的政治形势和安定状况。政治稳定、社会安定、经济发展，人民安居乐业，航空运输就发展；反之，空运市场就衰退，乃至企业倒闭。例如，海湾战争直接导致美国泛美航空公司的破产；苏联解体使苏联民航的大部分飞机停飞。2001 年的“9·11”恐怖事件使美国航空公司陷入困境，整个美国航空业 2001 年损失高达 7 亿美元。

3. 社会发展的需要

航空运输与其他运输方式一起在社会经济的发展中一并发挥着作用，在进行产业的空间布局时，除了要充分考虑市场需求外，也要担负起促进社会经济全面发展的责任。权威机构测算，民航投入和产出比率是 1∶8。从机场业来看，国际机场协会（ACI）研究认为，机场每百万航空旅客吞吐量，可以产生经济效益总和 1.3 亿美元，相对就业岗位 2500 个。而根据国内研究分析，我国机场每百万航空旅客吞吐量，可以产生经济效益总和 18.1 亿元，相关就业岗位 5300 多个。建成一个机场就意味着带动一方经济，因此航空运输在发展过程中，要充分考虑经济较落后地区对航空运输的需求。

四、技术因素

科学技术是影响生产布局最积极、最活跃的因素。自然、经济等因素往往对生产布局起一定的制约作用，使生产的分布适应自然环境和经济发展的需要。而科学技术的发展，经常主动地影响生产布局，重要的科技成果往往使生产布局突破某些自然和经济条件的制约，使生产布局发生变化。科学技术对航空运输有深刻的影响。自 21 世纪初航空运输问世以来，随着科学技术的发展、飞机的性能、地面设备及线路状况不断得到改善，促使航空运输的活动能力不断增强，活动范围不断扩大。

五、地理位置

一个国家、一个地区或一个城市的航空运输发展水平与其所处的地理位置往往有一定的内在联系。以新加坡为例，从自然地理位置看，它处在东南亚的马来半岛南端，在亚洲与大洋洲、太平洋与印度洋之间的“十字路口”上。从经济地理位置分析，它处于世界上海运繁忙的马六甲海峡的咽喉处；它是东南亚最大的贸易中心和物资集散地。新加坡依仗其优越的地理位置，大力发展航空运输业，使这个仅有700多km^2的弹丸之地变成亚洲的空运大国。夏威夷群岛上的火奴鲁鲁，位于太平洋中部，远离北美及欧亚大陆，独特的地理位置使之成为北太平洋航线上重要的中继站。世界上许多城市，如曼谷、德里、马尼拉、卡拉奇、开罗、安克雷奇、迪拜、北京、上海、广州、首尔等都是凭借有利的地理位置而发展成为重要的航空枢纽的。

知识延伸

当前，我国的中西部机场正迎来前所未有的发展机遇，“一带一路”倡议对中西部机场航空网络结构具有极大推动作用。成都、昆明、西安、重庆、郑州等中西部城市纷纷开辟通往共建“一带一路”国家的航线，为我国企业迅速走出去，为“一带一路”国家共谋发展打通了空中交通网络。同时，京津冀、长三角、粤港澳大湾区等东部国际级城市群发展已日趋成熟，对于城镇化水平相对落后的中西部地区而言，中西部城市群发展仍大有潜力。未来，进一步加快发展成渝、长江中游、中原等城市群为这些地区的机场群的发展带来了历史性的机遇。实际上，近几年成渝、长江中游、中原等地区的机场发展非常迅速也印证了这些地区社会在蓬勃发展、经济在转型升级、消费在不断升级之中。另外，这些年来，随着民航业的迅速发展，东部地区机场的航空资源异常紧张，而我国中西部地区腹地空间较为辽阔，空域资源相对富裕，相对于东部地区，中西部机场的航空要素禀赋优势明显。由于中西部地区山区较多，又没有水运资源可以利用，相对于东部地区地面交通以及水运海运体系发达，在中西部地区航空运输的比较优势更为明显，因此，未来中西部机场的发展更具有广阔的空间。

另外，我国广袤的西部地区地广人稀、地形复杂，很多地方道路交通连通性较差。发展航空事业尤其是修建支线机场、通勤航空运输，不仅对于方便偏远地区人民群众出行、开发当地旅游业、促进区域经济发展等方面具有重要意义，而且在加强国防建设、提升应急处置能力、维护边疆稳定等方面，支线机场具有不可替代的作用。我国将不断完善支线机场建设标准，为西部支线机场建设和支线航空运营创造更好政策环境，积极推动西部偏远地区支线机场规划建设。

资料来源：搜狐网

第三节 航空运输布局现状及特点

一、航线布局现状及特点

目前，全世界航线数量较多，其中运输量较为集中的主要国际航线有四类。

1. 北大西洋航线

它是连接欧洲与北美之间的最重要的国际航线。分布于中纬地区的北大西洋上空，来往于欧洲的伦敦、巴黎、法兰克福、里斯本和北美的纽约、波士顿、蒙特利尔等主要国际机场之间，它是世界上最繁忙的国际航线。北大西洋航线的开辟已有近一个世纪的历史，近百年来，它对于欧洲各国与北美之间的政治、经济、军事联系，甚至对于世界航空运输的发展，都起到十分重要的作用。

2. 北太平洋航线

北太平洋航线是世界上最长的越洋航线，从北美洲西海岸的温哥华、西雅图、旧金山、洛杉矶等地飞越太平洋，西到亚洲东部的东京、北京、上海、香港、曼谷等城市。

3. 欧亚航线

欧亚航线是横穿欧亚大陆连接大陆东西两岸的重要航线，又称西欧—中东—远东航线。它对东亚、南亚、中东和欧洲各国之间的政治、经济联系起到重要作用。

4. 北美航线

北美航线指北美大陆东西两岸之间的航线，主要是美国、加拿大两国东部沿海地区的波士顿、多伦多、蒙特利尔、纽约、华盛顿、费城、巴尔的摩、奥兰多、迈阿密等城市与西部沿海地区的温哥华、西雅图、旧金山、洛杉矶等城市之间的航线。实际上它主要是美国国内横穿北美大陆的东西向航线，北美航线也是目前世界上最繁忙的航线之一。

美国东西两岸之间的航线大多经过中部的芝加哥、丹弗、盐湖城、亚特兰大、休斯敦等大型枢纽机场中转连接，从而形成典型的中枢结构航线网络。

北大西洋航线、北太平洋航线、欧亚航线和北美航线均呈东西向分布，以上四组航线共同组成了北半球中纬度地区的纬向航空圈带，这个圈带是当今世界航空运输的主流。以此为基础，从欧、美、亚向南辐射，形成：欧洲—非洲、欧洲—拉美、北美—拉美、北美—大洋洲、北美—非洲、亚洲—大洋洲等航线。

从目前全世界航线来看，其空间分布呈现以下特点：

（1）航线最密集的地区和国家为欧洲、北美、东亚等地。航线最繁忙的海域为北大西洋以及北太平洋。

（2）航线走向总趋势呈东西向，主要的国际航线集中分布在北半球的中纬地区，大致形成一个环绕圈的航空带。

（3）在纬向航空带的基础上，由航线密集区向南辐射，形成一定的经向航线的分布。

二、机场布局现状及特点

目前，世界上的机场近5万个，有航班的机场有7000多个。从数量上来看，北美、欧洲及亚洲是全世界机场数量相对于集中的区域。从机场的繁忙程度上来看（2019—2021年机场排名见表5-1～表5-3），世界上较繁忙机场边也主要分布在上述区域。综上所述，世界机场运输总量不均衡，无论从旅客吞吐量、货邮吞吐量、飞机起降架次，北美、欧洲、亚太地区的机场均占据绝对优势，同时发展速度不均衡，中东地区增长速度最高，但受疫情影响，2020年、2021年排名及数据有所变动。

2019年世界机场排名　　表5-1

排名	旅客吞吐量	货邮吞吐量	排名	旅客吞吐量	货邮吞吐量
1	亚特兰大哈特菲尔德机场	香港赤邋角国际机场	6	芝加哥奥黑尔机场	安克雷奇国际机场
2	北京首都国际机场	孟菲斯国际机场	7	伦敦希斯罗国际机场	阿联酋迪拜国际机场
3	洛杉矶国际机场	上海浦东国际机场	8	巴黎戴高乐国际机场	卡塔尔多哈国际机场
4	阿联酋迪拜国际机场	路易斯维尔国际机场	9	上海浦东国际机场	台北桃园国际机场
5	东京羽田机场	仁川国际机场	10	达拉斯沃斯堡机场	东京成田国际机场

2020年世界机场旅客吞吐量排名　　表5-2

排名	旅客吞吐量	排名	旅客吞吐量
1	广州白云国际机场	6	重庆江北国际机场
2	亚特兰大国际机场	7	北京首都国际机场
3	成都双流国际机场	8	丹佛国际机场
4	达拉斯-沃思堡国际机场	9	昆明长水国际机场
5	深圳宝安国际机场	10	上海虹桥国际机场

2021年世界机场旅客吞吐量排名　　表5-3

排名	旅客吞吐量	排名	旅客吞吐量
1	亚特兰大国际机场	6	夏洛特国际机场
2	达拉斯-沃思堡国际机场	7	奥兰多国际机场
3	丹佛国际机场	8	广州白云国际机场
4	芝加哥奥黑尔国际机场	9	成都双流国际机场
5	洛杉矶国际机场	10	奥兰多国际机场

三、航空公司布局现状及特点

航空公司分布主要指其运力分布。决定运力的主要载体是航空公司的机队。机队是指飞机的数量和不同型号飞机的构成比例关系，是形成航空运输能力的关键。机队规划是航空运输业健康持续发展的重要环节之一。运力管理是根据航线网络、航班计划和航班收益情况，进行合理的运力分配以降低运行成本，以实现预期利润的最大化。运力管理问题一直是国际运输业重要的研究课题，也是决定该行业能否满足运力需求和实现盈利的重要因素之一。

运力分布是运输飞机及其维护设施在地域上的配置。按照国际惯例，航空公司是飞机的拥有者和使用者。为了充分发挥资源优势，提高飞机和地面设施的利用率，航空公司的机群多配置在空运较为繁忙、飞行区等级较高的机场，这些机场称为主基地机场。公司机群的地域分布，对航空运输的生产布局起到极为重要的作用。

航空公司是航空运输活动的直接组织者和经营者。它的分布必然对空运布局产生重大影响。大型航空公司拥有庞大的机群，为此，航空公司必须建立自己的空运基地。大型公司除了中心基地外，还可能在其他机场建立多个分基地。中小型航空公司的机队规模不大，一般无需自己专用的维修基地或航站楼等地面设施，但为了保持正常运转，也必须依赖于较为固定的维修基地和公用设施。可见，运力的分布具有较强的地域性。航空公司机群的地域配置、机队的规模、飞机的性能以及投入航线使用的状况，基本决定了其服务区域内的航空运输能力。因此，航空公司的分布决定了运力的分布，它是航空运输生产布局中不可缺少的重要组成部分。

目前，全世界正式注册并投入运行的航空公司有 800 多家，它们分布在世界上的 200 多个国家或地区，分布具有明显的地域差异性，其中北美（美国和加拿大）约占 250 家，欧洲约占 200 家，亚太和拉美地区各占 100 家左右，非洲数量较少，还有部分国家尚无自己的航空公司。这种分布与航空运输的地区发展水平和空运业务量基本吻合。

北美和欧洲是航空运输最发达的地区，其航空公司的数量约占世界的 50%以上。就公司规模而言，也具有明显的实力，业务量排名中，欧美航空公司排名较为靠前。

亚太地区的航空公司，无论在数量上还是规模上，都比欧美略逊一筹。但是，20 世纪 60～70 年代以来，亚太地区的空运量迅速增长，进入 21 世纪，仍势头不减。目前，中国、日本、韩国、新加坡、澳大利亚等国家的航空公司在全世界已经有很大的影响力。2021 年全世界航空公司旅客周转量排在前十位的航空公司见表 5-4。

2021 年航空公司旅客周转量排名　　表 5-4

排名	旅客吞吐量（国内＋国际）	排名	旅客吞吐量（国内＋国际）
1	美国航空	6	中国南方航空
2	美国达美航空	7	阿联酋航空
3	美国联合航空	8	卡特尔航空
4	美国西南航空	9	中国东方航空
5	爱尔兰瑞安航空	10	土耳其航空

航空公司分布特点：

（1）世界航空公司的分布存在明显的地域差异；

（2）北美和欧洲航空运输最发达，航空公司数量及规模也居世界前列；

（3）亚太地区，目前与欧美相比还存在一定差距，但是具有较强的发展潜力。

本章思维导图

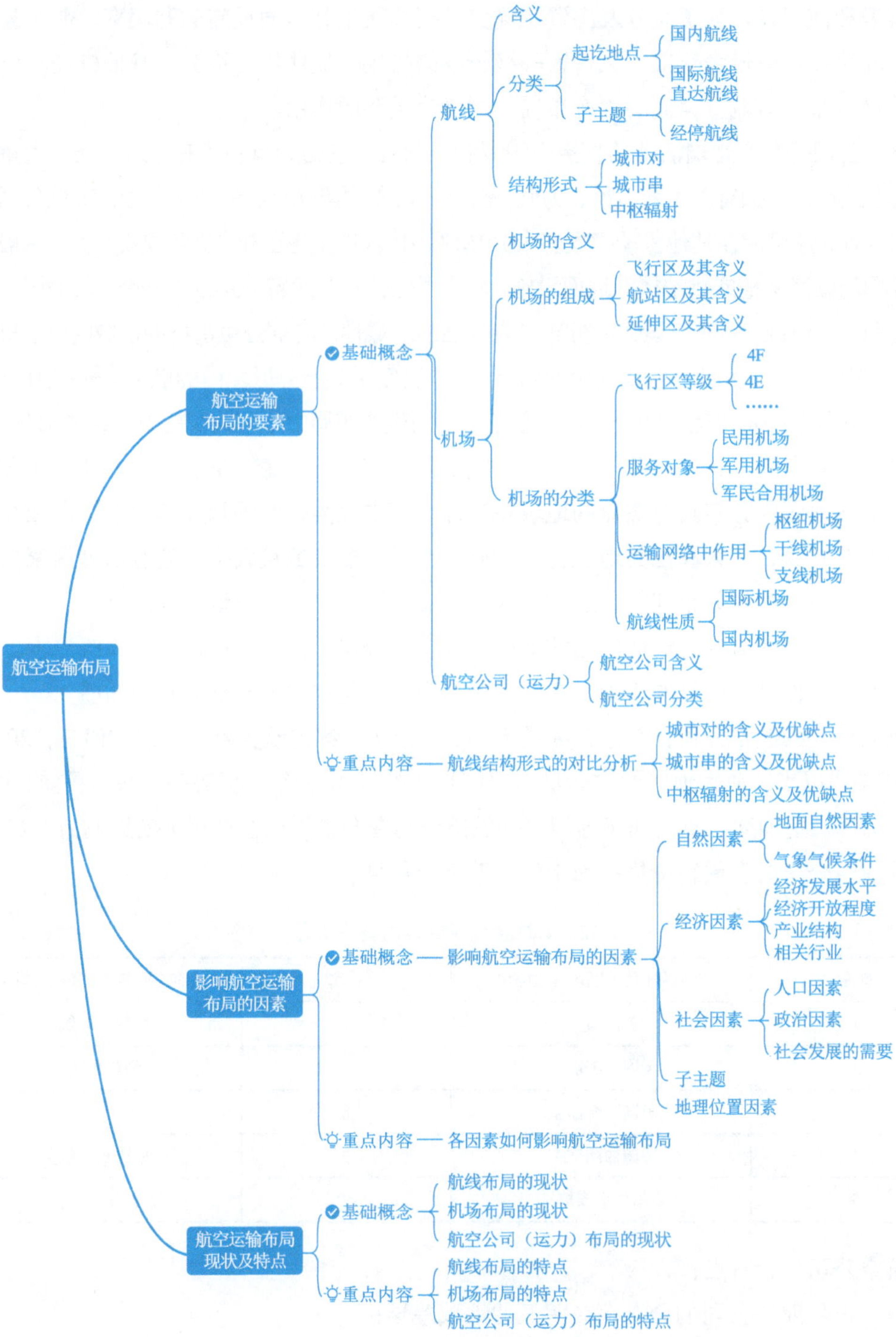

练习题

一、单选题

1. 以下属于国际航线的有（　　）

A. SHA-XMN　　B. HKG-CTU

C. CAN-WUH-SYX　　D. SHA-TYO

2. 以下属于我国国内航线的是（　　）。

A. HKG-SIN　　B. YVR-CGQ

C. SHE-SEA　　D. KMG-TSN

3. 以下属于北太平洋航线的有（　　）

A. BKK-SYD　　B. HKG-YTO

C. LON-LAX　　D. BUE-MIA

4. 以下关于航空运输发展说法错误的是？（　　）

A. 经济发展水平与航空运输呈高度正相关

B. 旅游业是航空密集型产业

C. 人口越多，航空运输一定越发达

D. 两国关系越好，政治局势越稳定，越有利于航空运输的发展

二、多选题

1. 航空运输布局的基本要素是（　　）。

A. 航线　　B. 机场

C. 航班　　D. 航空公司

2. 世界上四大繁忙航线有（　　）。

A. 北美航线

B. 北大西洋航线

C. 北太平洋航线

D. 南太平洋航线

3. 机场系统是由（　　）部分构成。

A. 飞行区　　B. 航站区

C. 空域　　D. 延伸区

三、判断题

1. 我国西部机场需求低、亏损严重，因此当前西藏只有5个机场。（ ）
2. 世界机场从数量上看，主要集中在南美、欧洲、亚洲。（ ）
3. 当前世界航线繁忙航线集中在地球中纬地区，为东西向，在此基础之上，有部分航线向南辐射。（ ）
4. 机场按照服务对象可划分为民用机场和军民合用机场。（ ）
5. TSN 属于支线机场。（ ）
6. 某区域经济发展水平越高，航空运输越发达。其两者呈正相关。（ ）
7. 新疆的航线是典型的中枢纽辐射式航线网络结构。（ ）
8. 城市对航线结构形式对于旅客来说方便快捷，且可以补充客货源。（ ）

四、简答题

1. 影响航空运输布局的因素有哪些？举例说明其是如何影响的。
2. 分析不同航线结构的优缺点。
3. 分析世界航空运输布局特点。
4. 以中国成都、阿联酋为例，分析其地理环境对航空运输发展的影响。
5. 对比分析国航、法航、新航、美联航等航空公司航线布局特点。

06

第六章

中国航空运输地理

引 言

民航业是我国经济社会发展重要的战略性、基础性和先导性产业，是经济社会发展的重要动力源。进入 21 世纪后，我国航空运输得到了快速发展。虽然先后经受了亚洲金融危机、2001 年美国“9·11”航空安全危机、2003 年“SARS”危机、2008 年全球经济危机以及新冠疫情影响，但我国航空运输还是取得了量的快速增长，而且还进行了结构性调整。从基础设施来看，我国民用运输机场数量、规模、服务范围不断扩大，服务类型不断丰富，基本上满足了我国航空运输发展的需要，为发展人民满意的民用航空、实现民航强国战略提供了重要支撑，也推进了新时代运输机场高质量发展，可更好地满足人民群众对美好航空出行的需求；为了应对新冠疫情带来的冲击，我国各家航司先后尝试了“随心飞”“机票盲盒”“直播带货”等多种形式的营销创新、服务创新，创新商业模式，为新冠疫情过后的全球市场竞争做好准备。

本章将从我国的自然环境、经济环境出发，分析我国地理环境对航空运输发展的影响以及我国航空运输发展历程，重点分析不同发展阶段的环境背景；同时重点介绍包括机场、航空公司、航线在内的我国重要的航空运输资源的发展现状。

本章知识目标

1. 掌握我国的自然环境及经济环境特点及其对航空运输的影响。
2. 了解我国的航空运输发展历程，掌握重组时期的重要变革。
3. 掌握我国主要航空公司、机场基本情况、布局特点及相应代码。
4. 掌握我国航空运输区划。

本章思政目标

1. 通过介绍区位、面积、资源、地形地势、气候、人口等地理环境，帮助学生深刻理解我国基本国情，激发爱国主义情怀，提升学生的国家自豪感。

2. 通过深度剖析我国民航发展历程，积极倡导学生以史为鉴，弘扬和践行当代民航精神，不忘初心，为我国民航的发展做出自己的贡献！

3. 通过民航史揭示一代又一代民航人的奋斗精神，进一步弘扬和践行当代民航精神，提高学生的职业素养。

第一节
中国航空运输地理概述

一、自然地理概述

我国位于欧亚大陆东部、太平洋西岸，幅员辽阔，领土面积为 960 万 km^2，占亚洲面积的四分之一，领土面积仅次于俄罗斯、加拿大，居世界第 3 位，是亚洲领土面积最大的国家。西起亚欧大陆中部的帕米尔高原，东至浩瀚的太平洋，从东五区到东九区，跨越 5 个时区；北起西伯利亚高原，南至南海曾母暗沙，从亚寒带到热带基本跨越了整个北半球。东西、南北纵横五千多公里，为我国国内航空运输发展提供广阔的发展空间。

此外，从国家统计局统计数据可知，我国人口（2021 年）已达 14.13 亿，占世界人口的 1/5，是世界上人口最多的国家。但我国最高年人均航空出行次数仅为 0.47 次，航空运输需求还未完全释放，因此，可以预见我国未来航空运输发展仍有很大空间。此外，我国人口分布东密西疏，该分布特点也将影响我国航空运输布局的差异性。

截至 2020 年，全球国际移民已经达到 2.81 亿人，占全球人口的 3.6%。我国移民人数已超过 1100 万，已成为世界第三大移民输出国，其亦将进一步拉动国际航空运输需求。

1. 地形地貌

我国地势西高东低，山地、高原和丘陵约占陆地面积的 67%，盆地和平原约占陆地面积的 33%。地形的主要特征是：

（1）地形多种多样。在我国辽阔的大地上，有雄伟的高原、起伏的山岭、广阔的平原、低缓的丘陵，还有四周群山环抱、中间低平的大小盆地。陆地上的五种基本地形类型我国均有分布，这为我国工农业的发展提供了多种多样的条件。

（2）山区面积广大。通常人们把山地、丘陵和比较崎岖的高原称为山区。我国山区面积占全国总面积的 2/3，这是我国地形的又一显著特征。山区面积广大，给交通运输和农业发展带来一定困难，但山区可提供林产、矿产、水能和旅游资源，为改变山区面貌、发展山区经济提供了资源保证。

（3）地势西高东低，呈阶梯状分布地势是地表高低起伏的总趋势。

地势的第一级阶梯是青藏高原，平均海拔在 4000m 以上。其北部与东部边缘分布有昆仑山脉、祁连山脉、横断山脉，是地势一、二级阶梯的分界线。

地势的第二级阶梯上分布着大型的盆地和高原，如内蒙古、新疆地区、黄土高原、四川盆地和云贵高原。平均海拔在1000～2000m之间，其东面的大兴安岭、太行山脉、巫山、雪峰山是地势二、三级阶梯的分界线。

地势的第三级阶梯上分布着广阔的平原，间有丘陵和低山，海拔多在500m以下。如果通过北纬32°线自西向东作一幅地形剖面图，从西部的大高原、到中部的盆地、再到东部平原，西高东低，呈阶梯状逐级下降的地势特点十分明显。从我国陆地的第三级阶梯继续向海面以下延伸，就是浅海大陆架，这是大陆向海洋自然延伸的部分，一般深度不大，坡度较缓，海洋资源丰富。

复杂多样的地形对航线、航站的分布，对航路及机场的设置提出了较高要求，特别是西部的高海拔地势对飞机性能提出了更高要求。

2. 气象气候

我国幅员辽阔，跨纬度较广，距海远近差距较大，加之地势高低不同，地形类型及山脉走向多样，因而气温降水的组合多种多样，形成了多种多样的气候。从气候类型上看，东部属季风气候（又可分为热带季风气候、亚热带季风气候、温带季风气候），西北部属温带大陆性气候，青藏高原属高寒气候。从温度带划分看，有热带、亚热带、暖温带、中温带、寒温带和青藏高原区。从干湿地区划分看，有湿润地区、半湿润地区、半干旱地区、干旱地区之分。而且同一个温度带内，可含有不同的干湿区；同一个干湿地区中又含有不同的温度带。因此在相同的气候类型中，也会有热量与干湿程度的差异。地形的复杂多样，也使气候更具复杂多样性。这种复杂多样的气候特征使不同地区的飞行条件具有很大差异，对机场选址、机型选择提出不同的要求。同时季风气候显著，冬季盛行从大陆吹向海洋的偏北风，夏季盛行从海洋吹向陆地的偏南风，进一步影响机场跑道的修建方向。

二、我国经济环境特点

1. 发展速度快

从1949年到2021年，我国陆续完成了十三个“五年规划”，经济保持高速增长，如图6-1所示。我国经济总量连续实现跨越式发展，综合国力与日俱增。2022年2月28日，国家统计局发布数据，2021年，我国国内生产总值（GDP）1143670亿元，比上年增长8.1%，稳居世界第二。经济发展水平与航空运输发展呈高度正相关，因此，持续增长的经济发展水平可为我国航空运输发展提供强有力的经济支撑。

2. 区域发展不平衡

由于我国人口分布不均衡、土地资源利用程度不同、生态环境各异、地理气候多样等原因，我国区域经济之间的发展存在很大差异。发展区域分为东部、西部、中部和东北四大板块，这四大板块的状态为：东部率先、西部开发、中部崛起和东北振兴。

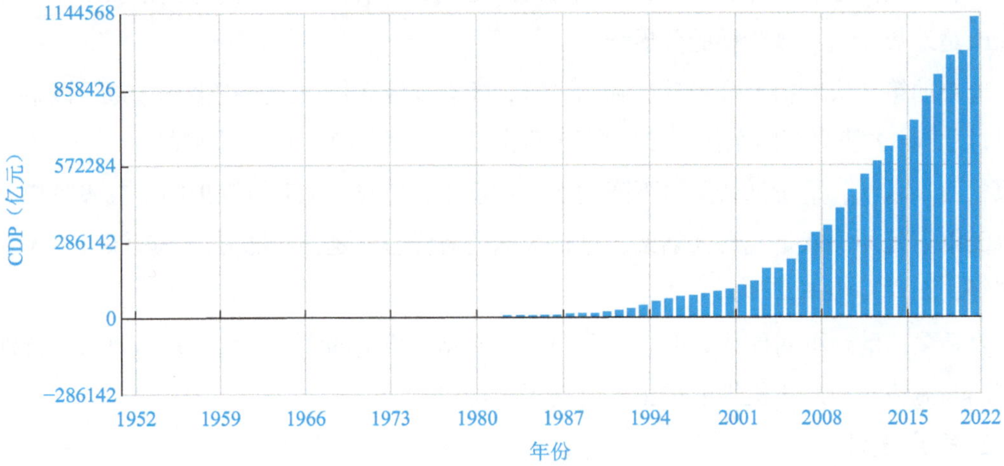

图 6-1　1952—2021 年我国 GDP

数据来源：国家统计局官网

尽管改革开放以前，我国采取了区域经济均衡发展战略，区域经济发展较为均衡，但改革开放以后，为了促进国民经济迅速发展，中央实施了区域经济非均衡发展和向东部倾斜发展的战略，导致区域经济差异迅速扩大，东部领先西部，南方快于北方。进入 21 世纪后，国家对区域经济非均衡发展战略进行了调整，区域经济均衡发展取得了一定成效，但发展水平仍然存在一定的差距。而区域经济的差异性必然会影响航空运输的发展，使其亦呈现航空运输发展的差异性。

3. 旅游业发达

我国是世界四大文明古国之一，有近五千年的悠久文化历史，也造就了为世人所骄傲和称奇的历史遗址和古迹。万里长城、秦始皇兵马俑、敦煌莫高窟、北京故宫等都是中华民族智慧和精湛工艺的结晶。我国丰富的自然、人文旅游资源吸引了无数国内外游客纷至沓来，航空运输方式则是他们的最佳选择。在我国现有国际国内航班上，旅行者占据着相当大的比例，旅游因素直接影响着航空公司新航线的开辟和运力投放的增加，这一点在我国中西部航空运输资源的分布上表现得更为显著。

1990 年以来，我国旅游市场发展迅速，入境旅游者和旅游外汇收入分别以年均 9.63% 和 17.73%的速度增长，旅游业日渐成为国民经济新的增长点。而旅游业亦将进一步促进航空运输业的发展。

三、我国民航业的发展历程

新中国民航业的发展起步于 1949 年，同年 11 月 2 日，中国民用航空局（简称中国民航局或民航局）成立，揭开了我国民航事业发展的新篇章。从这一天开始，新中国民航迎着共和国的朝阳起飞，从无到有，由小到大，由弱到强，经历了不平凡的发展历程。特别是十一届三中全会以来，我国民航事业无论在航空运输、通用航空、机群更新、机场建设、航线布局、航行保障、飞行安全、人才培训等方面都持续快速发展，取得了举世瞩目的成就。民航事业的发展与国家的经济发展，与党中央、国务院直接领导和支持密不可分，是几代民航干部职工励精图治、团结奋斗的结果，为祖国蓝天事业书写了壮丽的篇章。

1.（1949—1957 年）艰苦创业

1949 年 11 月 2 日，中共中央政治局会议决定，在人民革命军事委员会下设民用航空局，受空军司令部指导。同年 11 月 9 日，在中国共产党的领导下，原中国航空公司总经理刘敬宜、中央航空公司总经理陈卓林带领“两航”员工在香港宣布起义，驾驶 12 架飞机投向祖国怀抱，为新中国民航建设提供了一定的物质基础和技术力量，史称“两航起义”。加上后来修复的国民党遗留在大陆的 17 架飞机，构成了新中国民航事业创建初期飞行工具的主体。

知识延伸

“两航”成功起义，不仅给国民党政权在政治上、军事上一个重大打击，对西南地区的解放起到了促进作用，也为新中国民航的发展提供了重要的人才和技术基础。“两航”起义是在中国共产党直接领导下的爱国壮举，是中国民航史上意义深远的重大事件，永载中国人民解放事业和中国民航史册。

资料来源：中国民用航空局官网

1950 年 7 月，中苏航空公司开通了北京—伊尔库兹克（俄罗斯）、北京—赤塔（俄罗斯）、北京—阿拉木图（哈萨克斯坦）三条国际航线。1950 年 8 月 1 日军委民航局成立，同天开通天津—北京—汉口—重庆，天津—北京—汉口—广州两条国内航线，史称“八一开航”。该阶段初期，我国只有 12 条短程航线。图 6-2 是执行“八一”开航北京—天津—汉口—广州航线的“北京”号机组人员合影。

该阶段初期，我国仅有 30 多架小型飞机，年旅客运输量仅 1 万人，运输总周转量仅 157 万吨公里。后期，初步更新了机型。到 1957 年底，中国民航局已拥有各类飞机 118 架，绝大部分机型为苏联飞机。与此同时，民航重点建设了天津张贵庄机场、太原亲贤机场、武汉南湖机场和北京首都机场。首都机场于 1958 年建成，我国民航从此有了一个较为完备的基地。

总的来说，该阶段基础薄弱，主要实现了新我国民航发展从无到有、基础上转变的过程。

图6-2　执行“八一”开航北京—天津—汉口—广州航线的“北京”号机组人员合影

图片来源：中国民用航空局官网

2.（1958—1965年）调整时期

我国民航在这一时期的前几年遭受了较大的冲击和挫折。当时民航提出的口号是“运输航空四通八达，专业航空遍地开花”。地方航线盲目下放各省（区、市）管理；承担了大量非正常的航空运输，比如用飞机运钢铁、禾苗，不讲经济效益，企业出现亏损。

1958年2月27日，国务院通知中国民用航空局自本日起划归交通部领导。1958年3月19日，全国人大常委会第95次会议批准国务院将中国民用航空局归为交通部的部属局。

1960年11月17日，经国务院编制委员会讨论原则通过，决定中国民用航空局改称“交通部民用航空总局”。为部属一级管理全国民用航空事业的综合性总局，负责经营管理运输航空和专业航空，直接领导地区民用航空管理局的工作。

1961年开始，民航系统认真贯彻执行中央“调整、巩固、充实、提高”的方针，使民航事业重新走上正轨，并取得较大的发展。

1962年4月13日，第二届全国人民代表大会常务委员会第五十三次会议决定民航局名称改为“中国民用航空总局”。

1962年4月15日，中央决定将民用航空总局由交通部属改为国务院直属局，其业务工作、党政工作、干部人事工作等均直归空军负责管理。这一时期，民航由于领导体制几经改变，航空运输发展受政治、经济影响较大。到1965年，国内航线增加到46条，国内航线布局重点也从东南沿海及腹地转向西南和西北的边远地区。通用航空的发展在这个时期稳步上升。该阶段早期，民航局购买了伊尔 18 型飞机，标志着从使用活塞式螺旋桨飞机，过渡到使用涡轮螺旋桨飞机。1963年，民航局又购买了英国的子爵号飞机，从而结束了长期以来只使用苏制飞机的状况。1965 年末，民航局拥有各类飞机 355 架。

为了适应机型更新和发展国际通航需要，在此期间，新建和改建了南宁、昆明、贵阳等机场，并相应改善了飞行条件和服务设施，特别是完成了上海虹桥机场（图 6-3）和广州白云机场的扩建工程。

图 6-3　1964 年上海虹桥国际机场扩建工程竣工并投入使用

图片来源：中国民用航空局官网

3.（1966—1977 年）曲折前进时期

该时期的前五年，民航受到了严重的破坏和损失。1971 年 9 月后，中国民航在周总理的鼓励与指示下，将工作重点放在开辟远航程国际航线上。同时，随着我国加入国际民航组织，在国际上的地位得到不断提升，国际航空运输发展取得一定进展。到 1976 年底，我国的国际航线已经发展到 8 条，通航里程达到 41000km，占通航里程总数的 41%；国内航线增加到 123 条。图 6-4 为中国政府代表团出席国际民航组织第 21 届大会。

图 6-4　中国政府代表团出席国际民航组织第 21 届大会

图片来源：中国民用航空局官网

1971年，民航局从苏联购买了5架伊尔62飞机，1973年又从美国购买了10架波音707型飞机，此外，还从英国购买了三叉戟客机和从苏联购买了安24型客机。此时，各型运输飞机总数达到117架，机型机队情况均有所改观，能够较好地贯彻“内外结合、远近兼顾”的经营方针。1974年，开通了北京—纽约、北京—莫斯科、北京—上海—大阪—东京、北京—卡拉奇—巴黎航线。

1975年，我国民航开始扭亏为盈，1975年和1976年共获利近3500万元，从而扭转了长期亏损和依靠国家补贴的被动局面。

4.（1978—1987年）企业化改革时期

党的十一届三中全会以后，我国民航事业加快了前进步伐，并取得了非常大的成绩。

但1980年全民航只有140架运输飞机，且多数是20世纪50年代或40年代生产制造的苏式伊尔14、里二型飞机，载客量仅20多人或40人，载客量100人以上的中大型飞机只有17架，机场只有79个。1980年，我国民航全年旅客运输量仅343万人，全年运输总周转量4.29亿吨公里，居新加坡、印度、菲律宾、印尼等国之后，列世界民航第35位，与大国地位并不相称。

1980年，国务院、中央军委下发《关于民航总局不再由空军代管的通知》（图6-5），民航局脱离军队建制，再次改为由国务院领导的直属机构。这期间中国民航局是政企合一，既是主管民航事务的政府部门，又是以“中国民航（CAAC）”名义直接经营航空运输、通用航空业务的全国性企业。下设北京、上海、广州、成都、兰州（后迁至西安）、沈阳6个地区管理局。

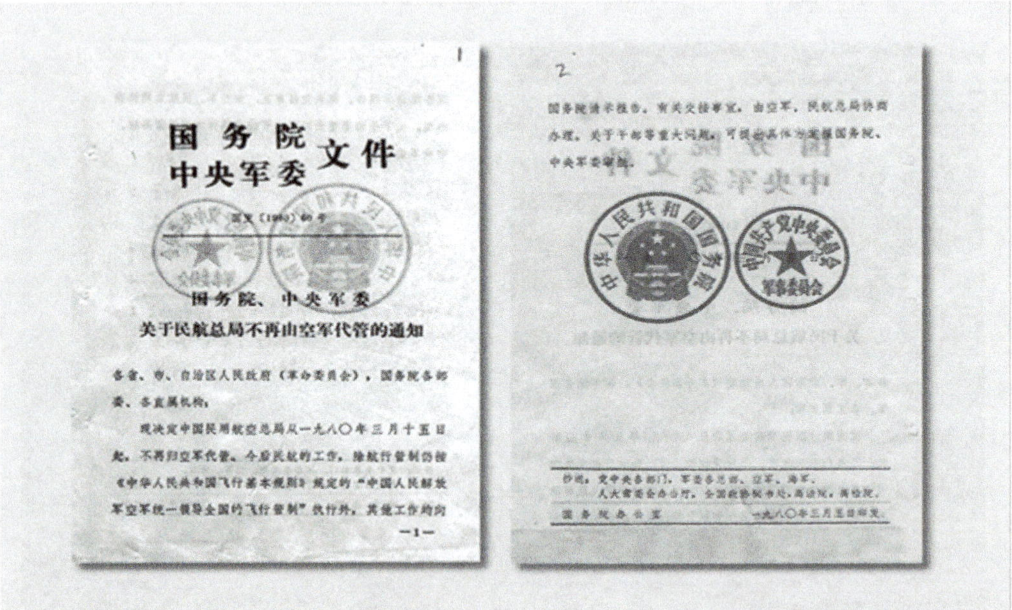
1

国务院
中央军委 文件

国发〔1980〕60号

国务院、中央军委
关于民航总局不再由空军代管的通知

各省、市、自治区人民政府（革命委员会），国务院各部委、各直属机构：

现决定中国民用航空总局从一九八〇年三月十五日起，不再归空军代管。今后民航的工作，除航行管制仍按《中华人民共和国飞行基本规则》规定的“中国人民解放军空军统一领导全国的飞行管制”执行外，其他工作均向

—1—

2

国务院请示报告。有关交接事宜，由空军、民航总局协商办理。关于干部等重大问题，可提出具体方案报国务院、中央军委审批。

抄送：党中央各部门，军委各总部、空军、海军，人大常委会办公厅，全国政协，各省市，高法院，高检院。

国务院办公室　一九八〇年三月五日印发

图6-5　国务院、中央军委下发《关于民航总局不再由空军代管的通知》

图片来源：中国民用航空局官网

1980 年，民航局购买了 B-747SP 型宽体客机，标志着一部分民航飞机达到了国际先进水平。1983 年后，通过贷款、国际租赁和自筹资金相结合的方式，购买了一批波音和麦道多种型号的先进水平，使我国民航使用的运输飞机达到国际先进水平。与此同时，淘汰了一批老型号飞机，加快了机型更新速度。

5.（1987—2002 年）民航企业体制改革时期

该时期，中国民航局在管理体制方面进行了改革，为改变独家经营的局面，以原有 6 个管理局为基础，分别组建了 6 家国家骨干航空公司；积极支持各地、各部门创办航空公司；将机场和航务管理分开，机场成立，独立为企业单位；航务管理归属政府部门，受地区管理局领导。民航总局作为国务院管理民航事业的部门，不再直接经营航空业务，主要行使政府职能进行行政管理。

1987 年 1 月 30 日，国务院批准民航局《关于民航系统管理体制改革方案和实施步骤的报告》。将原民航北京、上海、广州、西安、成都、沈阳 6 个地区管理局的航空运输和通用航空相关业务、资产和人员分离出来，组建了 6 个国家骨干航空公司，实行自主经营、自负盈亏、平等竞争。这 6 个国家骨干航空公司是：中国国际航空公司、中国东方航空公司、中国南方航空公司、中国西南航空公司、中国西北航空公司、中国北方航空公司。此外，以经营通用航空业务为主并兼营航空运输业务的中国通用航空公司也于 1989 年 7 月成立。

图 6-6 为民航广州管理局召开体制改革实施大会现场。

图 6-6 民航广州管理局召开体制改革实施大会

图片来源：中国民用航空局官网

在组建骨干航空公司的同时，在原民航北京管理局、上海管理局、广州管理局、成都管理局、西安管理局和沈阳管理局所在地的机场部分基础上，组建了民航华北、华东、中南、西南、西北和东北六个地区管理局以及北京首都国际机场、上海虹桥国际机场、广州白云国际机场、成都双流国际机场、西安西关机场（现已迁至咸阳，改名为西安咸阳国际机场）和沈阳桃仙国际机场。六个地区管理局既是管理地区民航事务的政府部门，又是企业，领导管理各民航省（区、市）局和机场。

1993 年 9 月，民航总局转发经国务院批准的《关于国内投资经营民用航空企业有关政策的通知》，就鼓励社会各方投资建设机场、地方政府或经济组织合资或独资开办航空运输企业等做出政策规定。同年 4 月 19 日，中国民用航空局改称为中国民用航空总局（简称民航总局），属国务院直属机构。12 月 20 日，中国民用航空总局的机构规格由副部级调整为正部级。

1994 年 5 月，民航总局和对外经贸部联合发布《关于外商投资民用航空业政策的通知》，就外商投资民航机场、航空运输企业等做出了政策规定，大量地方性及合资航空公司纷纷涌现出来，如四川航空股份有限公司（简称川航）、深圳航空有限责任公司（简称深航）、厦门航空有限公司（简称厦航）等。

1987—2002 年间，我国民航运输总周转量、旅客运输量和货物运输量年均增长分别达 18%、16%和 16%，高出世界平均水平 2 倍多。2002 年，民航行业完成运输总周转量 165 亿吨公里、旅客运输量 8594 万人、货邮运输量 202 万 t，国际排位进一步上升，成为令人瞩目的民航大国。基本打破了原政企不分、高度集中统一管理的体制，在行业内引入了竞争机制，形成了一个经济学意义上的产业。

6.（2002—2004 年）民航资产重组时期

由于经济环境及竞争环境的变化，2002 年 3 月，我国政府决定对民航业再次进行重组。3 月 3 日，国务院颁发 2002 年 6 号文件，批准了《民航体制改革方案》，深化民航改革开始进入实施阶段。改革的主要内容包括：

（1）航空公司与服务保障企业的联合重组。民航总局直属航空公司及服务保障企业合并后于 2002 年 10 月 11 日正式挂牌成立，组成为六大集团公司。分别是：中国航空集团有限公司、中国东方航空集团有限公司、中国南方航空集团有限公司、中国民航信息集团有限公司、中国航空油料集团有限公司、中国航空器材集团有限公司。成立后的集团公司与民航总局脱钩，集团公司的人员、资产移交中央管理，标志着民航体制改革迈出重大步伐。

其中三大运输集团的重组方案是：以中国国际航空公司为基础，联合中国航空总公司和中国西南航空公司组建中国航空集团有限公司，中国航空集团有限公司组建后保留中国国际航空公司的名称，对联合的三方进行主辅业分离，重组后的新国航仍被指定为国家唯一载国旗飞行的航空公司。新国航将形成以北京为枢纽，以长江三角洲、珠江三角洲、成渝经济带为依托，连接国内干线，支线，并对国际航线形成全面支持的国际、国内航空运输网络。

中国东方航空集团有限公司是以东方航空集团公司为主体，兼并中国西北航空公司，联合西南航空公司组建的国有大型航空运输企业。中国东方航空集团公司统一使用中国东方航空集团公司的标识，集团公司总部设在上海，新东航将围绕上海北京广州三大中心，以华东地区为辅，以西安、昆明为两翼，拓展西北和西南市场。

中国南方航空集团公司以中国南方航空公司为主，联合中国北方航空公司、中国新疆航空公司组建而成。新南航保留南方航空公司的名称，并以南航的标志为统一标志。重组之后的新南航是国内飞行基地最多直属服务机构最多的航空公司。随着北航和新疆航线的加入，新南航新增沈阳、大连、长春、哈尔滨、三亚、乌鲁木齐等飞行基地，国内营业部和海外办事处也随之增加或实力增强。

三大运输集团均实行航空运输主业和辅业的分离，运输主业及其关联资产全部划入，各主体航空公司辅业另行重组，分别由各集团公司统一管理。

航空运输服务保障系统也按专业化分工的要求相应进行了改革。1990 年，在原民航各级供油部门的基础上组建了专门从事航空油料供应保障业务的中国航空油料集团有限公司，该公司通过设在各机场的分支机构为航空公司提供油料供应。属于这类性质的单位还有从事航空器材（飞机、发动机等）进出口业务的中国航空器材集团有限公司，从事全国计算机订票销售系统管理与开发的中国民航信息集团有限公司，为各航空公司提供航空运输国际结算服务的中国航空结算有限责任公司，以及飞机维修公司、航空食品公司等。

（2）民航政府监管机构改革民航总局下设 7 个地区管理局（华北地区管理局、东北地区管理局、华东地区管理局、中南地区管理局、西南地区管理局、西北地区管理局、新疆管理局）和 26 个省级安全监督管理办公室（天津、河北、山西、内蒙古、大连、吉林、黑龙江、江苏、浙江、安徽、福建、江西、山东、青岛、河南、湖北、湖南、海南、广西、深圳、重庆、贵州、云南、甘肃、青海、宁夏），对民航事务实施监管。

（3）机场实行属地管理按照政企分开、属地管理的原则，对 90 个机场进行了属地化管理改革，民航总局直接管理的机场下放至所在省（区、市）管理，相关资产、负债和人员一并划转；民航总局与地方政府联合管理的民用机场和军民合用机场，属民航总局管理的资产、负债及相关人员一并划转所在省（区、市）管理。首都机场、西藏自治区区内的民用机场继续由民航总局管理。2004 年 7 月 8 日，随着甘肃机场移交地方，机场属地化管理改革全面完成，也标志着民航体制改革全面完成。图 6-7 是民航总局、湖南省人民政府举行湖南省民航机场交接仪式。

图 6-7 民航总局、湖南省人民政府举行湖南省民航机场交接仪式

图片来源：中国民用航空局官网

2004年10月2日，在国际民航组织第35届大会上，我国以高票首次当选该组织一类理事国。

7. 2004年至今的高速发展时期

我国民航在“十二五”时期取得了巨大成就，民航发展质量稳步提升。安全水平世界领先，运输航空百万小时重大事故率五年滚动值为0.032；航班客座率和载运率居于高位，飞机日利用率为9.5h；民航保障能力不断增强，运输机场数量达到207个，87.2%的地级城市100km范围都有运输机场，通用机场310个，运输飞机2650架。民航战略地位日益凸显，航空运输在综合交通运输体系中的地位不断提升。“十二五”期间，我国民航安全运送旅客18亿人次，航空运输规模稳居全球第二；民航国际影响力逐步扩大。“十二五”末，我国航空公司通航全球55个国家和地区的137个城市，国际航线达到660条，国际客运市场份额达到49%。

“十三五”时期是实现民航强国战略构想的决战时期和全面夯实民航强国建设基础的关键阶段，民航发展遵循坚持安全第一、改革创新、全面协调、绿色发展、开放共享五条基本原则，基本建成安全、便捷、高效、绿色的现代民用航空系统，全面夯实持续安全保障能力，正确处理安全与发展、安全与效益、安全与服务的关系。“十三五”时期，民航在居民出行中的地位和作用逐步增强，民航旅客周转量在综合交通中的比重达到31%，提前完成了28%的规划目标。在行业机队规模突破3000架、运输总周转量突破千亿吨公里、机场旅客吞吐量突破十亿人次、全行业年运输飞行小时和运输机场起降架次双双突破千万的条件下，运输航空百万小时重大事故率和亿客公里死亡人数均为“零”，运输航空责任原因严重征候万时率降至0.0065，降幅达16.6%；未发生重大航空地面事故；连续18年确保了空防安全。截至2020年8月25日，全行业实现运输航空安全飞行十周年，在此基础上开始创造新的安全纪录，截至目前持续安全飞行“120 + 4”个月、8943万h，安全水平稳居世界前列。

“十三五”这五年也是我国民航发展增量最大的五年。五年来，行业新增运输飞机1253架、通用航空器940架，我国民航机队规模达6747架，国产民机在支线机队中的比例达33%。新增航路航线263条，全国航路航线总里程达23.7万km，比“十二五”增加3.8万km。全国颁证运输机场增加到241个。2019年，我国民航运输总周转量、旅客运输量、货邮运输量分别比“十二五”末增加441.6亿吨公里、2.2亿人次、123.8万t，年均增速分别达11%、10.7%和4.6%，2019年运输总周转量一年的增量相当于2009年全年的运量。

2020年，在新冠肺炎疫情对全球民航业造成巨大冲击的情况下，由于我国疫情防控措施得力有效，我国民航在全球率先触底反弹，成为全球恢复最快运行最好的航空市场。

知识延伸

新中国民航事业因党的初心使命而立、为党的初心使命而兴、靠践行党的初心使命而强。在党中央、国务院的坚强领导下，经过几代民航人拼搏奋斗，我国民航事业从无到有、从小到大、从弱到强。如今，我国民航安全水平世界领先，行业规模居世界前列，服务能力显著增强，地位作用日益显现，国际影响力和竞争力与日俱增，民航业在我国经济社会发展中的重要战略地位愈发凸显。

今日之我国犹如一只东方巨鸟，正以昂扬勃发之势，向着世界强国的崭新目标腾飞。一切伟大的成就都是接力探索、接续奋斗的结果，一切伟大的事业都需要在承前启后、继往开来中推进。建设民航强国，就是一场接力跑。

四、我国航空运输发展现状

2021年，全行业完成运输总周转量、旅客运输量、货邮运输量，分别为856.75亿吨公里、44055.74万人次、731.84万t。共有民用运输机场（含军民合用机场）248个。运输机队规模迅速扩大，2021年4054架。定期航班航线4864条。截至2021年底，我国共有运输航空公司65家，比上年底增加1家，按不同所有制类别划分：国有控股公司39家，民营和民营控股公司26家；全部运输航空公司中：全货运航空公司12家，中外合资航空公司9家，上市公司8家。2019年世界空运大国排位见表6-1。

2019年世界空运大国排位表　　表6-1

国家	名次	运输总周转量（百万吨公里）	国家	名次	运输总周转量（百万吨公里）
美国	1	198235	法国	11	25983
中国	2	129195	加拿大	12	25596
阿联酋	3	54836	新加坡	13	22758
英国	4	38059	印度	14	21751
德国	5	32388	爱尔兰	15	21641
俄罗斯	6	31782	荷兰	16	18813
韩国	7	28941	澳大利亚	17	17545
卡特尔	8	28537	泰国	18	16920
土耳其	9	27519	西班牙	19	15128
日本	10	27340	巴西	20	13197

知识延伸

“十三五”时期是我国民航安全纪录最好、发展增量最大的5年，综合效益持续提升，运行服务品质持续改善，科教创新成果不断涌现，行业战略地位和作用持续增强，全面从严治党持续深化，应对风险挑战、完成重大任务不断取得成绩，特别是面对新冠肺炎疫情大考，我国民航经受严峻考验，努力向党和人民交上了一份合格答卷。回顾5年来的发展历程，可以清晰地看到，我国民航市场空间越发广阔，航空公司竞争力不断增强，机场网络布局日趋合理，空管服务能力稳步提升，安全安保水平世界领先，技术保障水平显著进步，通用航空产业化发展蓄势待发、参与国际民航合作和交流程度愈加深入、民航自主创新发展体系初步形成。这标志着，自2005年我国民航运输规模世界排名第二以来，经过15年的接续奋斗，我国已经基本实现了从航空运输大国向单一航空运输强国的“转段进阶”。

从民航的行业属性和内在特征看，“十四五”时期民航高质量发展将是安全底线牢的发展，“十四五”时期，随着飞行量的进一步增长，如果安全水平不能实现质的飞跃，安全风险的绝对值会越来越大，必须加强系统安全管理，才能牢牢守住安全底线，不断创造新的安全纪录；是运行效率高的发展，“十四五”时期，运输规模持续增长与资源保障能力不足的矛盾仍将是行业面临的主要矛盾，必须大幅提高运行效率，才能满足增长的需求；是服务品质好的发展，“十四五”时期，人民群众航空服务需求将更趋多样化、个性化，必须在更高的起点上，以更高的标准，提供更加符合旅客需求的服务产品，做到服务产品多样、服务价格合理、服务流程便利、旅客体验美好，民航服务品牌始终成为“中国服务”的标杆；是经济效益佳的发展，“十四五”时期，整体运力与运量动态调整的矛盾始终存在，对行业的收益水平和盈利水平都会形成长期影响，民航企业必须苦练内功，努力改善经营管理，创新经营机制，加强成本控制，保持与需求相匹配的机队发展规模，提高抗风险能力，争创世界一流企业；是发展后劲足的发展，“十四五”时期，进一步深化改革将为民航发展注入新的内生动力，智慧民航建设将使科技创新的动力作用更加强劲，民航旅客结构将发生较大变化，新市场新需求将为行业发展带来新动力。据国际航协预测，最快到2024年国际航空运输量才能恢复到疫情以前的水平，在这期间，我们要以国内市场为战略支点，持续增强自身实力，为提升全球航空市场竞争能力练好内功。

资料来源：中国政府网

第二节 中国的航空区划

一、我国航空区划

我国民用航空局七大地区管理局为：

（1）华北地区管理局：北京、天津、山西、内蒙古、河北。

（2）东北地区管理局：黑龙江、吉林、辽宁。

（3）中南地区管理局：湖南、湖北、河南、广西、广东、海南。

（4）华东地区管理局：上海、浙江、山东、江苏、江西、福建、安徽。

（5）西南地区管理局：云南、四川、重庆、贵州。

（6）西北地区管理局：陕西、宁夏、甘肃、青海。

（7）新疆管理局。

二、航空区域的各省、自治区、直辖市及简称

1. 华北区

北京市：简称“京”，是中华人民共和国的首都。

天津市：简称“津”，是首都北京的门户，是全国著名经济中心。

河北省：因位于黄河北岸而得名的，古代它的部分土地属于冀州，故简称“冀”。省会：石家庄市。

山西省：有“煤海”之称，因位于太行山的西面而得名，简称“晋”。省会：太原市。

内蒙古自治区：简称“内蒙古”，横贯我国东北、华北、西北，意指“青色的城市”。首府：呼和浩特市。

2. 华东区

上海市：简称“沪”，位于长江的入海处，是全国最大的工业基地、商业中心、贸易中心，上海的东方明珠电视塔的高度位居亚洲第一，世界第三。

山东省：因位于太行山以东而得名，在古代是齐国和鲁国的所在地，故简称“鲁”。省会：济南市，是我国著名的“泉城”。

安徽省：出产“文房四宝”中的纸、墨、砚，简称“皖”。省会：合肥市。

江苏省：位于我国华东地区，简称“苏”，是著名的“六朝古都”。省会：南京市。

浙江省：位于我国东南部沿海的中段，简称“浙”，风景优美，是我国“七大古都”之一。省会：杭州市。

江西省：地处长江中下游南岸，赣江是省内最大的河流，故简称“赣”。省会：南昌市。

福建省：位于我国东南沿海的南段，简称“闽”，因境内第一大河闽江而得名。省会：福州市。

3. 中南区

河南省：是我国古代文明的两个重要发祥地之一，它是我国古代“九州岛”中的“豫州”，故简称“豫”，有大量古代历史和文化遗址。省会：郑州市。

湖北省：因地处洞庭湖以北而得名，简称“鄂”，水陆交通便利。省会：武汉市。

湖南省：因位于洞庭湖以南而得名，因境内最大的河流湘江流经全省，故简称“湘”。省会：长沙市。

广东省：位于我国南部，毗邻港澳，是我国通往东南亚、大洋洲、中近东和非洲等地区的最近出海口，简称“粤”。省会：广州市，又名“羊城”和“花城”，有2000多年历史，也是我国南方最大商贸中心。

海南省：有“东方夏威夷”美称，简称“琼”。省会：海口市。

广西壮族自治区：简称“桂”，区内的桂林、阳朔一带是世界闻名的风景旅游区，有“桂林山水甲天下”的美称。首府：南宁市。

4. 西南区

重庆市：简称“渝”，是我国四大直辖市之一，它是长江上游。

四川省：因物产丰富而被称为“天府之国”，简称“蜀”。省会：成都市。

云南省：同缅甸、泰国、越南相邻的我国西南边疆省份，简称“滇”或“云”。省会：昆明市。

贵州省：“天无三日晴，地无三尺平”指的是贵州省，简称“黔”或“贵”。茅台镇出产的茅台酒被列为世界三大蒸馏名酒之一，也是我国的国酒。省会：贵阳市。

西藏自治区：简称“藏”，是我国西南边疆的一个自治区，位于青藏高原上，从公元7

世纪开始就与内地在政治、经济、文化等方面经常往来，促进了藏、汉民族之间的交流与发展。首府：拉萨市，在藏语中是“圣地”或“佛地”的意思，又因这里一年四季晴空万里，日照时间长，人们把它叫作“日光城”。

5. 东北区

辽宁省：因省内有一条辽河而得名，简称“辽”。省会：沈阳市。

吉林省：位于东北平原的中心，简称“吉”，是我国的“汽车城”。省会：长春市。

黑龙江省：有“北大仓”（粮仓）之称，是我国最北的，也是最东的省份，简称“黑”，省会：哈尔滨市，又称“冰城”，每年的元旦到春节期间，在这里举办冰雕艺术节。

6. 西北区

陕西省：有“古代历史博物馆”之称，是古代秦国的所在地，故简称“秦”或“陕”。省会：西安市，古称长安，是我国著名的“千年古都”。

甘肃省：古代“丝绸之路”的必经之地，位于黄河上游，简称“甘”或“陇”。省会：兰州市。

宁夏回族自治区：简称“宁”，位于我国的西北部。首府：银川市。

青海省：因境内有我国最大的内陆咸水湖青海湖而得名，青海湖古代叫“西海”，蒙古语称“库库诺尔”，意思是“青色的湖”，我国唯一以湖泊而得名的省，简称“青”。省会：西宁市。

7. 新疆区

新疆维吾尔自治区：简称“新”，是我国面积最大的省级行政区，位于我国的西北部。首府：乌鲁木齐市。

第三节 中国的国际航线

一、国际航线的分布特点

（1）我国的国际航线以北京为中心，通过上海、广州、乌鲁木齐、大连、昆明、厦门等航空口岸向东、西、南三面辐射。

（2）国际航线的主流呈东西向。向东连接日本、北美，向西连接了中东、欧洲。它是北半球航空圈带的重要组成部分。

（3）我国的国际航线是亚太地区航空运输网的重要组成部件，它与南亚、东南亚、澳大利亚等地有密切的联系。

二、我国主要的国际航线

1. 东线

（1）中日航线如图 6-8 所示。

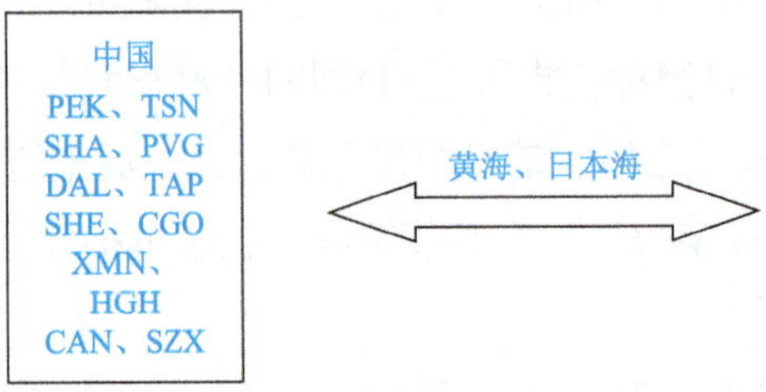

图 6-8　中日航线示意图

（2）中韩航线如图 6-9 所示。

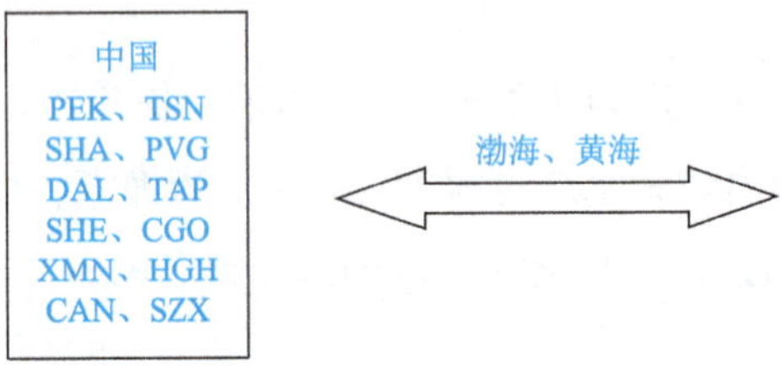

图 6-9　中韩航线示意图

（3）北美航线如图 6-10 所示。

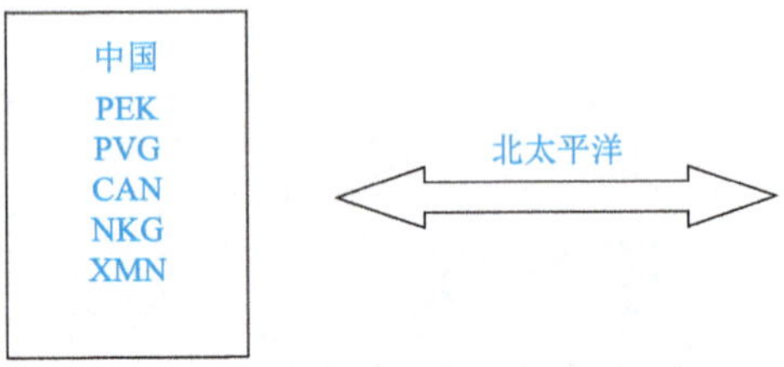

图 6-10　北美航线示意图

2. 西线

（1）中国-欧洲航线如图 6-11 所示。

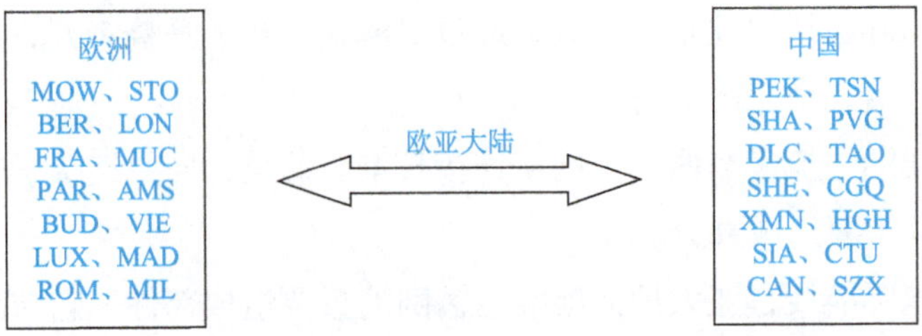

图 6-11　中国-欧洲航线示意图

（2）中东航线如图 6-12 所示。

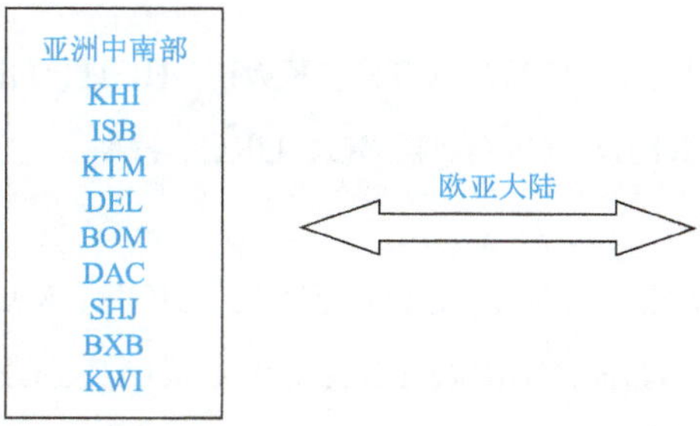

图 6-12　中东航线示意图

3. 南线

航线如图 6-13 所示。

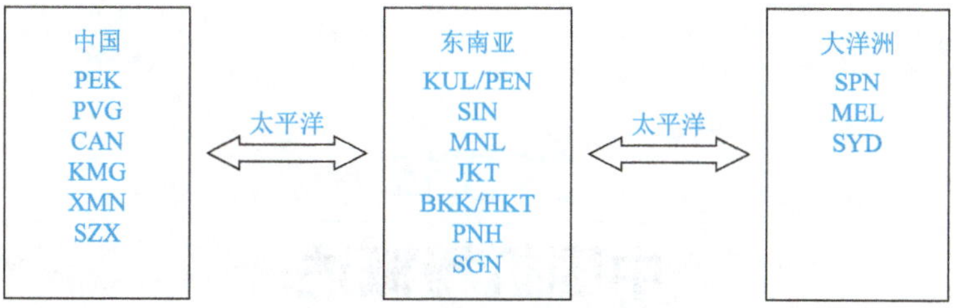

图 6-13　南线航线示意图

第四节
中国的国内航线

一、国内航线的分布特征

（1）我国国内航线集中分布于哈尔滨、北京、西安、成都、昆明以东的地区。其中又以北京、上海、广州的三角地带最为密集。整体上看，航线密度由东向西逐渐减小。

（2）航线多以城市对为主，以大、中城市为辐射中心为辅。

（3）国内主要航线多呈南北向分布，在此基础上，又有部分航线从沿海向内陆延伸，呈东西向分布。

二、国内主要航线

1. 以北京为中心的辐射航线

重要直飞航线：PEK—CAN、SHA、PVG、SHE、SIA、NKG、CTU、KMG、XMN、

HGH、SZX、KWT、HRB、DLC、CGQ、HET、HFE、URC、CKG、HAK、TSN、HKG。

2. 以上海为中心的辐射航线

重要直飞航线：SHA、PVG—PEK、CAN、CTU、KWL、HGH、NKG、SIA、SHE、DLC、CGQ、HRB、WUH、FOC、XMN、CKG、KMG、URC、HAK、SZX、LXA、HKG。

3. 以广州为中心的辐射航线

重要直飞航线：CAN—PEK、SHA、PVG、CTU、KWL、HGH、KMG、KHN、NKG、NNG、WNZ、SHE、DLC、CGQ、WUH、XMN、SIA、SWA、HAK、CKG、HAK、URC。

4. 以香港为中心的辐射航线

主要直飞航线：HKG—PEK、DLC、TSN、SHE、SHA、PVG、NGB、DLC、TAO、HGH、NGB、FOC、KMG、CKG、SIA、CTU、XMN、SWA。

5. 以昆明、成都、西安等大中型机场为中心的辐射航线

第五节 中国机场概述

一、机场发展现状

经过几十年的建设和发展，我国机场总量初具规模，机场密度逐渐加大，机场服务能力逐步提高，现代化程度不断增强，初步形成了以北京、上海、广州等枢纽机场为中心，以成都、昆明、重庆、西安、乌鲁木齐、深圳、杭州、武汉、沈阳、大连等省会或重点城市机场为骨干以及其他城市支线机场相配合的基本格局，我国民用运输机场体系初步建立。

截至2021年底，我国境内民用航空（颁证）机场共有248个（统计数据不含香港、澳门和台湾地区），其中定期航班通航机场248个，定期航班通航城市244个。年旅客吞吐量100万人次以上的运输机场96个，其中，北京、上海和广州三大城市机场旅客吞吐量占全部境内机场旅客吞吐量的18.0%。全国各地区旅客吞吐量的分布情况是：华北地区占12.6%，东北地区占6.0%，华东地区占28.1%，中南地区占24.6%，西南地区占18.6%，西北地区占6.9%，新疆地区占3.0%。年货邮吞吐量1万t以上的运输机场61个，其中，北京、上海和广州三大城市机场货邮吞吐量占全部境内机场货邮吞吐量的44.9%。国内各地区货邮吞吐量的分布情况是：华北地区占10.9%，东北地区占2.9%，华东地区占42.1%，中南地区占30.0%，西南地区占9.9%，西北地区占3.2%，新疆地区占1.0%。

2021年，民航旅客吞吐量前30名机场见表6-2，货邮吞吐量前30名机场见表6-3。

2021 年我国民航旅客吞吐量排名　　表 6-2

排名	城市/机场	排名	城市/机场
1	广州/白云	16	海口/美兰
2	成都/双流	17	贵阳/龙洞堡
3	深圳/宝安	18	乌鲁木齐/地窝堡
4	重庆/江北	19	三亚/凤凰
5	上海/虹桥	20	青岛/胶东
6	北京/首都	21	天津/滨海
7	昆明/长水	22	厦门/高崎
8	上海/浦东	23	沈阳/桃仙
9	西安/咸阳	24	济南/遥墙
10	杭州/萧山	25	哈尔滨/太平
11	北京/大兴	26	兰州/中川
12	长沙/黄花	27	长春/龙嘉
13	武汉/天河	28	南宁/吴圩
14	郑州/新郑	29	大连/周水子
15	南京/禄口	30	太原/武宿

2021 年我国民航货邮吞吐量排名　　表 6-3

排名	城市/机场	排名	城市/机场
1	上海/浦东	16	长沙/黄花
2	广州/白云	17	天津/滨海乌鲁木齐/地窝堡
3	深圳/宝安	18	北京/大兴
4	北京/首都	19	沈阳/桃仙大连/周水子
5	杭州/萧山	20	南昌/昌北
6	郑州/新郑	21	济南/遥墙
7	成都/双流	22	无锡/硕放
8	重庆/江北	23	福州/长乐
9	西安/咸阳	24	海口/美兰
10	上海/虹桥	25	大连/周水子
11	昆明/长水	26	乌鲁木齐/地窝堡
12	南京/禄口	27	南宁/吴圩
13	武汉/天河	28	贵阳/龙洞堡
14	厦门/高崎	29	宁波/栎社
15	青岛/流亭	30	哈尔滨/太平

二、机场布局评价

1. 机场总体布局基本合理

绝大多数机场的建设和发展是以航空运输市场需求为基础，初步形成了与我国国情国力相适应的机场体系，为促进和引导国民经济社会发展、加强国防建设和保障国家安全发挥着重要作用。

2. 机场区域布局与经济地理格局基本适应

机场区域分布的数量规模和密度与我国区域经济社会发展水平和经济地理格局基本适应，民用机场呈区域化发展趋势，初步形成了以北京为主的北方（华北、东北）机场群、以上海为主的华东机场群、以广州为主的中南机场群三大区域机场群体。以成都、重庆和昆明为主的西南机场群和以西安、乌鲁木齐为主的西北机场群两大区域机场群体雏形正在形成。机场集群效应得以逐步体现，对带动地区经济社会发展、扩大对外开放，提高城市发展潜力和影响力发挥了重要作用。

3. 机场体系的功能层次日趋清晰

我国民航运输基于机场空间布局的中枢轮辐式与城市对相结合的航线网络逐步形成，机场体系的功能层次日趋清晰、结构日趋合理，国际竞争力逐步增强。一批主要机场的综合功能逐步完善、业务能力不断提高，北京、上海、广州三大枢纽机场的中心地位日益突出，昆明、成都、西安、乌鲁木齐、沈阳、武汉、重庆、大连、哈尔滨、杭州、深圳等省会或重要城市机场的骨干作用进一步增强，尤其是昆明、成都、重庆、西安、乌鲁木齐等机场分别在西南、西北区域内的中心作用逐步显现，诸多中小城市机场发挥着重要的网络拓展作用。

4. 航空运输在综合交通运输体系中的地位不断提高

以机场布局规模不断扩大和航空网络逐步拓展完善为基础，航空运输以其快捷、方便、舒适和安全的比较优势，在我国中长途旅客运输、国际客货运输、城际间快速运输及特定区域运输方面逐步占据主导地位，对促进国际人员交往、对外贸易和出入境旅游发展发挥了重要作用。

三、存在的问题

（1）机场数量较少、地域服务范围不广，难以满足未来经济社会发展的要求，尤其是“东密西疏”的格局与带动中西部地区经济社会发展、维护社会稳定与增进民族团结、开发旅游资源等的矛盾比较突出。

（2）民航机场体系内部未能充分协调，区域内各机场间缺乏合理定位和明确分工，机场对干、支航空运输协调发展的合理引导作用薄弱，参与全球竞争的国际枢纽尚未形成，难以有效配置资源和充分发挥民用航空资源整体优势和作用。

（3）部分机场的建设和发展与其所在城市规划、军航规划以及其他运输方式规划缺乏有效衔接，尤其是军民航空域使用矛盾日益尖锐，较大程度上制约了民航的发展，与国防交通的需要也有较大差距。

（4）大部分中型以上机场容量已饱和或接近饱和、综合功能不健全，与提高航空安全保障能力和运输服务质量水平的客观要求存在较大差距。

第六节 中国机场分区概述

一、华东地区机场

1. 华东区空港城市

华东区包括的空港城市共 34 个。分别是：上海市；山东省的威海市、青岛市等 8 个城市；江西省的南昌市、九江市等 4 个城市；安徽省的合肥市、黄山市等 4 个城市；浙江省的杭州市、温州市等 7 个城市；江苏省：南京市、无锡市、连云港市等 7 个城市；福建省的厦门市、福州市等 4 个城市。

2. 华东区机场分布

华东区是我国机场数量最多、航空运输量最大的地区，货运量占全国的半壁江山。大批国际国内货物经过华东区各机场源源不断地运往全国及世界各地。活动地区重要的机场有：上海浦东国际机场、上海虹桥国际机场、杭州萧山国际机场、厦门高崎国际机场、南京禄口国际机场、福州长乐国际机场、青岛流亭国际机场、济南遥墙国际机场、合肥骆岗机场等。其中，上海浦东国际机场为中心枢纽。

上海虹桥国际机场（Shanghai Hongqiao International Airport，IATA 代码 SHA，ICAO 代码 ZSSS），位于我国上海市长宁区和闵行区交界处，距市中心 13km，为 4E 级民用国际机场，是我国三大门户复合枢纽之一、国际定期航班机场、对外开放的一类航空口岸和国际航班备降机场。

上海浦东国际机场（Shanghai Pudong International Airport，IATA 代码 PVG，ICAO 代码 ZSPD），位于我国上海市浦东新区，距上海市中心约 30km，为 4F 级民用机场，是我国门户复合枢纽之一、长三角地区国际航空货运枢纽群成员、华东机场群成员、华东区域第一大枢纽机场、门户机场。

3. 华东区机场名称及三字代码

华东区机场名称及三字代码见表 6-4。

华东区机场名称及三字代码　　表 6-4

华东地区	省（区、市）	代码	华东地区	省（区、市）	代码
济南遥墙国际机场	山东	TNA	杭州萧山国际机场	浙江	HGH
威海大水泊国际机场	山东	WEH	温州永强机场	浙江	WNZ
青岛流亭国际机场	山东	TAO	舟山普陀山机场	浙江	HSN
潍坊文登机场	山东	WEF	宁波栎社国际机场	浙江	NGB
烟台莱山机场	山东	YNT	义乌机场	浙江	YIW
临沂机场	山东	LYI	黄岩路桥机场	浙江	HYN
东营永安机场	山东	DOY	衢州机场	浙江	JUZ
济宁机场	山东	TNB	南京禄口国际机场	江苏	NKG
南昌昌北国际机场	江西	KHN	徐州观音机场	江苏	XUZ
九江庐山机场	江西	JIU	连云港白塔埠机场	江苏	LYG
景德镇罗家机场	江西	JDZ	盐城机场	江苏	YNZ
井冈山机场	江西	JGS	无锡硕放机场	江苏	WUX
赣州黄金机场	江西	KOW	常州奔牛机场	江苏	CZX
黄山屯溪跃桥机场	安徽	TXN	南通兴东机场	江苏	NTG
合肥骆岗机场	安徽	HFE	厦门高崎国际机场	福建	XMN
安庆大龙山机场	安徽	AQG	福州长乐国际机场	福建	FOC
阜阳机场	安徽	FIG	晋江机场	福建	JIN
上海虹桥国际机场	上海	SHA	连城机场	福建	LCX
上海浦东国际机场	上海	PVG	武夷山机场	福建	WUS

二、中南地区机场

1. 中南区空港城市

中南区包括的空港城市包括：广东省的广州市、深圳市、汕头市等6个城市；海南省的海口市、三亚市；河南省的郑州市等3个城市；湖北省的武汉市等5个城市；湖南省的长沙市等4个城市；广西壮族自治区的南宁市、桂林市等5个城市。

2. 中南区机场分布

中南区是我国机场数量较多、空中运输业务量较大的地区之一，尤其是珠江三角洲一带发展迅速，带动着中南地区航空运输的快速发展。中南区的重要机场有广州白云国际机场、海口美兰国际机场、长沙黄花国际机场、武汉天河国际机场、郑州新郑国际机场、深圳宝安国际机场、南宁无圩国际机场、桂林两江国际机场等。中南区以广州白云国际机场为中心枢纽。

广州白云国际机场（Guangzhou Baiyun International Airport，ICAO代码ZGGG，IATA

代码 CAN），位于我国广东省广州市白云区人和镇和花都区新华街道、花东镇交界处，距广州市中心约 28km，为 4F 级民用国际机场，是我国门户复合枢纽机场之一，位于世界机场前五十。

3. 中南区机场名称及三字代码

中南区机场名称及三字代码见表 6-5。

中南区机场名称及三字代码 表 6-5

中南地区	省（区、市）	代码	中南地区	省（区、市）	代码
广州花都新白云国际机场	广东	CAN	宜昌三峡机场	湖北	YIN
梅县机场	广东	MXZ	恩施许家坪机场	湖北	ENH
珠海三灶国际机场	广东	ZUH	张家界荷花大庸机场	湖南	DYG
汕头外砂机场	广东	SWA	长沙黄花国际机场	湖南	CSX
深圳宝安国际机场	广东	SZX	常德桃花源机场	湖南	CGD
湛江机场	广东	ZHA	怀化芷江机场	湖南	HJJ
海口美兰国际机场	海南	HAK	衡阳机场	湖南	HNY
三亚凤凰国际机场	海南	SYX	南宁吴圩国际机场	广西	NNG
郑州新郑国际机场	河南	CGO	桂林两江国际机场	广西	KWL
洛阳北郊机场	河南	LYA	北海福成机场	广西	BHY
南阳姜营机场	河南	NNY	柳州白莲机场	广西	LZH
武汉天河国际机场	湖北	WUH	百色田阳机场	广西	AEB
荆州沙市机场	湖北	SHS	梧州长洲岛机场	广西	WUZ
襄阳刘集机场	湖北	XFN			

三、华北地区机场

1. 华北区空港城市

华北区包括的空港城市有：北京市、天津市、石家庄市、秦皇岛市、太原市、大同市、长治市、呼和浩特市、包头市、乌兰浩特市、锡林浩特市、赤峰市、通辽市、乌海市等。

2. 华北区机场分布

华北区是我国机场数量较多、空中运输业务量较大的地区。其中北京首都国际机场在全国航空运输中占有重要位置。在华北区的重要机场有：北京首都国际机场、天津滨海国际机场、太原武宿国际机场、呼和浩特白塔国际机场、石家庄正定国际机场等。

北京首都国际机场（简称首都机场），是中华人民共和国北京市的主要的国际机场。首都机场位于北京市区东北方向，朝阳区在顺义区的一块飞地，距离天安门广场 25.35km。是我国地理位置最重要、规模最大、设备最齐全、运输生产最繁忙的大型国际航空港。首都机场不但是北京的空中门户和对外交往的窗口，而且是我国民航最重要的航空枢纽，是我国民用航空网络的辐射中心，并且是当前我国最繁忙的民用机场，也是我国国际航空公司的基地机场。

北京首都国际机场是我国国内唯一拥有三条跑道的国际机场，机场原有东、西两条4E级双向跑道，长宽分别为3800m × 60m、3200m × 50m，并且装备有Ⅱ类仪表着陆系统；其间为一号航站楼、二号航站楼。2008年建成的三号航站楼和第三条跑道（3800m × 60m，满足F类飞机的使用要求）位于机场东边。首都机场于1958年3月2日正式投入使用，是国内首个投入使用的民用机场。当时仅有一座小型候机楼，称为机场南楼，主要用于VIP乘客和包租的飞机。

北京大兴国际机场（Beijing Daxing International Airport，IATA代码PKX，ICAO代码ZBAD），位于我国北京市大兴区榆垡镇、礼贤镇和河北省廊坊市广阳区之间，北距首都机场67km，南距雄安新区55km，西距北京南郊机场约640m（围场距离），为4F级国际机场、世界级航空枢纽、国家发展新动力源。

2019年9月25日，北京大兴国际机场正式通航，北京南苑机场正式关闭；2019年10月27日，北京大兴国际机场航空口岸正式对外开放，实行外国人144h过境免签、24h过境免办边检手续政策。截至2021年2月，北京大兴国际机场航站楼面积为78万km^2；民航站坪设223个机位，其中76个近机位、147个远机位；有4条运行跑道，东一、北一和西一跑道宽60m，分别长3400m、3800m和3800m，西二跑道长3800m、宽45m，另有3800m长的第五跑道为军用跑道；可满足2025年旅客吞吐量7200万人次、货邮吞吐量200万t、飞机起降量62万架次的使用需求。

3. 华北区机场名称及三字代码

华北区机场名称及三字代码见表6-6。

华北区机场名称及三字代码　　表6-6

华北地区	省（区、市）	代码	华北地区	省（区、市）	代码
北京首都国际机场	北京市	PEK	呼和浩特白塔国际机场	内蒙古	HET
北京南苑机场	北京市	NAY	包头二里半机场	内蒙古	BAV
石家庄正定国际机场	河北	SJW	乌兰浩特机场	内蒙古	HLH
秦皇岛山海关机场	河北	SHP	海拉尔东山机场	内蒙古	HLD
邯郸机场	河北	HDG	鄂尔多斯东胜机场	内蒙古	DSN
天津滨海国际机场	天津	TSN	满洲里西郊机场	内蒙古	NZH
太原武宿国际机场	山西	TYN	锡林浩特机场	内蒙古	XIL
大同怀仁机场	山西	DAT	赤峰玉龙机场	内蒙古	CIF
长治王村机场	山西	CIH	通辽机场	内蒙古	TGO
运城关公机场	山西	YCU	乌海机场	内蒙古	WUA

四、西南地区机场

1. 西南区机场分布

西南区包括的空港城市有重庆市；四川省的成都市、绵阳市、宜宾市等 12 个城市；贵州省的贵阳市、遵义市等 3 个城市；云南省的昆明市、丽江市等 9 个城市；西藏自治区的拉萨市、昌都市等。

2. 西南区机场分布

西南区是我国西部机场最多的地区，其中成都、昆明、重庆三个机场突出地位逐渐显现，发挥着重要作用。成都双流国际机场是西南区最大的航空港；昆明巫家坝国际机场始建于 1951 年，后经多次大规模修缮扩建，目前已成为西南区的门户枢纽机场；重庆江北机场是我国 20 世纪 80 年代建设的大型机场，于 1990 年建成投运，目前机场飞行区等级为 4E 级，可满足年旅客吞吐量 1500 万人次，货邮吞吐量 30 万吨的生产需要。

3. 西南区机场名称及三字代码

西南区机场名称及三字代码见表 6-7。

西南区机场名称及三字代码　　表 6-7

西南地区	省（区、市）	代码	西南地区	省（区、市）	代码
成都双流国际机场	四川	CTU	铜仁大兴机场	贵州	TEN
绵阳南郊机场	四川	MIG	兴义机场	贵州	ACX
宜宾菜坝机场	四川	YBP	昆明巫家坝国际机场	云南	KMG
泸州蓝田机场	四川	LZO	丽江三义机场	云南	LJG
九寨沟黄龙机场	四川	JZH	西双版纳嘎洒机场	云南	JHG
攀枝花保安营机场	四川	PZI	大理机场	云南	DLU
西昌青山机场	四川	XIC	芒市面上机场	云南	LUM
万县机场	四川	WXN	迪庆香格里拉机场	云南	DIG
广元盘龙机场	四川	GYS	思茅机场	云南	SYM
达县河霸机场	四川	DAX	保山机场	云南	BSD
南充都尉坝机场	四川	NAO	临沧机场	云南	LNJ
梁平万州梁平机场	四川	LIA	文山普者黑机场	云南	WNH
广汉机场	四川	GHN	腾冲驼峰机场	云南	TCZ
重庆江北国际机场	重庆	CKG	昭通机场	云南	ZAI
重庆万州五桥机场	重庆	WXN	拉萨贡嘎机场	西藏	LXA
贵阳龙洞堡国际机场	贵州	KWE	昌都邦达机场	西藏	BPX
黎平机场	贵州	HZH	林芝米林机场	西藏	LZY

五、东北地区机场

1. 东北区空港城市

东北区空港城市有黑龙江省的哈尔滨市、齐齐哈尔市等5个城市；吉林省的长春市、延吉市等3个城市；辽宁省的沈阳市、大连市等5个城市。

2. 东北区机场分布

东北区是我国机场数量相对较少的地区，重要的机场有沈阳桃仙国际机场、大连周水子国际机场、哈尔滨太平国际机场、长春龙嘉国际机场等。沈阳桃仙国际机场是东北区重要航空枢纽，地理位置优越，位于辽沈中部，为辽沈中部城市群2400万人口的共用机场；大连周水子国际机场占地面积284.46ha，飞行跑道长3300m，滑行道3168m，航站楼面积6.5万m^2，停机坪24万m^2，停机位25个，符合4E级类国际机场标准，可供世界上各种大型飞机安全起降，是东北地区四大机场之一。旅客、货邮吞吐量和飞机起降架次三项运输生产指标一直以来位居我国东北地区前位。

3. 东北区机场名称及三字代码

东北区机场名称及三字代码见表6-8。

东北区机场名称及三字代码　　表6-8

东北地区	省（区、市）	代码	东北地区	省（区、市）	代码
哈尔滨太平国际机场	黑龙江	HRB	长春龙嘉国际机场	吉林	CGQ
齐齐哈尔三家子机场	黑龙江	NDG	延吉朝阳川国际机场	吉林	YNJ
牡丹江海浪机场	黑龙江	MDG	吉林二台子机场	吉林	JIL
佳木斯东郊机场	黑龙江	JMU	大连周水子国际机场	辽宁	DLC
黑河国际机场	黑龙江	HEK	沈阳桃仙国际机场	辽宁	SHE
漠河古莲机场	黑龙江	OHE	锦州小岭子机场	辽宁	JNZ
大庆萨尔图机场	黑龙江	DQA	丹东浪头机场	辽宁	DDG
鸡西兴凯湖机场	黑龙江	JXA	朝阳机场	辽宁	CHG
伊春林都机场	黑龙江	LDS			

六、西北地区机场

1. 西北区空港城市

西北区包括的空港城市有：陕西省的西安市、汉中市、延安市等5个城市；甘肃省的兰州市、敦煌市、嘉峪关市等5个城市以及宁夏回族自治区的银川市。

2. 西北区机场分布

西北区的重要机场有：西安咸阳国际机场、兰州中川机场、西宁曹家堡机场和银川河东机场。西安咸阳国际机场以其“承接东西，联结南北”的区位优势成为我国国内干线重要的航空港和国际定期航班机场，是中国民用航空总局规划建设的大型区域性枢纽机场之一。

西安咸阳国际机场位于我国内陆中心，距西安市中心47km，距离咸阳市13km。机场于1984年开工建设，1991年9月1日一期工程完成，正式通航；二期工程于2000年8月开工建设，2003年9月16日完工投入运营。三期扩建工程2009年3月开工，2012年5月投入运营。是我国西北地区最大的空中交通枢纽，我国第五大机场，全国吞吐量第八大机场（2012年），同时也是我国东方航空集团西北分公司、天津航空西安分公司，海南航空集团长安公司、南方航空集团西安公司，深圳航空西安分公司、幸福航空的基地机场。机场位于西安市西北、咸阳市东北方向，陕西省咸阳市渭城区底张镇境内。现拥有3座航站楼，2条跑道。

乌鲁木齐地窝堡国际机场，始建于1939年。是我国面向中亚、西亚和连接欧亚的国家门户枢纽机场。距离市中心16.8km，该机场飞行区等级为4E，可满足波音747-400大型飞机全载起降。

3. 西北区机场名称及三字代码

西北区机场名称及三字代码见表6-9。

西北区机场名称及三字代码　　表6-9

西北地区	省（区、市）	代码	西北地区	省（区、市）	代码
西安咸阳国际机场	陕西	XIY	乌鲁木齐地窝堡国际机场	新疆	URC
汉中西关机场	陕西	HZG	和田机场	新疆	HTN
延安二十里堡机场	陕西	ENY	伊宁机场	新疆	YIN
安康五里铺机场	陕西	AKA	克拉玛依机场	新疆	KRY
榆林西沙机场	陕西	UYN	塔城机场	新疆	TCG
兰州中川机场	甘肃	LHW	阿勒泰机场	新疆	AAT
敦煌机场	甘肃	DNH	阿克苏机场	新疆	AKU
嘉峪关机场	甘肃	JGN	库尔勒机场	新疆	KRL
庆阳西峰镇机场	甘肃	IQN	库车机场	新疆	KCA
西宁曹家堡机场	青海	XNN	喀什机场	新疆	KHG
格尔木机场	青海	GOQ	且末机场	新疆	IQM
银川河东机场	宁夏	ING	哈密机场	新疆	HMI
可可托托海机场	新疆	FYN			

第七节
中国航空运输企业概述

一、运输航空（集团）公司生产

截至2021年底，我国共有运输航空公司65家，比2020年底增加1家，按不同所有制类别划分：国有控股公司39家，民营和民营控股公司26家；全部运输航空公司中：全货运航空公司12家，中外合资航空公司9家，上市公司8家。

2021年，中航集团完成飞行小时196.70万h，完成运输总周转量193.68亿吨公里，比上年增长10.1%，完成旅客运输量8700.15千万人次，比上年增长0.8%，完成货邮运输量176.37万t，比上年增长1.1%。

东航集团完成飞行小时180.09万h，完成运输总周转量162.16亿吨公里，比上年增长10.6%，完成旅客运输量7909.99万人次，比上年增长8.6%，完成货邮运输量145.48t，比上年增长23.6%。

南航集团完成飞行小时211.0万h，完成运输总周转量212.11亿吨公里，比上年增长2.0%，完成旅客运输量9849.81亿人次，比上年增长1.7%，完成货邮运输量144.2万t，比上年下降1.3%。

其他航空公司共完成飞行小时344.38万h，完成运输总周转量288.80亿吨公里，比上年增长11.4%，完成旅客运输量17595.80万人次，比上年增长10.0%，完成货邮运输量265.79万t，比上年增长11.5%。

二、我国航空公司发展概述

1. 中国国际航空股份有限公司

我国国际航空股份有限公司1988年在北京正式成立。根据国务院批准通过的《民航体制改革方案》，2002年10月，中国国际航空公司联合中国航空总公司和中国西南航空公司，成立了中国航空集团公司，并以联合三方的航空运输资源为基础，组建新的中国国际航空公司。2004年9月30日，经国务院国有资产监督管理委员会批准，作为中国航空集团控股的航空运输主业公司，国航股份在北京正式成立。2004年12月15日，中国国际航空股份有限公司在香港成功上市，是中国航空集团公司控股的航空运输主业公司。中国国际航空股份有限公司，简称国航股份，英文名称为Air ChinaLimited，英文简称Air

China。国航是我国唯一载国旗飞行的民用航空公司，是世界最大的航空联盟——星空联盟成员，也是2008年北京奥运会和残奥会官方航空客运合作伙伴、2022年北京冬奥会和冬残奥会官方航空客运合作伙伴，在航空客运、货运及相关服务诸方面，均处于国内领先地位。2021年，经世界品牌实验室测评，国航的品牌价值为人民币1972.36亿元，位列我国民航首位。

截至2021年12月31日，国航（含控股公司）共拥有以波音、空中客车为主的各型飞机746架，平均机龄8.23年；经营客运航线已达672条，通航国家及地区25个，通航城市151个，通过与星空联盟成员等航空公司的合作，将服务进一步拓展到195个国家（地区）的1300个目的地。

主运营基地：北京首都国际机场、成都双流国际机场。

国际门户：上海浦东国际机场。

其他枢纽：杭州萧山国际机场、武汉天河国际机场、天津滨海国际机场、重庆江北国际机场、呼和浩特白塔国际机场。

代码：CA，数字代码：999。以凤作为航徽（图6-14）。凤凰“出于东方君子之国，翱翔四海之外”，撷英咀华，志存高远。国航推崇的凤凰精神的核心内涵是“传递吉祥，引领群伦，超越自我”。

图6-14　国航航徽

2. 中国东方航空股份有限公司

中国东方航空股份有限公司（简称“东航”），总部位于上海，是我国三大国有骨干航空公司之一，前身可追溯到1957年1月原民航上海管理处成立的第一支飞行中队，是首家在纽约、香港、上海三地挂牌上市的我国航企。东航拥有包括上海航空公司、我国联合航空公司等在内的24家全资及控股子公司。作为天合联盟成员，东航以“精准、精致、精细”的服务为全球旅客不断创造精彩的旅行体验。

目前，东航的机队规模达760余架，是全球规模航企中最年轻的机队之一，拥有我国规模最大、商业和技术模式领先的互联网宽体机队。作为天合联盟成员，东航的航线网络通达全球170个国家和地区的1036个目的地，每年为全球超过1.3亿旅客提供服务，旅客运输量位列全球前十。“东方万里行”常旅客可享受联盟19家航空公司的会员权益及全球超过790间机场贵宾室。

东航在国内拥有京沪“两市四场”双核心枢纽和西安、昆明等区域枢纽，业务范围实现省会城市及千万级以上机场的全覆盖，并在全球设有108个海内外分支机构。公司近年来开通多条“一带一路”国际新航线，积极构建连通全球的“空中丝绸之路”。

长期以来，东航积极履行社会责任，执行一系列应急救灾和海外公民接运任务，自新冠肺炎疫情发生以来，东航执行了民航首班援鄂、首班援外医疗包机，承担我国民航1/3以上的抗疫运输任务。以航空扶贫、产业扶贫、教育帮扶等方式多年定点帮扶云南省临沧市双江、沧源，助力两县实现脱贫摘帽、接续推进乡村振兴。全面推动“节能减碳、绿色飞行”打赢“蓝天保卫战”，在“十三五”期间实现减碳 200 万 t。

东航的企业愿景是成为“员工热爱、顾客首选、股东满意、社会信任”的世界一流航空公司，企业核心价值观是客户至尊，精细致远。东航致力于以精致、精准、精细服务为全球旅客创造精彩旅行体验，近年来荣获我国民航飞行安全最高奖——“飞行安全钻石奖”，连续 8 年获评全球品牌传播集团 WPP“最具价值我国品牌”前 50 强，连续 4 年入选品牌评级机构 Brand Finance“全球品牌价值 500 强”，在运营品质、服务体验、社会责任等领域屡获国际国内殊荣。代码：MU，数字代码：781。东航航徽基本构图为圆形，取红蓝白三色。以寓意太阳、大海的上下半圆与燕子组合，表现东航企业形象。红色半圆，象征喷薄而出的朝阳，代表了热情、活力，且日出东方，与东方航空名称吻合；蓝色半圆，象征宽广浩瀚的大海，寓意着东航航线遍及五湖四海；轻盈灵动的银燕，象征翱翔天际的飞机，燕子也被视为东方文化的载体，体现了东方温情。燕子尾部的线条勾勒出东航英文名字“CHINA EASTERN”的 CE 两字，如图 6-15 所示。

中國東方航空
CHINA EASTERN

图 6-15　东航航徽

3. 中国南方航空股份有限公司

中国南方航空股份有限公司（简称南航），英文名称 China Southern Airlines，总部设在广州，是我国运输飞机最多、航线网络最发达、年客运量最大的航空公司，拥有厦门、河南、贵州、珠海等 7 家控股公共航空运输子公司，有新疆、北方、北京等 21 家分公司，在杭州、青岛等地设有 21 个境内营业部，在新加坡、纽约、巴黎等地设有 53 个境外营业部。

南航以“阳光南航”为文化品格，以“连通世界各地，创造美好生活”为企业使命，以“顾客至上、尊重人才、追求卓越、持续创新、爱心回报”为核心价值观，大力弘扬“勤奋、务实、包容、创新”的南航精神，致力于建设具有全球竞争力的世界一流航空运输企业。

当前，南航年旅客运输量最高达到 1.52 亿人次，连续 43 年居我国各航空公司之首。南航年旅客运输量居亚洲第一、世界前列，货邮运输量世界前十。截至 2021 年 12 月，南航运营包括波音 787、777、737 系列，空客 A330、A320 系列及商飞 ARJ21 等型号客货运输飞机超过 860 架。南航每天有 3000 多个航班飞往全球 40 多个国家和地区、224 个目的地，航线网络 1000 多条，提供座位数超过 50 万个。近年来，南航全力打造广州—北京“双枢纽”，通过新开和优化航线网络，致力建设两大综合性国际航空枢纽。通过与美国航空、英国航空、卡塔尔航空、越南航空等合作伙伴密切合作，南航航线网络延伸到全球更多目的地。

南航努力打造“亲和精细”的国际一流服务品牌，通过全链条、系统性、一体化的服务管理，致力为旅客提供全流程、规范化、一致性的服务体验。截至 2021 年 12 月，南航明珠俱乐部会员超过 7200 万。2022 年获评 SKYTRAX“中国最佳航司”奖。南航“绿色飞行”按需用餐服务累计节约超过 500 万份机上餐食，约 2300t，获首届“金钥匙——面向 SDG 的中国行动”冠军赛冠军 2022 奖。

代码：CZ，数字代码：784。航徽标志由一朵抽象化的大红色木棉花衬托在宝蓝色的飞机垂直尾翼图案上组成，航安徽色彩鲜艳，丰满大方。在南方人的心目中，木棉象征高尚的人格，人们赞美它、热爱它，广州市民把它推举为自己的市花，视为图腾，如图 6-16 所示。

图 6-16　南航航徽

4. 海南航空股份有限公司

海南航空控股股份有限公司（简称海南航空）于 1993 年 1 月成立，起步于我国最大的经济特区和自由贸易港—海南省，致力于为旅客提供全方位无缝隙的航空服务，打造安全舒适的旅行体验。

1993—2022 年，海南航空连续安全运行 29 年，拥有波音 737、787 系列和空客 330、350 系列为主的年轻豪华机队。2021 年海南航空及旗下控股子公司共运营国内外航线近 1800 条，其中国内航线近 1700 条，涉及内陆所有省、自治区、直辖市，国际航线近 100 条，包括定期客运、复工复学包机和客改货等航班，航线覆盖亚洲、欧洲、非洲、北美洲和大洋洲，通航境外 30 个城市。海南航空积极响应国家倡议，融入“一带一路”建设，专注打造国际国内高效互动的、品质型、规模化的卓越型世界级航空网络。积极落实“民航强国”发展战略，在北京、广州、海口、深圳等 24 个城市建立航空营运基地/分公司。

海南航空作为我国内地唯一的一家 SKYTRAX 五星航空公司，凭借优质的服务水平蝉联 SKYTRAX“中国最佳员工服务”奖、并荣获“中国最佳客舱乘务员”奖等多个奖项，在“全球最佳客舱乘务员”奖项中世界排名第七名。海南航空是我国四大航空公司之一。

代码：HU，数字代码：880。海南航空企业标志分别由“大鹏金翅鸟”的金翅膀、头顶日月宝珠（如意珠）、金角、鸟背造型、如意祥云等元素组成，如图 6-17 所示。

图 6-17　海南航空航徽

5. 深圳航空有限责任公司

深圳航空有限责任公司（简称深航）成立于 1992 年 11 月，1993 年 9 月 17 日正式开航。股东为中国国际航空股份有限公司、深国际全程物流（深圳）有限公司，主要经营航空客、货、邮运输业务。目前深航共拥有波音 737、空客 330、320、319 等各类型客机近 230 架（含昆明航），经营国内、国际航线 230 余条。

代码：ZH，数字代码：479。航徽标志为民族之鹏，鹏神鸟也，其翼若垂天之云，形神俱绝的象形文字。是我国传统文化和现代文化集合的图腾，图案和谐融汇，红金吉祥映衬，凝聚东方文化的精髓。挺拔傲立，充满生机，体现果断进取的精神，标志造型气势磅礴，沉着矫健。呈高瞻远瞩，胸怀万物，根基稳固之三态，一为睿智定乾坤，二是同心创辉煌，三生万物盛千里。代表深圳航空“沉稳，诚信，进取”的理念，如图 6-18 所示。

图 6-18　深航航徽

6. 厦门航空有限公司

厦门航空有限公司（简称厦门航空），成立于 1984 年 7 月 25 日，总部位于厦门，是由民航局与福建省合作创办的我国首家按现代企业制度运营的航空公司，现股东为我国南方航空股份有限公司（55%）、厦门建发集团有限公司（34%）和福建省投资开发集团有限责任公司（11%）。

经过多年的持续发展，厦航现已成为我国民航保持盈利最长的航空公司，也是自 1987 年以来，全球唯一实现连续 35 年盈利的大中型客运航空公司。截至 2021 年 12 月，厦航机队规模达到 209 架飞机，目前运营国内外航线 400 余条，国际及地区航线近 30 条，每周执行航班 3200 多个，构建了以厦门、福州、杭州为核心，覆盖全国、辐射东南亚、连接港澳台地区的航线网络，设有福州、杭州、天津、上海、北京、长沙、重庆、泉州等 8 家分公司。年旅客运输量近 4000 万人次，已有超过 1600 万人加入厦航常旅客计划。在国际航协 270 多家成员航空公司中，厦航的收入规模排名列前 30 位，旅客运输量跻身前 15 位，盈利能力更是进入前 10 位。

厦门航空承运人代码为 MF，企业标志为“蓝天白鹭”。航徽上的蓝天白鹭，昂首矫健的白鹭在蓝天振翅高飞，象征吉祥、幸福永伴宾客，展示了厦航团结拼搏、开拓奋飞的精神，如图 6-19 所示。

图 6-19　厦门航空航徽

7. 山东航空股份有限公司

山东航空股份有限公司（简称山航），成立于 1999 年 12 月 13 日，其前身系成立于 1994 年山东航空有限责任公司，总部设在济南。

截至 2021 年 12 月底，山东航空股份有限公司累计安全飞行 468.85 万 h，安全起落

248.18 万架次。运输旅客 2.52 亿人次，货邮 217.91 万 t。连续 20 年无责任原因发动机“空停”事件；在济南、青岛、烟台、厦门、重庆、北京、乌鲁木齐、贵阳等地设有分公司和飞行基地，形成了以山东、厦门、重庆为支点，“东西串联、南北贯通”的航线网络布局。目前经营国内、国际、地区航线共 290 多条，每周 4300 多个航班飞往全国 80 多个大中城市，并开通韩国、日本、泰国、印度、柬埔寨等周边国家航线。

山航代码：SC，数字代码：324。三个“S”形曲线代表擅长飞翔，纪律严明的飞燕，同时也是团结一致的象征。飞燕的三个“S”形翅膀，看上去像“山”字，三个“S”分别代表“山东”“成功”“安全”。航徽上周围对称的八条平行线段组成机翼形状，代表山航永远稳健安全地飞翔，如图 6-20 所示。

图 6-20　山航航徽

8. 四川航空股份有限公司

四川航空股份有限公司（简称川航），总部位于成都。作为我国最具特色的航空公司之一，川航以安全为品牌核心价值，持续安全飞行 34 年，现运营我国国内最大的全空客机队超过 180 架飞机，执飞国内外航线 460 余条，为全球旅客提供深具“我国元素四川味道”的航空服务，品牌价值超过六百亿。

近年来，川航持续推进“东成西就，南北纵横，上山出海，网络搭台”的战略布局，成都总部以外，川航设有天府、重庆、云南、北京、浙江、黑龙江、陕西、海南、新疆、西昌、天津、南宁、深圳等分公司、运行基地。

随着成都迈入双机场时代，川航正式开启“两场一体”运行新时代。川航按照中国民用航空局规划和四川省委、省政府战略部署，构筑高效的航班波结构，打造以成都为核心，辐射欧洲、大洋洲、北美洲、非洲以及东南亚、东北亚的中转网络；依托全空客货机机队，进一步整合航空物流地面综合服务，为客户提供定制化、多样化和专业化高端物流解决方案。通过“熊猫之路”客货齐飞，川航正实现多元化、高质量发展，为国家、地方经济建设贡献力量。

代码：3U，数字代码：876。标志含义：一只海燕在大海上高傲地飞翔，代表公司在逆境中发展壮大，图 6-21 所示。川航始终以“安全、服务、效益”作为企业的永恒追求，倡导以“真诚、善良，美丽、爱心”为核心理念的川航“美丽文化”，创造具有自身特色的服务品牌。

图 6-21　川航航徽

9. 中国联合航空有限公司

中国联合航空公司（简称中国联航，英文名称：China United Airlines）成立于 1984 年 9 月 21 日，于 2012 年 11 月 26 日完成机构重组扩张并正式运营。

中国联航是国内第一家国有创新经济型航空企业；以北京大兴国际机场为主运营基地，下设河北分公司和天津分公司、四川分公司和浙江分公司，下辖一家子公司是佛山沙堤机场管理有限公司，初步构建了菱形航网的战略布局。目前，中国联合航空现有 3500 名员工，机队规模达 56 架（53 架波音 B737、3 架空客 A330）；航点通达全国 81 个城市，执飞 108 条航线；年运输旅客 900 余万人次，多次圆满完成国家重大运输保障任务。“十四五”期间，中国联航将以高质量跨越式发展为主题，以智慧化、精细化、国际化为引领，以全面深化改革、简化业务优化成本和提升服务集成能力为抓手，以有力的组织体系、稳固的安全体系、高效的运行体系、创新的产品体系、高质的人才体系为保障，建设创新经济型航空公司。中国联航代码为 KN，数字代码为 822。企业标志分别由“CUA 图形标识和中国联合航空文字标识”两部分元素构成，CUA 是由“China United Airlines”提取首字母而构成，公司保持着简约高辨识率的航空标识、是中国四大航中名称以“中国”字样开头的国有航空公司，其独有的品牌历史及“国字头优势”让公司保持着独具竞争力的市场价值，如图 6-22 所示。

图 6-22　中国联航空航徽

10. 春秋航空股份有限公司

春秋航空股份有限公司（简称春秋航空）于 2005 年 7 月 18 日首航，是我国首批民营航空公司之一。至 2022 年 8 月，春秋航空已拥有 116 架空客 A320 系列飞机，平均机龄 5.99 年。航点覆盖了中国、东南亚、东北亚的主要商务和旅游城市，经营航线 230 余条，年运输旅客 2000 万人次。在保障安全的前提下，春秋航空注重运行准点与服务品质，尊重旅客的选择权，为旅客提供多种实惠的出行产品，让旅客“只花该花的钱”。

春秋航空总部设在上海，在沈阳、石家庄、深圳、扬州（泰州）、宁波、兰州、揭阳（潮汕）、韩国济州、日本大阪、泰国曼谷设有基地，积极实施国际化发展战略，国际航班运力投入占比全国民航第一。春秋航空创新起步、安全、平稳运行，是一家以 B2C 网上销售和手机直销为主要销售渠道的航空公司，网上销售占比 85%、移动销售占比 30%，行业第一；单位油耗比行业平均水平低 28%、人均尾气排放比行业平均减少 40%，中国民航业排名第一。

春秋航空创新发展，在民航业内第一家自主开发销售系统（IDS）；第一家自主开发离港系统（DCS）；第一家自主开发运控系统（FOC）；第一家自主开发维修系统（MIS）。2015 年 1 月 21 日春秋航空首次公开发行 A 股，登陆资本市场，成为我国民营航空第一股，获资本市场充分肯定。2018 年 10 月 15 日起，上海虹桥机场 T1 航站楼改造完成，以全新的面貌包括"自助值机—自助托运—自助验证—自助登机"在内的一站式智能化设施服务广大旅客，春秋航空成为全国第一家率先尝试使用智能化机场自助服务的航空公司。

IATA 代码：9C，ICAO 代码：CQH。航徽上三个 S 在春秋航空中分别代表：smile 微笑、service 服务、security 安全，如图 6-23 所示。

图 6-23　春秋航空航徽

11. 奥凯航空有限公司

奥凯航空有限公司（简称奥凯航空）是我国民营航空的先行者，未来空中共享平台的探索者。公司于 2005 年 3 月 11 日开航，是国内首批投入运营的民营航空公司，现拥有 30 架飞机。

奥凯航空总部位于北京，拥有天津、湖南长沙、陕西西安、广西南宁 4 个国内运营基地以及韩国济州海外基地，运营国内、国际航线 100 余条，航点遍布泰国、菲律宾、日本、韩国等周边国家旅游胜地，年运送旅客超过 600 万人次。

为客户提供具有比较成本优势的精品服务，在三万英尺高空构建全球一流的共享平台，彰显客户价值和理想是奥凯人共同的愿景。开放（Open）、友善（Kindness）、敏捷（Agility）、诚信（Integrity）、精致（Refinement）是奥凯一直秉承的核心价值观。

未来奥凯航空将在共享经济以及在京津冀协同发展的大背景下，逐步打造北京天津为一体的京津复合型枢纽，为旅客提供安全、经济、准点、便捷、温馨的飞行体验，成为安全业绩好、盈利能力强、品牌形象优，并具有比较成本优势的国际化精品航空公司。

奥凯航空有限公司代码为 BK。航徽的祥云抽象图案是奥凯航空的企业标识。源于我国古代"平安如意"云纹造型，据此又衍生出富于动感的飞翔动态；以"云"和"飞"为主要设计元素，准确表达了航空业务特质，隐喻"安全"与"迅捷"两个行业元素，如图 6-24 所示。

图 6-24　奥凯航空航徽

12. 成都航空有限公司

成都航空有限公司（简称成都航空）于 2010 年 1 月 22 日由中国商用飞机有限责任公司、四川航空集团有限责任公司、成都交通投资集团有限公司投资重组鹰联航空成立，注册资金 6.8 亿元，开创了国内中央企业、省属企业、市属企业共谋发展投资建企的先河，承担着国产民机示范运营的战略使命。成都航空总部设在四川成都，主营运基地设在成都双流国际机场，经营范围包括国际国内航空客货运输业务和航空器材进出口业务等。

截至 2022 年 10 月 1 日，成都航空已有员工 3900 余名，机队规模达 68 架（其中，42 架空客 A320 系列飞机、26 架 ARJ21-700 飞机），先后开通运营了 120 余条国内外航线。开航至今，保持了良好的安全纪录。ARJ21 飞机从顺利接收到实现规模化商业运营，航线网络逐步展开，民机影响力持续提升，盈利能力不断增强。

成都航空有限公司代码为 EU。成都航空图形标志由代表成都市的太阳神鸟构成，线条简练流畅，极富韵律，充满强烈的动感，富有极强的象征意义和极大的想象空间，体现了人类对太阳及鸟的强烈崇拜，表达了蜀人对生命和运动的讴歌。其外层 4 鸟代表四鸟负日，也代表春夏秋冬四季轮回，内层 12 道芒纹代表一年十二个月周而复始。这是古人崇拜太阳的物证，也是向往天空的体现，与成都航空的行业属性有机地结合在一起，如图 6-25 所示。

图 6-25　成都航空航徽

13. 吉祥航空有限公司

上海吉祥航空股份有限公司（简称吉祥航空），系上海均瑶（集团）有限公司控股子公司，于 2006 年 9 月正式开航运营。截至 2022 年 11 月，公司拥有 79 架空客 A320 系列客机与 6 架波音 787-9 梦想客机，形成双机队运输体系。吉祥航空品牌定位为更具亲和力的航空体验提供者，以上海、南京为航线网络中心，已通航近百个国内、地区及亚欧重点目的地城市；2021 年运输旅客近 1,400 万人次。

吉祥航空于 2017 年 5 月正式成为星空联盟全球首家“优连伙伴”，迈出了公司国际化道路的重要一步；截至 2018 年 11 月，公司已与中国国航、美联航、长荣航空、全日空、新加坡航空、加拿大航空、深圳航空等星空联盟正式成员建立优连合作伙伴关系。同时，吉祥航空也与中国东方航空、芬兰航空等伙伴公司建立了卓有成效的合作。吉祥航空于 2019 年 6 月开通上海浦东-赫尔辛基直飞航班，成为我国民航历史上首家使用宽体机执行洲际航线的民营航空企业。

吉祥航空以 HVC（高价值航空承运人）战略定位为指导，致力于成为高价值航空企业的卓越代表，发展为国际化现代服务业百年企业。吉祥航空努力实践“吉祥航空、如意到家”的品牌承诺，以为客户创造价值为导向，向着打造“更具亲和力的百年航空品牌”而不断努力，让旅客的每一程都成为梦的里程。

代码：HO，数字代码：018。标志含义：吉祥航空将“吉祥凤凰”作为企业的标识，力求通过对我国传统文化的国际化阐释，在我国航空界和国际航空界塑造一个为客户提供舒心优质服务的百年航空品牌。吉祥航空公司航徽的创意灵感来自以吉祥凤凰为图案的我国古代的圆形玉佩，如图 6-26 所示。

图 6-26　成都航空航徽

14. 大连航空有限责任公司

大连航空有限责任公司（简称大连航空，代码 CA）是由中国国际航空股份有限公司、大连保税正通有限公司于 2011 年 8 月 1 日共同出资 10 亿元人民币组建的国有控股公司，其中，国航持股 80%，大连保税正通持股 20%。2011 年 12 月 31 日，大连航空成功实现首航。

大连航空自开航以来，持续保持了平稳的安全形势，运行品质稳步提升，航线网络进一步丰富和完善，服务质量受到社会各界广泛好评，取得了较好的经济效益。大连航空航线网络布局不断得到丰富和优化。以波音 737-800 型飞机为主体的机队规模已达到了 8 架。陆续开通了大连至北京、上海、深圳、南京、天津、三亚、太原、杭州、西安、青岛、合肥、长沙、成都、呼和浩特、包头、银川等 30 多个大中城市的航线航班，初步搭建起了由大连辐射至全国的航线网络布局，为地方社会经济的发展做出了积极的贡献。目前，大连航空正在朝着开通国际航线进行着积极努力。航徽如图 6-27 所示。

图 6-27　大连航空航徽

15. 华夏航空有限公司

华夏航空股份有限公司（简称华夏航空）成立于 2006 年，是我国支线航空商业模式的引领者和主要践行者，是目前我国唯一长期专注于支线的独立航空公司。

华夏航空已建立贵阳、重庆、大连、内蒙古、西安、新疆运营基地，开通航线 100 余条，其中支线航线占比 95%，飞往全国百余个航点，以干支结合的模式搭建起一个有效衔接骨干航线的全国性支线航空网络。

华夏航空以“真情服务”为理念，构建起一个全方位、立体化的服务保障体系。同时，华夏航空倾力打造“云鸽”精品乘务组，树立支线航空服务标杆品牌形象。

华夏航空的代码为 G5。其航徽基本元素为一只展翅高飞的鸽子。鸽子纯洁美丽，忠诚守信，是和平的象征。鸽子有极强的适应能力和跋山涉水的勇气，并有敏锐的思维判断能力，无论是何种情况都不能使它迷失方向，如图 6-28 所示。

图 6-28　华夏航空航徽

16. 天津航空有限责任公司

天津航空有限责任公司（简称天津航空），于 2009 年 6 月 8 日挂牌成立，由海航航空集团和天津市政府共同出资组建，扎根环渤海地区经济中心的天津市。截至 2022 年 9 月 30 日，天津航空拥有 A330、A320、E190 机队等在册飞机 106 架，在天津、西安、呼和浩特、乌鲁木齐、贵阳、重庆等 9 个城市建立分公司/基地，运营国内国际航线 236 条，通航城市98座，天津航空连续安全运营13年，安全飞行超239万h。

扎根天津、服务社会，自成立之初天津航空就以打造具有天津特色的航空品牌为己任，结合天津市在国家整体发展中的战略定位，紧跟天津市产业结构升级规划，充分发挥航空运输在社会经济建设中的引擎作用，带动上下游产业链快速发展，助力打造城市立体交通。自成立以来，公司坚守安全底线，致力于推动天津乃至我国民航事业的发展。天津航空的代码为GS。天津航空的logo设计以精卫鸟作为灵感来源，如图6-29所示。“精卫虽小，却志存高远，投石填海，矢志不渝。她的身上体现了中华民族锲而不舍的精神，这种精神是我们要传承的，也是我们要在全世界发扬的。”天津航空相关负责人表示，未来天津航空将携“精卫”飞向世界。

图6-29　天津航空航徽

17. 云南祥鹏航空有限责任公司

云南祥鹏航空有限责任公司（简称祥鹏航空）为海航航空旗下的子公司，2006年2月26日正式开航，2021年12月8日正式加入辽宁方大集团，主运营基地为昆明、成都等。目前已构建以昆明、成都为发展核心，西南区内支线、高原航线为核心竞争力的，辐射全国，面向南亚、东南亚的特色旅游航线网络。2016年，祥鹏航空正式实施低成本战略转型，旨在为旅客提供更多差异化的优质服务。

2006—2022年，祥鹏航空已安全运营16年。目前祥鹏航空建立了以昆明、成都为中心、郑州、武汉等为辅助的，连通全国一、二线及各大省会城市，辐射南亚、东南亚的立体航线网络。截至2022年10月，祥鹏航空机队规模达52架，其中包含5架宽体客机，运营国内外航线152条，通航城市71个。

公司曾荣获我国最佳旅游供应商、消费者信赖企业、旅客话民航用户满意优质奖、我国最具发展潜力雇主、2016我国十佳特色航空公司，2016年、2017年、2019年三度获得WTA（世界旅游大奖）亚洲国内领先航空奖，并于2019年首度斩获我国领先低成本航空奖。代码：8L，数字代码：859。标志含义：在汉语中，“祥”有吉祥、安康之意。在藏语的意思是得到你应该得到的。鹏是大鹏金翅鸟，大鹏金翅鸟传说是由慈悲金刚手菩萨化现；大鹏可乘旋风直飞九万里高空，遏绝云端，气冲霄汉，如图6-30所示。

图6-30　祥鹏航空航徽

18. 河北航空有限公司

河北航空有限公司（简称河北航空）成立于2010年6月，是经我国民航局和河北省政府批准成立的现代化航空公司，主基地位于石家庄。河北航空注册资本26亿元，资产总额42亿，机队规模30架，员工2500余人。2014年，在河北省委、省政府的支持下，厦门航空有限公司完成了对河北航空的战略重组，成为河北航空的全资母公司。

河北航空始终以服务地方经济社会发展为己任，先后开通航线200余条，通达广州、深圳、上海、重庆、杭州、厦门、贵阳、昆明等80余个省会及重点城市，并陆续开通石家庄至曼谷、新加坡、普吉等国际航线，构筑了以石家庄为核心的“通达东西、连接南北、延伸海外”的航线网络。同时，河北航空相继开通石家庄至张家口、承德、唐山、秦皇岛等省内航线，增开加密石家庄至乌鲁木齐、库尔勒等援疆直飞航班，创新设计开通的石家庄至绵阳、张家口等5条航线，纳入民航“建党百年百条红色精品航线”，为更好地服务省会对外开放和人民群众出行搭建了便捷的空中桥梁。

河北航空代码：NS，ICAO代码：HBH。标识以河北省简称“冀”的首字母“J”为原型，写意为一只振翅高飞的雄鹰翅膀，意为一只在蓝色天空和红色朝阳组成的广阔天地间自由翱翔的雄鹰，有“鹰击长空，翱翔万里”之意。红色和蓝色亦可体现出河北环京津、环渤海的独有特征。寓意着河北航空勇于开拓、锐意进取、追求卓越的精神，必将成为河北经济社会科学发展的腾飞之翼，如图6-31所示。

图6-31　河北航空航徽

第八节
中国航空运输相关资源

一、中国民航信息网络股份有限公司

民航信息网络股份有限公司（简称中国航信）是中国民航信息集团旗下的核心企业，是我国航空旅游业信息科技解决方案的主导供应商。公司标志如图6-32所示。

图6-32　航信息网络股份有限公司标志

核心业务：中航信致力于开发领先的信息产品及信息服务，以满足国内航空公司、机场、非航空旅游产品和服务供应商、分销代理人、机构客户、民航旅客及货运商等所有行业参与者进行电子交易及管理与旅游相关信息的需求。

中航信的核心业务集中在电子旅游分销（ETD）、机场旅客处理（APP）、数据网络、航空货运（ACS）及基于互联网的旅游平台等5个重要领域。

二、中国航空油料集团公司

中国航空油料集团公司（简称中国航油）成立于2002年10月11日，是以中国航空油料总公司及所属部分企事业单位为基础组建的国有大型航空运输服务保障企业，是国家授权投资机构和国家控股公司试点企业。集团公司负责经营集团公司及其投资企业中由国家投资形成的全部国有资产和国有股权。公司标志如图6-33所示。

图6-33　中国航空油料集团公司标志

主营业务：在国内外从事航空油料及其他成品油的批发、储存和零售业务；航空油料、各种航油供应设备及与航油供应有关的特种车辆等进出口经营业务；工程设计、承包，供油系统工程及其他配套项目建设的监理业务；上述经营范围的技术咨询、技术服务、培训业务；经有关部门批准，从事国内外投融资业务；经营国家批准或允许的其他业务等。

集团公司现有包括中国航空油料总公司、中国航油集团陆地石油公司、海天航运有限公司在内的全资、控股子公司11个，参股公司6个，并在美国设有驻外办事处。作为我国最大的航空运输服务保障企业，中国航油已在全国94个机场建设油库155座，总储油能力达140万m^3，拥有独立、完整、覆盖全国的航油供应体系，综合功能和服务效能均达到较高水平。

三、中国航空器材进出口集团公司

中国航空器材进出口集团公司（简称中国航材）是在中国航空器材进出口总公司基础上组建的国有企业，经国务院同意的进行国家授权投资的机构和国家控股公司的试点公司。集团公司注册资本为人民币10亿元。公司标志如图6-34所示。

核心业务：公司在全国各地及国外有关地区设有分支机构，与众多国家和地区的厂商保持着广泛的业务联系和密切的合作关系。自1980年以来，公司先后办理购买和租赁飞机1200余架，进口了大量机场配套设施、专用车辆及大型的空中交通管制系统和校验设备。同国内外民用航空产品制造厂商开展工业合作，对中国民航的对外交流和技术进步起到了重要的作用。

图6-34　中国航材公司标志

公司与波音、空客、GE、罗罗、普惠等飞机、发动机生产厂商合作，在北京建立了大型零备件供应服务中心，开展零备件寄售和送修业务；并同空客公司和普惠公司合作建立航空培训中心和发动机维修培训中心，有效提升产品售后服务，为保证飞行安全和飞行正常做出了积极的贡献。

本章思维导图

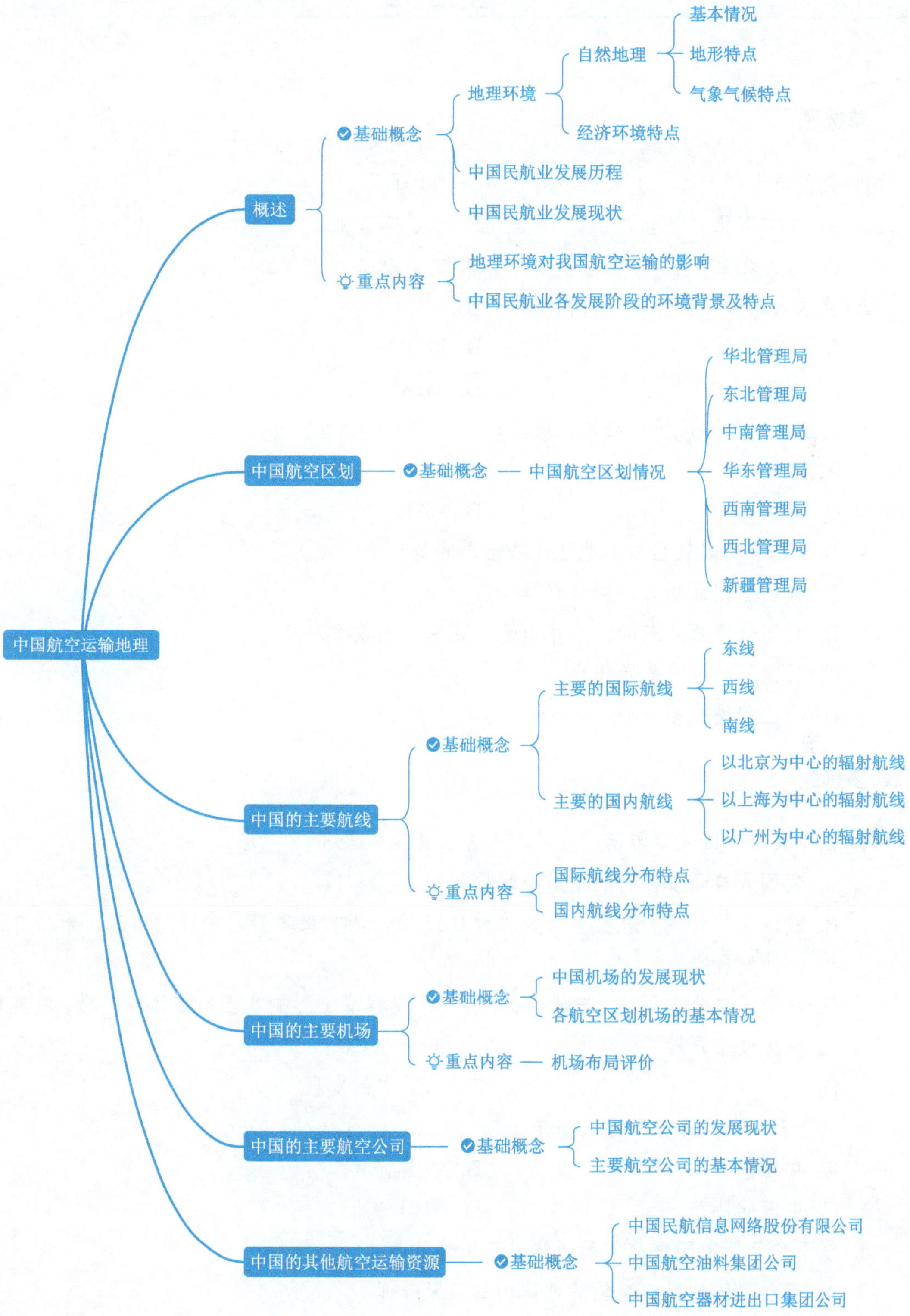
中国航空运输地理
概述
基础概念
地理环境
自然地理
基本情况
地形特点
气象气候特点
经济环境特点
中国民航业发展历程
中国民航业发展现状
重点内容
地理环境对我国航空运输的影响
中国民航业各发展阶段的环境背景及特点
中国航空区划
基础概念
中国航空区划情况
华北管理局
东北管理局
中南管理局
华东管理局
西南管理局
西北管理局
新疆管理局
中国的主要航线
基础概念
主要的国际航线
东线
西线
南线
主要的国内航线
以北京为中心的辐射航线
以上海为中心的辐射航线
以广州为中心的辐射航线
重点内容
国际航线分布特点
国内航线分布特点
中国的主要机场
基础概念
中国机场的发展现状
各航空区划机场的基本情况
重点内容
机场布局评价
中国的主要航空公司
基础概念
中国航空公司的发展现状
主要航空公司的基本情况
中国的其他航空运输资源
基础概念
中国民航信息网络股份有限公司
中国航空油料集团公司
中国航空器材进出口集团公司

练习题

一、单选题

1. 我国位于第（　　）大区，属于（　　）子区。

A. 二、东亚　　B. 三、东南亚

C. 二、北亚　　D. 三、南亚次大陆

2. 北京大兴国际机场对应的代码是？（　　）

A. CAN　　B. PKX

C. PEK　　D. SHA

3. 广州白云国际机场对应的代码是？（　　）

A. PEK　　B. CAN

C. SHA　　D. CAE

4. 以下关于我国航空运输地理说法错误的是？（　　）

A. 我国地理面积大，幅员辽阔

B. 我国地势西高东低，整体山地、高原占比较大

C. 我国气候区域差异较小

D. 我国移民较多

二、多选题

1. 以下关于我国人口与航空运输关系分析正确的是（　　）。

A. 我国人口众多，有利于航空运输的发展

B. 我国当前人年均航空出行人次为0.35次，尚有很多需求未释放出来，未来有很大的发展空间

C. 我国人口分布不均，东疏西密，其在一定程度上影响我国航空运输布局，使其呈现区域差异性

D. 我国移民较多，可促进国际航空运输需求的发展

2. 我国三大航空服务保障集团是（　　）、（　　）、（　　）。

A. 中国航材　　B. 中国航信

C. 中国航协　　D. 中国航油

3. 以下关于新中国民航发展历程说法正确的是（　　）。

A. 目前我国的航空运输管理体制是三级管理

B. 我国机场当前已实现了属地化管理

C. 地方航空公司是在资产重组的环境下开始涌现的

D. 我国民航当前有华北、华东、西南等6个地区管理局

E. 当前我国民航运输总周转量世界排名第二

F. 现在的CA是由之前的国航、中航浙江、新疆航空合并而成的

三、判断题

1. 我国地势西低东高，呈三级阶梯状分布。该地势影响西部机场的修建，不利于西部航空运输的发展。（ ）
2. 我国幅员辽阔、东西、南北纵横 5000 多公里，可推动我国国际航空运输发展。（ ）
3. 我国气候复杂多样，使不同地区的飞行条件有很大差异。（ ）
4. 我国经济发展速度快，可为航空运输发展提供有力支撑；且我国经济发展较为平衡，因此我国航空运输也实现了均衡发展。（ ）
5. 我国民航当前的航空区划分为6个地区管理局。（ ）

四、简答题

1. 简述我国航空区划情况。
2. 简述我国主要航线、机场的空间布局特点。
3. 简述我国机场业务分布特点。
4. 简述我国航空公司业务分布特点。
5. 通过我国民航发展历史的学习，大家有什么样的感悟？

07

第七章

世界航空运输地理

引 言

根据国际航空运输协会的预测，北美将是唯一一个在 2022 年恢复盈利的地区。到 2022 年，北美航空公司的利润将达到 99 亿美元，到 2023 年，北美航空公司的利润将继续增长，预计到 2023 年将达到 114 亿美元。这是因为与世界其他地区相比，在该地区运营的航空公司面临的运营限制不那么严格。由此可见，受到自然环境、经济环境及相关政策的影响，世界各国的航空运输发展有所差异。本章将主要介绍不同航空区域中代表性国家的自然环境、经济环境、主要航空运输资源，并重点分析不同国家的地理环境对航空运输发展的影响。

本章知识目标

1. 掌握日本自然及经济环境对航空运输发展的影响及航空运输资源。
2. 掌握韩国自然及经济环境对航空运输发展的影响及航空运输资源。
3. 掌握新加坡自然及经济环境对航空运输发展的影响及航空运输资源。
4. 掌握澳大利亚自然及经济环境对航空运输发展的影响及航空运输资源。
5. 掌握加拿大自然及经济环境对航空运输发展的影响及航空运输资源。
6. 掌握美国自然及经济环境对航空运输发展的影响及航空运输资源。
7. 掌握英国、德国、法国自然及经济环境对航空运输发展的影响及航空运输资源。

本章思政目标

1. 从区位、面积、资源、地形地势、气候、人口等方面介绍世界各国地理概况，引导学生利用所学知识深入分析地理环境对航空运输的影响—提高学生对社会、经济、行业相关线索与规律的认知，提升学生的思辨能力、对知识的迁移能力。

2. 介绍世界各大航司发展情况，帮助学生建立职业信心，提升岗位认同感，鼓励学生加强自身积淀。

第一节
世界航空区划

出于保证国际航空运输的运营安全，以及国际民航组织（ICAO）规定各国航空运输企业在技术规范、航行程序、操作规则上的一致性原则。国际航空运输协会（IATA）将世界划分为三个航空运输业务区，称为“国际航协交通会议区”（IATA traffic conference areas），以方便各国及地区航空运输企业之间的运输业务划分与合作。

国际航空运输协会（IATA）将全球划分为三个航空运输业务区，分为 Area TC1、Area TC2、Area TC3（简称 TC1、TC2、TC3）三个大区，其下又可以进行次一级的分区，称为次区（Sub-area）。

一、TC1

TC1 包括：南北美洲大陆及其邻近的岛屿，还包括格陵兰、百慕大、西印度群岛、加勒比群岛以及夏威夷群岛。IATA 又把 TC1 细分为 4 个次区。

1. 北美洲次区

北美洲次区包括：阿拉斯加、加拿大、美国大陆、夏威夷、墨西哥、圣皮埃尔和密克隆。

2. 中美洲次区

中美洲次区包括：伯利兹、哥斯达黎加、萨尔瓦多、危地马拉、洪都拉斯、尼加拉瓜。

3. 南美洲次区

南美洲次区包括：阿根廷、玻利维亚、巴西、智利、哥伦比亚、厄瓜多尔、法属圭亚那、圭亚那、巴拿马、巴拉圭、秘鲁、苏里南、乌拉圭、委内瑞拉。

4. 加勒比次区

加勒比次区包括：巴哈马、百慕大、加勒比群岛、圭亚那、法属圭亚那、苏里南。注意：南美次区和加勒比次区有一部分是重合的。

另外，当使用 TC1 和 TC2/TC3 区间经大西洋航线的运价时，TC1 还划分为以下 3 个次区。

1. 北大西洋次区

北大西洋次区包括：加拿大、格陵兰、墨西哥、圣皮埃尔和密克隆、美国（包含阿拉斯加、夏威夷、波多黎各、美属维尔京群岛）。

2. 中大西洋次区

中大西洋次区包括：安圭拉、安提瓜和巴布达、阿鲁巴、巴哈马、巴巴多斯、伯利兹、百慕大、玻利维亚、开曼群岛、哥伦比亚、哥斯达黎加、古巴、多米尼克、多米尼加共和国、厄瓜多尔、萨尔瓦多、法属圭亚那、格林纳达、瓜德罗普、危地马拉、圭亚那、海地、洪都拉斯、牙买加、马提尼克、蒙特塞拉特、荷属安的列斯、尼加拉瓜、巴拿马、秘鲁、圣基茨和尼维斯、圣卢西亚、圣文森特和格林纳丁斯、苏里南、特立尼达和多巴哥、特克斯和凯科斯群岛、委内瑞拉、英属维尔京群岛。

3. 南大西洋次区

南大西洋次区包括：阿根廷、巴西、智利、巴拉圭、乌拉圭等。

二、TC2

TC2 包括：欧洲，非洲及其邻近岛屿，包含阿松森岛及乌拉尔山以西部分（包括伊朗）的亚洲部分。注意：IATA 定义的欧洲次区除了包括地理上的欧洲外，还应加上突尼斯、阿尔及利亚、摩洛哥、加纳利群岛、马德拉群岛及塞浦路斯和土耳其的亚洲部分。IATA 又把 TC2 细分为：

1. 欧洲次区

欧洲次区包括：阿尔巴尼亚、阿尔及利亚、安道尔、亚美尼亚、奥地利、阿塞拜疆、白俄罗斯、比利时、波斯尼亚和黑塞哥维那、保加利亚、克罗地亚、塞浦路斯、捷克共和国、丹麦、爱沙尼亚、法罗群岛、芬兰、法国、格鲁吉亚、德国、直布罗陀、希腊、匈牙利、冰岛、爱尔兰、意大利、拉脱维亚、列支敦士登、立陶宛、卢森堡、马其顿、马耳他、摩纳哥、摩尔多瓦、摩洛哥、荷兰、挪威、波兰、葡萄牙（包括亚速尔群岛和马德拉群岛）、罗马尼亚、俄罗斯（乌拉尔山以西部分）、圣马力诺、斯洛伐克、斯洛文尼亚、西班牙（包括巴利阿里群岛和加那利群岛）、瑞士、瑞典、突尼斯、土耳其、乌克兰、英国、南斯拉夫。

另外，IATA 的欧洲次区还可划分为以下几个小区。

（1）斯堪的那维亚区：包括丹麦（格陵兰除外）、挪威、瑞典（运价计算时，上述三国应被视为是同一国）。

（2）欧共体航空区域（European Common Aviation Area，ECAA）：包括奥地利、比利时、丹麦、芬兰、法国、德国、希腊、冰岛、爱尔兰、意大利、列支敦士登、卢森堡、荷兰、挪威、葡萄牙、西班牙、瑞典、英国。

2. 非洲次区

非洲次区由下列小区组成。

（1）中非：包括马拉维、赞比亚、津巴布韦。

（2）东非：包括布隆迪、吉布提、厄立特里亚、埃塞俄比亚、肯尼亚、卢旺达、索马里、坦桑尼亚、乌干达。

（3）南非：包括博茨瓦纳、莱索托、莫桑比克、纳米比亚、南非、斯威士兰。

（4）西非：包括安哥拉、贝宁、布基纳法索、喀麦隆、佛得角、中非共和国、乍得、刚果（布）、刚果（金）、科特迪瓦、赤道几内亚、加蓬、冈比亚、加纳、几内亚、几内亚比绍、利比里亚、马里、毛里塔尼亚、尼日尔、尼日利亚、圣多美和普林西比、塞内加尔、塞拉利昂、多哥。

（5）印度洋岛屿：包括科摩罗、马达加斯加、毛里求斯、马约特、留尼旺、塞舌尔。

（6）利比亚（利比亚属于非洲次区，但不属于上述任何小区）。

注意：地理上的非洲比 IATA 区域定义的要广，还包括阿尔及利亚、加那利群岛、埃及、马德拉群岛、摩洛哥、突尼斯、苏丹；但上述国家在 IATA 区域的划分中分属于欧洲和中东次区。

3. 中东次区

中东次区包括巴林、埃及、伊朗、伊拉克、以色列、约旦、科威特、黎巴嫩、卡塔尔、沙特阿拉伯、苏丹、阿曼、叙利亚、阿联酋、也门。

三、TC3

TC3 包括：亚洲及其邻近岛屿（不包括二区内的）东印度群岛、澳大利亚、新西兰，以及太平洋中的群岛（不包括 TC1 内的）。IATA 又把 TC3 细分为：

（1）南亚次大陆（South Asian Subcontinent，SASC）

南亚次大陆包括：阿富汗、孟加拉国、不丹、印度、马尔代夫、尼泊尔、巴基斯坦、斯里兰卡。

（2）东南亚次区（South East Asia Sub-area，SEA）

东南亚次区包括：文莱、柬埔寨、中国、圣诞岛、澳属科科斯群岛、关岛、印度尼西亚、哈萨克斯坦、吉尔吉斯斯坦、老挝、马来西亚、马绍尔群岛、密克罗尼西亚、蒙古、缅甸、北马里亚纳群岛、帕劳、菲律宾、俄罗斯（乌拉尔山以东）、新加坡、塔吉克斯坦、泰国、土库曼斯坦、乌兹别克斯坦、越南。

（3）西南太平洋次区（South West Pacific Sub-area，SWP）

西南太平洋次区包括：美属萨摩亚、澳大利亚、库克群岛、斐济、法属波利尼西亚、基里巴斯、瑙鲁、新喀里多尼亚、新西兰、纽埃、巴布亚新几内亚、萨摩亚、所罗门群岛、汤加、图瓦卢、瓦努阿图、瓦利斯和富图纳群岛以及中间的所有岛屿。

（4）东亚次区

东亚次区包括：日本、朝鲜民主主义人民共和国、大韩民国。

第二节
一区主要国家航空运输地理

一、加拿大（Canada，CA）

加拿大位于北美洲北部，东临大西洋，西濒太平洋，西北部邻美国阿拉斯加州，南接美国本土，北靠北冰洋，素有“枫叶之国”的美誉。东部气温稍低，南部气候适中，西部气候温和湿润，北部为寒带苔原气候。全国地貌西高东低，矿产资源丰富，金属矿和非金属矿产储量都位居世界前列。总面积 998 万 km^2，位居世界第二。截至 2022 年 7 月，加拿大总人口为 3892 万，主要为英、法等欧洲后裔，英语和法语同为官方语言。

1. 自然环境

（1）地理位置

加拿大位于北美洲北部，西临太平洋，东濒大西洋，在北纬 41°～83°、西经 52°～141° 之间，西北部邻美国阿拉斯加州，东北与格陵兰（丹麦实际控制）隔戴维斯海峡遥遥相望，南接美国，北靠北冰洋达北极圈。

（2）地形地貌

加拿大东部为丘陵地带，南部为与美国接壤的大湖和圣劳伦斯地区，地势平坦，多盆地。西部为科迪勒拉山区，是加拿大海拔最高的地区，许多山峰在海拔 4000m 以上。北部为北极群岛，多系丘陵低山。中部为平原区。最高山洛根峰，位于西部的洛基山脉，海拔为 5951m。

（3）气候

加拿大因受西风影响，加大部分地区属大陆性温带针叶林气候。东部气温稍低，南部气候适中，西部气候温和湿润，北部为寒带苔原气候。北极群岛终年严寒。中西部最高气温达 40℃以上，北部最低气温低至零下 60℃。

（4）自然资源

加拿大地域辽阔，森林和矿产资源丰富。森林面积 4 亿多公顷（居世界第三，仅次于俄罗斯和巴西），以亚寒带针叶林为主；产材林面积 286 万 km^2，占全国领土面积的 29%。木材总蓄积量约为 190 亿 m^3。加拿大领土面积中有 89 万 km^2 为淡水覆盖，可持续性淡水资源占世界的 7%。加拿大矿产有 60 余种，主要有：钾、铀、钨、镉、镍、铅等。

2. 经济环境

加拿大是一个经济高度发达的资本主义国家。其制造业、高科技产业、服务业发达，资源工业、初级制造业和农业是国民经济的主要支柱，经济持续稳定增长。加拿大以贸易立国，对外贸依赖较大，经济上受美国影响较深。加拿大的石油行业一直是经济增长的主要动力，推动加拿大贸易转亏为盈，并有大量的投资。加拿大也是世界上最大的钻石生产国之一。同时，加拿大也是联合国（UN）、国际货币基金组织（IMF）、世界银行（WBG）、世贸组织（WTO）、七国集团（G7）、20 国集团（G20）和亚太经合组织（APEC）成员国。2024 年，加拿大国内生产总值为 3.07 万亿加元，人均国内生产总值为 5.9 万加元，GDP 增长率为 1.6%。整体来看，加拿大的经济环境也为其民航发展提供了经济基础。

（1）农业

2020 年，加拿大农业为加拿大 GDP 贡献了 393 亿加元，占 GDP 的比重为 1.98%。据世界银行数据，加拿大可耕地占国土总面积的 4.8%，农业用地占国土面积的 6.9%，人均耕地面积 1.21hm^2。农牧业机械化程度高，从业人数近 27 万，占全国劳动人口的 1.5%。主要农产品有小麦、大麦、油菜籽和菜籽油、亚麻籽、燕麦等，主要畜产品包括牛肉、猪肉、牛奶和乳制品。

（2）工业

制造业和高科技产业发达。制造业、建筑业、矿业构成国民产业经济的三大支柱。加拿大在航空航天、有色冶金、信息通信、动力装备、电力水利、纸浆造纸、微电子软件，新能源新材料等产业方面拥有世界领先水平。此外，石油化学、森林建材、时装轻纺、食品饮料、黑色金属等亦为重要工业部门。加拿大工业集团代表有庞巴迪公司（Bombardier Inc.，以制造高级交通工具如喷气飞机，高速列车为主）、加拿大铝业（Alcan Packaging，世界上第二大的金属铝生产者）、ATI（ATI Technologies，显示芯片巨头）、加拿大石油（Petro-Canada，北美第二大的燃油和燃气公司）、动态研究（RIM，黑莓手机，通信巨头）、KANDU（核反应堆，核能综合开发）、Kanadarm（航空航天太空臂）、北电网络（网络设备巨头）等。2020年加拿大制造业总产值1790亿加元，约占国内生产总值的9%，从业人员约173万，约占全国就业人口的9%。建筑业总产值1368亿加元，约占国内生产总值的6.9%，从业人员约144万，约占全国就业人口的8%。

（3）能源业

加拿大原油储量仅次于委内瑞拉和沙特居世界第三，其中97%以油砂形式存在。已探明的原油储量为1667亿桶，占全球探明原油储量的10%。截至2009年底，可开采天然气储量为11.9亿 m^3，其中9.7亿 m^3 为常规天然气位。可开采煤矿资源66亿t，按产量可开采100年。2011年，加能源领域总产值超过占GDP的6.9%，净出口约560亿加元。其中，原油产量近11亿桶，天然气产量约1510亿 m^3，是世界第三个天然气生产国。截至2010年底，加拿大各类发电站总装机容量130543百万W。其中，水力发电75077百万W，风力发电3973百万W，潮汐能发电20百万W，太阳能发电108百万W，常规汽轮机25491百万W，核汽轮机12665百万W（在安大略、魁北克、新不伦瑞克三个省设有5个核电站、22个核反应堆），燃气轮机12406百万W，内燃涡轮803百万W。主要不同的地方在于省是根据宪法条约所设立的，但地区是据联邦法律所设立的。所以地区由联邦政府直接管辖，省是由各省所确立的政府所管辖的。

（4）清洁技术产业

加拿大清洁技术行业包括生物燃料与冶炼、发电、智能电网、工业节能、可持续交通运输、环保、生态农业等领域，是加拿大政府支持的重要制造业领域之一。

（5）生物技术产业

加拿大是世界五大生物技术产业市场之一，在生物技术科学探索和应用的诸多门类中，如医疗卫生、农业、环境技术、工业和生产解决方案等，处于世界领先水平，在生物技术综合指标排名中位居世界第三位。

（6）汽车制造业

加拿大汽车制造业主要生产轻型车（包括轿车、面包车、皮卡车）、重型车（包括载货汽车、公共汽车、校车、军用车辆等），以及各种类型车辆零配件和电子系统。2020年，加拿大汽车行业生产了超过103万辆轻型商用车，超过32万辆乘用车和约1.4万辆载货汽车。汽车制造业为GDP贡献了122亿加元，占GDP比重为0.6%。

（7）化学工业

加拿大化学工业（包括塑料）产品60%以上用于出口，提供直接就业岗位约8.7万个，关联就业岗位大致在52.5万个。本国企业主要有ERCOWorldwide、Methanex、NOVA Chemicals、Raymor Industries等，外资企业主要有液化空气（Air Liquide）、安姆科（Amcor）、巴斯夫（BASF）、卡博特（Cabot）等。加拿大化工公司主要集中在安大略省，约占行业的43%，其次为不列颠哥伦比亚省占30%，魁北克省占17%，其他省份占10%。

（8）航空航天业

加拿大航空工业发达，是世界第三大飞机制造国，行业关联企业700多家。加拿大航空航天工业公司集中分布在蒙特利尔航空工业园区，该园区集中了该行业一半以上的就业人口。其他分布在多伦多地区、温尼伯、温哥华和东部沿海城市。除民用航空器外，加拿大航天工业在地球观测、太空机器人、太空科技和探测、卫星通信等方面具有优势。2020年，加拿大航空制造业为GDP贡献72亿加元，占GDP比重为0.36%。

（9）矿业

加拿大是世界第三大矿业国，生产的金属和非金属矿物超过60种。根据加拿大自然资源部资料，加拿大是全球钾盐生产的领导者，镉、钴、钻石、宝石、金、石墨、铟、镍、铌、铂族金属、盐、钛精矿和铀的产量位列全球前五。

加拿大钾矿可采储量49亿t，居世界第二，占世界储量的20.6%；钨储量29万t，居世界第二，占世界储量的9.35%；铀储量49万t，居世界第三，占世界储量的8%；铂族金属储量310t，居世界第五，占世界储量的0.4%；金储量2400t，居世界第六，占世界储量的4.2%。铁矿石储量60亿t，居世界第六，占世界储量的3.5%；锌储量300万t，居世界第九，占世界储量的1%；镍储量270万t，居世界第十，占世界储量的3%。

（10）服务业

加拿大信息通信业2011年产值达1683亿加元，其中生产领域221亿加元，服务领域1018亿加元，批发销售444亿加元，对国内生产总值贡献672亿加元，约占GDP总值的4.9%，企业研发投入53亿加元，创造就业岗位55.6万个，45.1%的雇员有大学本科以上学历，主要由小企业组成，拥有3.35万家公司，86%集中在软件和计算机服务领域，6.2%从事信息和通信产品批发，3.1%从事生产，3.9%从事通信服务。

加拿大旅游业十分发达，主要旅游城市有温哥华、渥太华、多伦多、蒙特利尔、魁北克市等。但受疫情影响，据世界旅游理事会（WTTC）2021年6月发布的年度经济影响报告显示国际旅行受限制，2020年加拿大旅游业接近崩溃，经济损失592亿加元，并导致该行业有37.3万名员工失业。2020年前三季度旅游业产值约175亿加元。中国是加拿大第四大旅游客源国，据加拿大统计，2019年中国公民访加约57.1万人次。据中方统计，2019年加公民来华约77.63万人次。

加拿大经济对外贸依赖严重，主要出口汽车及零配件、其他工业制品、林产品、金属和能源产品；主要进口机械设备、汽车及零配件、工业材料、食品。主要贸易对象是美国、中国、墨西哥、英国、日本、欧盟国家。

3. 航空运输

加拿大是世界第三大航空市场，拥有1800万km^2的空域，由加拿大国家航空公司（NAV CANADA）管理。加拿大经认证和注册的机场场址1994个，包括341个水上滑翔机和滑雪机机场、417个直升机机场、1248个固定翼飞机地面机场。2019年，加拿大共有36887架各类型注册飞行器，48397名注册飞行员。

（1）主要航空公司

① 加拿大航空公司（AC）：加拿大航空（原中文译枫叶航空，简称加航）是加拿大的国家航空公司，总部设在魁北克省蒙特利尔。母公司是ACE Aviation Holdings。枢纽机场有多伦多皮尔逊国际机场、温哥华国际机场、蒙特利尔特鲁多国际机场、卡加利国际机场，也是最大的四个机场；重点机场有渥太华国际机场、哈利法斯国际机场。加拿大航空公司是加拿大境内航线、美加越境航线，以及往返加拿大国际航线最大的承运航空公司。加拿大航空及其地区子公司加航JAZZ提供客运及货运定期及包机服务，亦为其他航空公司提供维修、地勤及训练服务。加拿大航空航线网络中心位于加拿大多伦多、蒙特利尔、卡尔加里及温哥华，可提供班机直达加拿大城市、美国目的地，以及遍及欧洲、中东、亚洲、澳大利亚、加勒比海地区、墨西哥和南美洲，超过240个目的地、90个度假目的地。加拿大航空公司的子公司加航JETZ，专门提供个性化、舒适的全公务舱特殊包机服务。加航假期作为旅游服务公司，为游客提供精选旅游项目，在美国、加勒比海地区、中南美洲及亚洲的90余个目的地提供旅游度假套餐。加航货运部向全世界150多个目的地提供航空货运网络服务。

② 西捷航空公司：西捷航空（WestJet）为一家以加拿大卡加里市作为总部的廉价航空公司，为加拿大第二大航空公司。西捷航空提供客运、货运及包机服务，目的地共有51个，主要在北美洲及墨西哥。目前西捷航空是一家拥有7000多名员工及12亿美元市场资本值的公司。

（2）主要机场

① 皮尔逊国际机场（YYZ）：多伦多皮尔逊国际机场邻接密西沙加市，隶属于加拿大国家机场系统。皮尔逊国际机场是加拿大最繁忙的机场，在世界最繁忙机场中排27位，机场服务整个大多伦多地区，是加拿大航空的主要枢纽。机场的运作曾由加拿大政府运输部负责，现由大多伦多机场管理局负责。

② 温哥华国际机场（YVR）：温哥华国际机场（Vancouver International Airport）是位于

加拿大不列颠哥伦比亚省列治文市海岛（Sea Island）的一个民用国际机场，是加拿大第二繁忙的国际机场。该机场向大温哥华区域局提供服务，是加拿大航空（Air Canada）以及加拿大越洋航空（Air Transit）的枢纽机场。机场拥有前往亚洲、欧洲、大洋洲、美国和加拿大其他主要机场的直飞航班。

③蒙特利尔皮埃尔·埃利奥特·特鲁多国际机场（YUL）：蒙特利尔皮埃尔·埃利奥特·特鲁多国际机场简称蒙特利尔特鲁多机场或特鲁多机场，前称多佛尔国际机场，它位于加拿大魁北克省蒙特利尔市以西，多佛尔市境内。作为一所国际机场服务于蒙特利尔与周边地区。该机场由蒙特利尔机场（ADM）经营与管理，是魁北克省最繁忙的机场，也是加拿大第三繁忙的机场（按旅客），排在多伦多皮尔逊国际机场与温哥华国际机场之后。机场提供直飞非洲、中美洲、南美洲、加勒比海地区、欧洲、美国、墨西哥和加拿大其他城市的航班。它是加拿大唯一一座拥有直飞非洲航班的机场，同时也拥有北美最大的免税商店。蒙特利尔特鲁多机场同时是加拿大最大的航空公司加拿大航空与 Air Transat 的总部所在地。该机场已完成7亿多加元的扩建工程。

④米拉贝尔国际机场（YMX）：米拉贝尔机场最早是按蒙特利尔的首要机场而且是国际机场来规划的，准备替代和补充当时认为发展前途较小的多尔瓦机场。每年有大批旅客进出该机场。米拉贝尔机场专业的保障能力，吸引了众多航空公司在该机场开通航线。蒙特利尔是欧洲—加拿大航线重要的中转站，飞机需要在蒙特利尔降落、加油，然后飞到多伦多以东的地区，蒙特利尔的多瓦尔机场（皮埃尔—特鲁多国际机场，离市区大概20km）已然不堪重负，附近居民也因飞机巨大的噪声而频频投诉。加之当时加拿大经济正在腾飞，蒙特利尔又拿到了 1976 年奥运会的举办权，在这种背景下便在蒙特利尔远郊（离市区55km）修建了一个全新的现代化机场。

4. 主要城市

（1）渥太华（YOW）

渥太华是加拿大的首都，全国第六大城市，面积 4715km^2，位于安大略省东南部，渥太华河南岸，多伦多以东 400km，蒙特利尔以西 190km。渥太华在 1826 年 9 月 26 日以“拜顿”之名建立，为爱尔兰和法国的基督教乡镇，1850 年 1 月 1 日合并为一个城镇，并于1855 年 1 月 1 日以“渥太华”之名合并取代，并不断发展成为加拿大的政治和工业技术中心，现在已成为一个具有多元文化、高水准生活水平、低失业率的大城市。渥太华人口132.4 万。渥太华市的经济以轻工业为主，有造纸、木材加工、食品、机械制造等工业。第二大经济来源是旅游业。渥太华是一座花园城市，每年有 200 万左右游客到此观光游览。渥太华市中心区有里多运河通过。里多运河以西为上城，这里围绕着国会山，集中了不少政府机关。坐落在渥太华河畔国会山麓的国会大厦是一片意大利哥特式建筑群，中央有陈设着加拿大各省标志的大厅和一个高 88.7m 的和平塔。塔的左右分别是众议院和参议院，其后是国会图书馆。国会山正南沿着里多运河的联邦广场中央耸立着国内战争纪念碑。在国会大厦对面的威灵顿大街上云集着联邦政府大厦、司法大楼、最高法院、中央银行等重要建筑。里多运河以东为下城区，这里是法语居民集中的地区，拥有市政厅、国家档案馆等著名建筑。

（2）多伦多（YTO）

多伦多，加拿大最大城市、安大略省的省会，坐落在安大略湖西北岸的南安大略地区。是加拿大最大的城市，亦超越芝加哥成为北美洲第四大城市。多伦多是全球最多元化的都市之一，49%的居民是来自全球各国共 100 多个民族的移民，140 多种语言汇集在这个北美大都市，其丰富多彩的族裔特色，令这座城市缤纷绚丽，绽放无穷魅力。由于这里环境宜人、犯罪率极低，因此被评为全球最宜居的城市之一，连续多年占据全球宜居城市排行前十名。该地主要观光景点有：国家电视塔、天虹体育馆、皇家安大略博物馆、安大略艺术馆、加登纳陶瓷艺术博物馆、贝塔鞋履博物馆、安大略科学中心、冰球名人堂、东约克广场上安大略华人集资建造的孙中山铜像等。附近著名的尼亚加拉大瀑布每年吸引约 3000 万旅游者。

多伦多市面积达 630km^2，是加拿大第一大城市和经济中心，位于加拿大的核心地区，接近美国东部工业发达地区。汽车工业、电子工业、金融业及旅游业在多伦多经济中占有重要地位。其高科技产品占全国的 60%。加拿大著名银行，如皇家银行、帝国银行、蒙特利尔银行以及北美第三大证券交易所多伦多证券交易所等均设在该市，90%的外国银行驻加拿大的分支机构也设在多伦多。

（3）蒙特利尔（YMQ）

蒙特利尔是一座位于加拿大魁北克西南部的城市，主要位于圣劳伦斯河中的蒙特利尔岛及周边小岛上。根据 2016 年人口普查，蒙特利尔人口约为 410 万，是魁北克省内最大城市、加拿大第二大城市及北美第十五大城市。“蒙特利尔”一词来源于中古法语“Mont Royal”，意思为“皇家山”，至今蒙特利尔城中心的地标皇家山仍以此命名。法语是蒙特利尔的官方语言，也是城市里最常用的语言，使用人口占城市总人口的 60.5%，使得蒙特利尔成为世界上仅次于巴黎的第二大法语城市。蒙特利尔曾经是加拿大经济首都，拥有最多的人口及最发达的经济，但是在 1976 年被安大略省的多伦多超过。今天蒙特利尔仍然是加拿大最重要的经济中心之一，航空工业、金融、设计、电影工业等行业发达。蒙特利尔被认为是世界最佳宜居城市，并被联合国教育、科学及文化组织认定为设计之城。

（4）温哥华（YVR）

温哥华市位于加拿大不列颠哥伦比亚省西南部太平洋沿岸，是加拿大的主要港口城市和重要经济中心，也是加拿大西部的政治、文化、旅游和交通中心。该市已连续多年被经济学人智库评为全球最宜居城市之一。温哥华坐拥加拿大不列颠哥伦比亚省的核心地带，是一座国际化大都市，也是该省面积最大的城市。按人口来算，温哥华是加拿大第三大城市。2016 年，温哥华市区人口已达 63.2 万。

温哥华电影制片业发达，是北美洲继洛杉矶、纽约之后的第三大制片中心，素有北方好莱坞之称。温哥华近年经常在各项世界最佳居住城市的调查中名列前茅。温哥华亦曾于2010年与125km以外的威士拿联手举办冬季奥运会和冬季残奥会。温哥华的制造业、高科技产业和服务业非常发达，而资源工业、食品业、初级制造业和农业也是温哥华经济的重要支柱。温哥华港现在是加拿大最大和最繁忙的港口，以货物总吨数计是北美的第四大港口。此外，温哥华的自然环境深受游客欢迎，令旅游业成为市内继林木业后第二大经济支柱。温哥华旅游景点众多，主要有斯坦利公园、狮门大桥、加拿大广场、伊丽莎白女王公园、卡皮拉诺吊桥、唐人街和惠斯勒等。

加拿大航空运输资源及主要城市见表7-1。

加拿大主要航空公司、主要机场、主要城市　　表7-1

航空运输要素	航空公司	代码	总部/所在地	市场地位
航空公司	加拿大航空公司 星空联盟	AC	蒙特利尔	加拿大最大航空公司
	西捷航空公司	WS	卡尔加里	廉价航空 加拿大第二航空公司
机场	蒙特利尔— 皮埃尔·爱略特·特鲁多国际机场	YUL	蒙特利尔	最主要客运机场
	渥太华机场	YOW	渥太华	澳洲第三大机场
	温哥华国际机场	YVR	温哥华	
城市	渥太华	YOW	渥太华	加拿大首都 “北硅谷” 全国第四大城市
	多伦多	YTO	多伦多	最大城市 安大略省省会
	蒙特利尔	YMQ	蒙特利尔	浪漫之都 ICAO/IATA 总部
	温哥华	YVR	温哥华	太平洋沿岸最大的港口，不冻港

二、美国（United States of America，US）

美利坚合众国，简称美国，是由华盛顿哥伦比亚特区、50个州和关岛等众多海外领土组成的联邦共和立宪制国家。

1. 自然环境

（1）地理位置

美国位于北美洲中部，北接加拿大，南靠墨西哥及墨西哥湾，东临大西洋，西濒太平洋，两面临海，可产生一定的国际航空运输的需求。美国是美洲第二大的国家，领土包括美国本土、北美洲西北部的阿拉斯加和太平洋中部的夏威夷群岛。面积937.2610万km^2（其中陆地面积915.8960万km^2，内陆水域面积约20万km^2），如果加上五大湖中美国主权部分约 17 万 km^2，河口、港湾、内海等沿海水域面积约 10 万 km^2，面积为 963 万 km^2，如果只计陆地面积，美国排名第四，仅次于俄罗斯、中国、加拿大。通用英语。地域辽阔，国内航空运输市场需求旺盛。

（2）人口

美国总人口约 3.41 亿。据美国人口普查局数据，非拉美裔白人占 58.4%，拉美裔占 19.5%，非洲裔占 13.7%，亚裔占 6.4%，印第安人和阿拉斯加原住民占 1.3%，夏威夷原住民或其他太平洋岛民占 0.3%（以上比例存在重叠）。

（3）地形地貌

美国国土地形变化多端，尤其是在西部。东海岸沿海地区有着海岸平原，在南部较为宽广，而在北部较为狭窄。在海岸平原后方的是地形起伏的山麓地带，延伸到位于北卡罗来纳州和新罕布什尔州、高 1830m 的阿巴拉契亚山脉为止。在阿巴拉契亚山脉以西是美国中西部地带的内部平原，这里相对而言较为平坦，五大湖和密西西比河—密苏里河流域（世界上第四大的河域）也位于这里。在密西西比河以西，内部平原的地形开始上升，最后进入美国中部面积广阔而地形特色稀少的大平原。在大平原西部则有高耸的落基山脉，从南至北将美国大陆一分为二，在科罗拉多州的最高峰到达 4270m。在以前落基山脉还有频繁的火山活动，现在只剩下一个区域（怀俄明州黄石国家公园的超级火山可能是世界上最大的活火山）。

（4）气候

美国大部分地区属于大陆性气候，南部属亚热带气候。中北部平原温差很大，芝加哥 1 月平均气温−3℃，7 月 24℃；墨西哥湾沿岸 1 月平均气温 11℃，7 月 28℃。

（5）自然资源

美国自然资源丰富，矿产资源总探明储量居世界首位。煤、石油、天然气、铁矿石、钾盐、磷酸盐、硫磺等矿物储量均居世界前列。其他矿物有铜、铅、钼、铀、铝矾土、金、汞、镍、碳酸钾、银、钨、锌、铝、铋等。战略矿物资源钛、锰、钴、铬等主要靠进口。森林面积约 44 亿亩（约 $2.93 \times 1012m^2$），覆盖率达 33%。

2. 经济环境

美国有高度发达的现代市场经济，其国内生产总值居世界首位。2023 年，美国国内生产总值为 27.36 万亿美元（按当年价格计算），人均国内生产总值 8.54 万美元（国际货币基金组织数据），国内生产总值增长率 2.5%，通货膨胀率 4.7%。美国生产规模巨大，生产技术领先，部门结构完整；工业发达；农业先进；公路、铁路、水运、航空和管道的运输技术及运量均居世界首位；对外贸易额世界第一；金融业异常发达；经济总量长期居世界首位，是世界上最为重要的经济体，在人类的经济生活中扮演着极其重要的角色，是目前世界上唯一的超级大国。这也为美国航空运输的发展创造了良好的基础和土壤。

美国是世界第一经济强国。20 世纪 90 年代，以信息、生物技术产业为代表的新经济蓬勃发展，受此推动，美经济经历了长达十年的增长期。在美国各地区，经济活动重心不一。例如：纽约市是金融、出版、广播和广告等行业的中心；洛杉矶是电影和电视节目制作中心；

旧金山湾区和太平洋沿岸西北地区是技术开发中心；中西部是制造业和重工业中心，底特律是著名的汽车城，芝加哥是该地区的金融和商业中心；东南部以医药研究、旅游业和建材业为主要产业，并且由于其薪资成本低于其他地区，因此持续地吸引制造业的投资。

（1）农业

美国是全球最大的农业出口国之一，主要农产品包括玉米、小麦、糖和烟草，中西部大平原地区惊人的农业产量使其被誉为“世界粮仓”。美国的农场每年生产价值 900 亿美元的农产品。美国生产了占世界 50%的玉米、20%的燕麦，以及 15%的鸡肉、猪肉、棉花、烟草和小麦。

（2）工业

美国着力优化产业结构，实施“再工业化”战略，振兴实体经济，推动制造业回流，美国工业生产保持稳定，信息、生物等高科技产业发展迅速，利用高科技改造传统产业也取得新进展。美国主要工业产品有汽车、航空设备、计算机、电子和通信设备、钢铁、石油产品、化肥、水泥、塑料及新闻纸、机械等。

（3）服务业

2021 年服务业创造的产值约占国内生产总值的 80%。据估计，各项服务行业就业人数约 1.2 亿，占总就业人口的 79.1%，其中管理、专业技术类领域就业人数占总就业人数的 37.3%，销售等领域就业人数占 24.2%，其他服务行业占 17.6%。

（4）对外贸易

美国主要出口商品为：汽车、大豆、精炼石油、飞行器、原油、集成电路等。主要进口商品是：汽车、原油、广播设备、计算机、汽车零件等。2023 年美国前五大货物贸易伙伴为墨西哥、加拿大、中国、德国、日本。美国前五大货物出口市场为墨西哥、加拿大、中国、德国、日本。美国前五大货物进口来源地为墨西哥、中国、加拿大、德国、日本。2023 年，美国商品和服务贸易进口额 38269 亿美元、同比下降 3.6%，出口额 30535 亿美元、同比增长 1.2%，贸易逆差 7734 亿美元、同比下降 18.7%。

（5）交通运输业

美国拥有完整而便捷的交通运输网络，运输工具和手段多种多样。相较于其他西方国家，由于汽车产业在美国的发展相当早，美国许多城市的发展都提前顾虑到了将城市和住宅区搭配道路网络的设计。为了联结国土，美国设计并建造了高通行量、高速度的高速公路，美国的国家交通系统主要便是依赖这些高速公路网。当中最重要的是州际高速公路系统的建设。这些高速公路在 20 世纪 50 年代经由当时的总统德怀特·艾森豪威尔授权建造。美国的公路和高速公路系统覆盖全国，2020 年公路全长超过 66 万 km，高速公路超过 9.5 万 km，占比约 15%。美国公路四通八达，有“轮子上的国家”之称。美国与陆路接壤的国家加拿大和墨西哥均有公路相连。

3. 航空运输

美国的航空运输总周转量连续多年排在世界首位，是名副其实的航空强国。全国共有

1.5万个机场，居世界第一。受新冠肺炎疫情影响，2020年全美民航运输旅客约3.68亿人次，是1984年以来的最低水平。2020年受美国限制入境令及疫情原因，中美航班数量骤减，后逐渐恢复。

美国联邦航空局（Federal Aviation Administration，FAA）是美国运输部下属负责民用航空管理的机构。美国联邦航空局和欧洲航空安全局（European Aviation Safety Agency，EASA）同为世界上主要的航空器适航证颁发者。美国监督和管理民用航空事业的政府机构前身是成立于1926年的美国商务部航空司。1958年11月单独成立美国联邦航空局，1967年划归美国运输部领导。

联邦航空局的主要任务是保障民用航空的飞行安全，促进民航事业的发展，但不直接经营民航企业。联邦航空局的机构设置分总部、地区机构和地方机构三级。总部设在华盛顿，是国家的行政立法机构，负责制定民用航空的政策、规划和颁布规章制度、处理国际民用航空事务、领导本系统各地区和地方机构的工作。

地区机构是管理本地区民用航空业务的工作机构，负责审查、颁发本地区民用航空领域内各种合格证件和技术业务人员执照，对所辖地方机构实行技术指导和管理。在北美大陆的美国境内共划分为9个地区，各设地区办事处。美国联邦航空局根据所制定的《联邦航空条例》直接实施空中交通管制，为民用航空产品颁发型号合格证、生产许可证和适航证，为航空运输企业颁发营业执照，为机场和各类航空设施颁发合格证等，在民用航空领域内对飞机的设计、生产、使用、维护以及空中运输、地面保障等进行全面的监督、控制和管理。9个地区办公室分别为阿拉斯加地区（Alaskan，缩写AL）、中部地区（Central，缩写CE）、东部地区（Eastern，缩写EA）、大湖区（Great Lake，缩写GL）、新英格兰地区（NewEngland，缩写NE）、西北山区（Northwest Mountain，缩写NM）、南部地区（Southern，缩写SO）、西南地区（Southwest，缩写SW）、西部及太平洋地区（Western-Pacific，缩写WP）。美国航空区划示意表见表7-2。

美国航空区划示意表　　表7-2

地区	城市	机场
新英格兰区 New England（NE）	马萨诸塞州	波士顿
东部地区 Eastern（EA）	纽约	肯尼迪机场
南部地区 Southern（SO）	佐治亚州	亚特兰大
大湖区 Great Lake（GL）	伊利诺伊州	芝加哥
中部地区 Central（CE）	密苏里州	堪萨斯城
西南地区 Southwest（SW）	得克萨州	沃斯堡
西北山区 Northwest Mountain（NM）	华盛顿州	西雅图
西部及太平洋地区 Western-Pacific（WP）	加利福尼亚州	洛杉矶
阿拉斯加地区 Alaskan（AL）	阿拉斯加州	安克雷奇

美国幅员辽阔，地广人稀，出行除了自驾外就是乘坐飞机。美国的航空公司多达数十家，除了几大航空巨头外，还有不少廉价航空，更有专营旅游目的地的航空，以服务各种不同的客户需求。美国航空公司在十多年来经过了若干次并购重组后，现在称得上美国大型航空公司的有：联合航空、达美航空、美国航空以及西南航空。这四家航空公司控制了美国航空运输 80%以上的市场。

（1）主要航空公司

①美国联合航空公司（UA）：美国联合航空公司（United Airlines，简称美联航，又称联合航空）是美国一家大型航空公司。美国联合航空公司总部位于美国伊利诺伊州芝加哥市郊，邻近其主要枢纽机场芝加哥奥黑尔国际机场。美联航是星空联盟（Star Alliance）的创始成员之一。

2011 年 11 月 30 日，美联航与美国大陆航空达成合并协议，双方的合并程序逐步进行，两家公司先后在均有业务的机场进行航站柜台、登机位等地勤服务的搬迁整合和标志更换。同时，联合航空“红地毯贵宾室”（Red Carpet Club）与大陆航空贵宾室（Presidents Club）合并成为联合航空贵宾室（United Club）。2012 年 3 月 3 日，美国大陆航空的飞行常客奖励计划“翼通天下”（OnePass）并入美联航“前程万里”（MileagePlus）计划，大陆航空品牌也在同日起正式消失。美联航要经营美国中西部及西岸国内航线网络，跨越大西洋及太平洋等洲际航线。开拓国际航线为联合航空带来更多高消费乘客，避开美国本地市场来自廉价航空公司的竞争。

美联航通过联航、联航快运和泰德（Ted）航空每天运营的 3700 多个航班从其在芝加哥、丹佛、洛杉矶、旧金山和华盛顿特区的航空枢纽港飞往美国国内以及国际的 210 多个目的地城市。美国联合航空公司可以通过其营销计划，安排美国六个地区航空公司经营联航快运品牌，提供连接航班网络。美联航在亚太地区、欧洲及拉丁美洲拥有主要的全球航权，航线网络遍布北美、欧洲、亚洲、拉丁美洲、中东。

美联航是前往夏威夷及亚洲航线的最大美国航空公司；并是在百慕大Ⅱ协议中，两家可以飞往伦敦希思罗国际机场的美国航空公司之一，及唯一一家由美国本土大陆飞往澳洲的美国航空公司。美联航还是历史上唯一飞往越南和科威特的美国航空公司。美联航主要开辟国际航线，包括中国，开办由芝加哥及旧金山前往北京及上海的每日直飞航班，2007 年开通连接中美两国首都华盛顿与北京的不停站每日直飞航班。

美联航是星空联盟的创始成员之一，通过该联盟为其客户提供去往世界各地 162 个国家和地区的 975 多个目的地城市的航班服务。美联航通过星空联盟以及地区性合作伙伴的代码共享航班将搭乘美联航的便利拓展到美联航航线以外的城市。

当前，美联航共运营 741 架客机，平均机龄 14.3 年。

②达美航空公司（DL）：达美航空公司（Delta Air Lines）是一家总部位于美国佐治亚州亚特兰大的航空公司。达美航空（通常简称达美航空，常被译为“三角洲航空”或“德

尔塔航空”）。达美航空是“天合联盟”（SkyTeam）的创始成员航空公司之一。达美航空成立于1928年。2008年，达美航空与西北航空合并，组建成为达美航空，并将公司总部设在了亚特兰大与明尼苏达。美国达美航空公司是美国第三大航空公司，总部位于亚特兰大，拥有近700架飞机，全球员工人数超过75000。作为天合联盟的创始会员，达美每天可为乘客提供13000多次航班，在全球多个机场均设有达美的航空枢纽。达美航空凭借业界领先的全球网络，服务范围覆盖了世界六大洲64个国家的351个目的地。乘客可在官方网站上办理登机手续、打印登机牌、托运行李和查询航班情况。

枢纽机场：阿姆斯特丹史基浦机场、亚特兰大哈兹菲尔德—杰克逊国际机场、底特律都会韦恩县机场、明尼阿波利斯—圣保罗国际机场、盐湖城国际机场、辛辛那提/北肯塔基国际机场、纽约肯尼迪国际机场、巴黎戴高乐机场、东京成田国际机场、纽约肯尼迪国际机场、纽约拉瓜地亚机场、布拉德利国际机场。

当前，达美航共运营867架客机，平均机龄17.1年。

③美国航空公司（AA）：美国航空（American Airlines）作为寰宇一家的创始成员之一，是世界最大的航空公司。联合旗下附属美鹰航空和美国连接，美国航空遍布260余个通航城市（包括美国本土150个城市）及40个国家。

美国航空致力提供卓越的全球飞行体验，公司共飞往50多个国家和地区的260多个城市。美国航空有近900架飞机，每日从芝加哥、达拉斯、沃斯堡、洛杉矶、迈阿密和纽约五大枢纽起飞的航班数量超过3500个班次。美国航空的国际航线接近100条，包括伦敦、马德里、圣保罗、东京和上海等重要国际大都市。

2013年，美国航空与全美航空合并，成为当时全球最大航空公司。

当前，美国航空公司共运营946架客机，平均机龄10.2。

④美国西南航空公司（WN）：西南航空（Southwest Airlines）是美国一家总部设在得克萨斯州达拉斯的航空公司。美国西南航空是以“廉价航空公司”而闻名。是民航业“廉价航空公司”经营模式的鼻祖。美国西南航空的经营模式如下：

低成本战略：美国西南航空是以低成本战略赢得市场。其战略是另辟蹊径去占领潜力巨大的低价市场，明智地避免与美国各大航空公司的正面交锋。美国西南航空只开设中短途的点对点的航线，没有长途航班，更没有国际航班。时间短，班次密集。一般情况下，如果旅客错过了西南航空公司的一班飞机，完全可以在一个小时后乘坐该公司的下一班飞机。高频率的飞行班次不仅方便了那些每天都要穿行于美国各大城市的旅客，更重要的是，在此基础上的单位成本的降低才是西南航空公司所要追求的市场定位。通过和航空公司之间的代码共享，提供更好的联程服务。

低价格政策：美国西南航空成功地运用低价格的政策，打破了美国航空业统一实行民航局批准的高票价规则。在成立之始就把投资方向转向提供永久的低价机票，成功地实行了双重票价——高峰票价和低峰票价。低价格政策使飞机成为真正意义上城际间快捷而舒适的“空中巴士”。低票价以高效率和低成本为基础，同时还保持优质服务。飞机维护和飞行操作标准超过了美国联邦航空管理局的要求。美国西南航空的安全纪录也相当好。

提高设备利用率：西南航空努力提高设备利用率，该公司每架飞机平均每天在空中飞行的时间是美国航空业中在空中时间最长的。美国西南航空主要运营二线机场，实施的是点对点航线网络，减少了经停点和联程点，从而减少了航班延误和整个旅行时间。飞机的过站时间减少，相当于提高了飞机利用率。而且采用单一机型，这为驾驶员随时接机飞行提供了方便。西南航空许多驾驶员和空中服务员工经常不停地倒飞机工作，飞行时间是美国联合航空和美国航空公司飞行员工作时间的两倍。西南航空的飞机不用对号入座，不用上飞机找座位，没有公务舱和经济舱的区别。这样登机很快。既节省时间，也省了飞机滞留机场的费用，下飞机等行李的时间也比其他公司短。

降低成本：西南航空千方百计降低成本。飞机上不提供费事费人的用餐服务。当然，就连登机牌也是塑料做的，用完后收起来下次再用。“抠门”的结果是西南公司的机票价格可以同长途汽车的价格相竞争。

西南航空的领导团体提出有明确的目标——“赚钱、给每位员工提供稳定的工作，并让更多的人有机会乘飞机旅行”。明确的市场意识，把“打破官僚主义”作为自己的口号，摆脱大公司容易产生的官僚主义，管理效率提高，而且能根据市场变动及时进行调整。强调“员工第一”的价值观，建立激励员工的企业文化。西南航空的企业文化是把公司变为一个大家庭，充满对每个人的爱、关怀和活跃的气氛。

当前，美国西南航空共运营 635 架客机，平均机龄 12.4。

⑤ 联邦快递（FX）：联邦快递（FedEx）是一家国际性速递集团，提供隔夜快递、地面快递、重型货物运送、文件复印及物流服务，总部设于美国田纳西州。

联邦快递隶属于美国联邦快递集团（FedEx Corp），为顾客和企业提供涵盖运输、电子商务和商业运作等一系列的全面服务。联邦快递集团通过相互竞争和协调管理的运营模式，提供了一套综合的商务应用解决方案，使其年收入高达 320 亿美元。2020 年 7 月，福布斯 2020 全球品牌价值 100 强发布，联邦快递排名第 99 位。

联邦快递集团旗下超过 2.6 万名员工和承包商高度关注安全问题，恪守品行道德和职业操守的最高标准，并最大限度满足客户和社会的需求，使其屡次被评为全球最受尊敬和最可信赖的雇主。

联邦快递设有环球航空及陆运网络，通常只需一至两个工作日，就能迅速运送时限紧迫的货件，而且确保准时送达，并且设有“准时送达保证”。2013 年 4 月 1 日起，联邦快递中国有限公司实施 GDS（全球分销系统）中国区全境覆盖计划，在武汉设立中国区公路转运中心，正式将武汉作为全国公路转运枢纽，承担武汉自西安、郑州、长沙、南昌、上海、重庆、成都、广州 8 条公路干线，16 个往返班次的货物分拨与转运业务。

美国联邦快递是较早看准中国这个庞大市场的外资公司之一，它于 1984 年进入中国，近 30 年来，联邦快递发展迅速，一年一个台阶，取得了骄人的业绩，创造了诸多世界之最：当初的每周 2 次变为现在每周有 11 个班机进出中国，是拥有直飞中国航班数量最多的国际快递公司；快递服务城市 1996 年只有 60 个，现在发展到 220 个城市；1999 年，联邦快递与天津大田集团在北京成立合资企业大田-联邦快递有限公司，双方合作顺利，配合密切，进一步推动了中国快递业务的发展。联邦快递亚太转运中心一期工程于 2006 年 1 月 16 日在广州花都区花东镇奠基动工。亚太转运中心已于在 2008 年 10 月投入运营。联邦快递是第一个在中国设立洲际转运中心的跨国货运巨头，它给中国带来了 1.5 亿美元投资、每年 60 万 t 货运量以及白云机场实现腾飞的机会。

转运中心建成投入使用后，起始阶段每周将有 228 班货机往返，其包裹分拣能力可以达到每小时 2.4 万件。2008 年 12 月开始，转运中心承担了原本设在菲律宾的亚太区转运中心的业务。联邦快递一年就能为白云机场新增 60 万 t 以上的货物吞吐量，以后将增加到 80～100 万 t。

2012 年 9 月 6 日，国家邮政局官方网站公布，批准联邦快递（中国）有限公司（简称联邦快递）和优比速包裹运送（广东）有限公司（简称联合包裹/UPS）经营国内快递业务。

⑥ 联合包裹（5X）：UPS 快递（United Parcel Service）在 1907 年作为一家信使公司成立于美国华盛顿州西雅图，是一家全球性的公司，其商标是世界上最知名的商标之一。作为世界上最大的快递承运商与包裹递送公司，同时也是运输、物流、资本与电子商务服务的领导性的提供者。UPS（联合包裹速递服务公司）是世界上最大的快递承运商与包裹递送公司，同时也是专业的运输、物流、资本与电子商务服务的提供者。UPS 每天都在世界上 200 多个国家和地域管理着物流、资金流与信息流。通过结合货物流、信息流和资金流，UPS 不断开发供应链管理、物流和电子商务的新领域，如今 UPS 已发展到拥有 300 亿美元资产的大公司。

（2）主要机场及城市

① 新英格兰区：位于美国大陆东北角、濒临大西洋、毗邻加拿大的区域。新英格兰地区包括美国的六个州，由北至南分别为：缅因州、新罕布什尔、佛蒙特州、马萨诸塞州、罗得岛州、康涅狄格州。马萨诸塞州首府波士顿是该地区的最大城市以及经济与文化中心。

很多原因导致了新英格兰经济的独特性，这一区域内教育水平较高的劳动力制造了大量的工业制成品用于出口，如特种机械、军火等。约一半的出口是用于工业制造和商业活动的机械，如电子计算机、电力和电子设备。这些机械和仪器、化工产品、交通运输设备构成了该区域 3/4 的出口。巴尔（佛蒙特州）开采花岗石，斯普林菲尔德（马萨诸塞州）出产枪械，格拉顿（康涅狄格州）和巴斯（缅因州）是造船基地，可手持的小型工具产自马萨诸塞的特纳斯福尔。

a. 波士顿（BOS）：波士顿是美国马萨诸塞州的首府和最大城市，也是新英格兰地区的最大城市。波士顿位于美国东北部大西洋沿岸，创建于 1630 年，是美国最古老、最有文化价值的城市之一。波士顿是美国东北部高等教育和医疗保健的中心，是全美人口受教育程度最高的城市。它的经济基础是科研、金融与技术—特别是生物工程，并被认为是一个全球性城市或世界性城市。波士顿的大学是影响该市和整个区域经济的主要因素。他们不仅是主要的雇主，而且将高技术产业吸引到该市及附近地区，包括计算机硬件与软件公司，以及生物工程公司（如千禧年医药）。波士顿每年从国家健康协会得到的资金是所有美国城市中最多的。其他重要产业有金融业（特别是共同基金）和保险业。以波士顿为基地的富达投资（Fidelity）在20世纪80年代帮助普及共同基金，使得波士顿成为美国的顶级金融城市之一。该市还拥有主要银行的地区总部如美洲银行和王者银行（Sovereign），风险资本的中心。波士顿还是一个印刷与出版业中心。

b. 洛根机场（BOS）：洛根国际机场是世界上20个最繁忙的机场之一，面积大概10km^2，拥有6条跑道。机场服务的目的地有美国、加拿大、拉美和欧洲。

② 东部区：东部地区是美国经济地理的枢纽，代表性的城市有纽约和华盛顿。

a. 纽约：纽约（New York）是纽约都会区的核心，也是美国最大城市。纽约位于美国东海岸的东北部，是美国人口最多的城市，也是个多族裔聚居的多元化城市。纽约是世界的经济中心，也是世界三大金融中心之一（另外两个为伦敦和中国香港）。曼哈顿中城是世界上最大的CBD及摩天大楼集中地，曼哈顿下城是全美第三大的CBD（仅次于芝加哥）。纽约的服装、印刷、化妆品等行业均居全美国首位，机器制造、军火生产、石油加工和食品加工占有重要地位。

大纽约地区主要有三个商业机场：

a）约翰·菲茨杰拉德·肯尼迪国际机场（JFK）。

机场于1942年始建，1948年7月1日首次有商业航班，并于7月31日正式命名为纽约国际机场。1963年改名为约翰·菲茨杰拉德·肯尼迪国际机场；随后，机场的国际航空运输协会机场代码更新为JFK。肯尼迪国际机场设有9个客运航站楼，4条跑道，是大纽约地区主要的国际机场，亦为美国东北部重要的进出大门，更是攸关美国经济的空运枢纽。每日平均起降航班超过1000架次，每年平均客流量4500万人次、货物转口量150万t。每年进出美国的旅客大约有15%是从该机场通过。目前有13家美国航空公司和60多家国外航空公司在此经营，航线覆盖国内55座主要城市和全球80多个主要城市。机场由纽约与新泽西港口管理局运营至2050年。

b）纽华克自由国际机场（EWR）。

纽瓦克自由国际机场（亦译为纽华克自由国际机场）位于美国新泽西州纽瓦克市与伊丽莎白市境内，距纽约州纽约市曼哈顿约16mile（26km）路程。纽瓦克机场是纽约都会区的三大机场之一，这三大机场均由纽约新泽西港务局管理。纽瓦克机场是全美第10大繁忙的机场，以及全美第5大国际直飞机场。纽瓦克机场是美国大陆航空的第二转运枢纽。联邦快递则以本场作为货物转运中心，联合航空与UPS亦将纽瓦克机场作为小型的货物枢纽。纽瓦克自由国际机场拥有三座旅客航厦及三条跑道。

c）拉瓜迪亚机场（LGA）。

拉瓜迪亚机场是美国纽约市的三大机场之一，位于皇后区，面向法拉盛湾。此机场是以前纽约市长菲奥雷洛·H·拉瓜迪亚（Fiorello LaGuardia）命名。目前，机场是由纽约与新泽西港口管理局负责管理及营运，此管理局同时也管理营运纽约市的肯尼迪国际机场和纽华克自由国际机场。拉瓜地亚机场是纽约都会区的 3 个主要机场中最小的一个，但因为最接近曼哈顿，故使用率不低。因纽新航港局规定起降拉瓜地亚机场的班机不可以飞行超过 2400km，故该机场主要提供国内航线服务，但逢周末起降的班机及往返丹佛的班机除外。因此大部分横跨美国本土及国际航线均使用肯尼迪和纽华克机场。

b. 华盛顿：华盛顿哥伦比亚特区，简称华盛顿，美利坚合众国的首都，靠近弗吉尼亚州和马里兰州，位于美国的东北部、中大西洋地区，华盛顿是美国的政治中心，因此经济色彩不浓，是大多数美国联邦政府机关与各国驻美国大使馆的所在地，也是世界银行、国际货币基金组织、美洲国家组织等国际组织总部的所在地，还拥有为数众多的博物馆与文化史迹。商业机场主要有：

a）华盛顿罗纳德·里根国家机场（DCA）。

华盛顿罗纳德·里根国家机场（Ronald Reagan Washington National Airport 通常简称里根国家机场），里根国家机场位于波托马克河南岸，离白宫约 5km，距国会大厦 0.8km，这是一个国内航线专用机场。里根机场 1941 年投入使用，占地面积 3.4km^2，拥有三条跑道。为避免过于拥挤和大面积的航班延误，美国国会还于 1999 年通过法案，进一步限制里根国家机场的营运规模，规定到该机场的航线不能超过 1200mile（约 1910km），否则必须使用离华盛顿市区较远的华盛顿杜勒斯国际机场。尽管这样，该机场仍然是美国最繁忙、最拥挤的机场之一。

b）华盛顿杜勒斯国际机场（IAD）。

华盛顿杜勒斯国际机场（Washington Dulles International Airport）得名于美国当时的国务卿约翰·福斯特·杜勒斯。华盛顿杜勒斯国际机场位于华盛顿市区以西约 43km 处，是美国联合航空公司的主要枢纽。杜勒斯机场占地面积 44km^2，拥有 3 条跑道。里根国家机场距离市区太近，不仅没有发展空间，也存在不少安全与环境方面的担忧。因此在第二次世界大战结束后，就出现了修建华盛顿第二机场的呼声。1950 年美国国会通过华盛顿第二机场法案。1958 年确定选址，1962 年投入使用。

c）巴尔的摩国际机场（BWI）。

巴尔的摩华盛顿国际机场是为美国巴尔的摩—华盛顿大都市区提供服务的商业机场，位于安妮阿伦德尔县北部人口普查指定区的林夕昆，在巴尔的摩以南 10mile（16km）处，位于华盛顿东北 30mile（48km）处。该机场以第一个在美国最高法院任职的非裔美国人瑟古德·马歇尔而命名，是西南航空和穿越航空公司的中心。美西南航空 1993 年进入巴尔的摩机场，为整个华盛顿地区提供服务，已经发展成为美西南的第3大航点，每天144个航班。虽然巴尔的摩距离华盛顿特区较远，但西南航空加入以后，凭借“低票价、高频率”的优势，市场份额迅速上升，带动了机场总体运量的大幅增长。

2001年，美西南在巴尔的摩机场的市场份额为38.6%。“9·11”以后，美国航空运输行业陷入前所未有的萧条，传统的网络型航空公司运量锐减，而低成本航空公司依然“风景这边独好”。杜勒斯机场是美联航的中枢，而美联航承受的打击最大，航班和运量大量削减，连累了杜勒斯机场的发展，运量比上年下降10.6%。里根国家机场在“9·11”后关闭近一个月，同时又是传统航空公司扎堆的地方，运量下降幅度更大，比上年下降16.2%。而巴尔的摩机场由于美西南航空的强劲支撑，运量反比上年增长3.6%，增长速度位居美国各机场之首。

③ 南部区：南部区共有八个州，分别是北卡罗来纳州、南卡罗来纳州、佐治亚州、佛罗里达州、肯塔基州、田纳西州、密西西比州、亚拉巴马州。主要的城市有亚特兰大、迈阿密、孟菲斯等。

a. 亚特兰大：亚特兰大（Atlanta）位于美国东部，坐落在海拔350m的阿巴拉契亚山麓的台地上，是美国三大高地城市之一。亚特兰大是美国佐治亚州最大的城市和首府，也是该州最大的工商业城市，是富尔顿县的县政府所在地，是美国第9大都市区。亚特兰大是美国十大富豪集聚地，这里生活着众多美国的千万美元以上的大富豪。2013年，亚特兰大被时代杂志评为美国富人最想创业的大城市。近20年来，随北方工商业和人口南迁，发展迅速，有飞机、汽车、纤维、机械、钢铁、食品等工业。洛克希德飞机公司和可口可乐公司总部设于此。

哈茨菲尔德—杰克逊亚特兰大国际机场（ATL）建立在美国亚特兰大市南区与佐治亚大学城相邻的地方。亚特兰大机场是世界旅客转乘量最大、最繁忙的机场。该机场里主要的航空公司除了达美航空和穿越航空外，还包括有达美连航、大西洋东南航空等。亚特兰大机场位于美国佐治亚州亚特兰大市中心南方约11km处，占地580万ft^2（约53.88万m^2），居世界第三，仅次于香港国际机场和曼谷国际机场，是一座24h不间断的机场，有来自全世界的航空公司以此为重要枢纽。旅客可由此机场飞向全世界超过45个国家、72个城市及超过243个目的地（含美国）。它是达美航空的主要基地而且主要经营着机场到美国其他地区和加拿大的空中交通业务。目前开通了亚特兰大到北美、拉美、欧洲、亚洲和非洲的国际航线。

b. 迈阿密：迈阿密（Miami）是佛罗里达州第二大城市，位于佛罗里达半岛比斯坎湾。迈阿密还是南佛罗里达州都市圈中最大的城市，这个都市圈由迈阿密-戴德县、布劳沃德县和棕榈滩县组成，人口超过559万，是美国人口最为稠密的城市之一，美国东南部最大的都市圈，也是全美第四大都市圈。迈阿密是国际性的大都市，在金融、商业、媒体、娱乐、艺术和国际贸易等方面拥有重要的地位，也是许多公司、银行和电视台的总部所在。是文化的大熔炉，受庞大的拉丁美洲族群和加勒比海岛国居民的影响很大，与北美洲、南美洲、中美洲以及加勒比海地区在文化和语言上关系密切，因此有时还被称为“美洲的首都”。因为非常接近拉丁美洲，所以迈阿密是许多跨国公司的拉丁美洲地区总部，例如美国航空公司、思科、迪士尼、埃克森美孚、联邦快递、微软、甲骨文公司、美国电报电话公司和索尼等。迈阿密国际机场是美国最繁忙的机场之一，而迈阿密港也是美国最繁忙的港口之一，特别是来自南美洲和加勒比海地区货物。

迈阿密国际机场（MIA）位于迈阿密的西部，距离市中心大约20km。迈阿密国际机场是美国连接中南美洲的重要门户，也是美国航空公司的4大中枢之一。占地面积13km^2，拥有3条跑道。机场是美国航空公司的一个枢纽基地，美国之鹰航空公司、箭航空公司、湾流国际航空公司、迈阿密国际机场均在这里提供航班服务。机场处理的航班遍及整个美洲和欧洲以及亚洲，是南佛罗里达州长途国际航班的主要机场。尽管大多数国内和低成本航空公司使用劳德代尔堡好莱坞国际机场和棕榈滩国际机场，但从迈阿密国际机场出发的航班可以大大降低租客航空公司的费用。迈阿密国际机场是美国南部的重要门户，是美国连接拉丁美洲的重要枢纽。迈阿密机场是美国第三大外国航空旅客进境港（仅次于纽约的约翰·F·肯尼迪国际机场和洛杉矶的洛杉矶国际机场）。

c. 孟菲斯：孟菲斯（Memphis）是美国田纳西州最大的城市，在美国东南部排名第二、次于佛罗里达州杰克森维尔，也是全国第17大城市。孟菲斯都会区是田纳西州次于纳什维尔都会区的第二大都会区。孟菲斯位于密西西比河岸边、下契卡索陡岸上，狼河的河口。其联外机场孟菲斯国际机场是世界第二大货运机场，仅次于香港国际机场。

孟菲斯国际机场位于美国田纳西州孟菲斯市，为世界第二大货运机场，是美国西北航空的第三大转运中心，也是联邦快递的总部。作为联邦快递主要的全球枢纽机场，孟菲斯国际机场要处理极大数量的航空货物运输。从孟菲斯出发的直达联邦快递，其目的地横跨美洲，包括很多美国城市，加上阿拉斯加安克雷奇、夏威夷檀香山，以及众多加拿大、墨西哥还有加勒比海城市。而跨洲方面，直达地包括：科隆、迪拜、巴黎、伦敦、坎皮纳斯、首尔还有东京。孟菲斯国际机场也是达美航空的枢纽之一。从1993年到2009年，孟菲斯国际机场一直是货运量世界最大的机场。在2010年，其货运量被香港国际机场超越排在第二，但依然是全美货运量最大的机场。

④ 大湖区：大湖区共包括俄亥俄州、印第安纳州、伊利诺伊州、威斯康星州、明尼苏达州、密歇根州。主要的城市有芝加哥、底特律等。

a. 芝加哥：芝加哥（Chicago）位于美国中西部的伊利诺伊州，东邻壮丽的北美五大湖之一密歇根湖，著名国际金融中心之一，全美人口第三大城市（仅次于纽约和洛杉矶）。芝加哥地处北美大陆的中心地带，是美国第二大商业中心区、美国最大的期货市场，其都市区新增的企业数一直位居美国第一位，被评为美国发展最均衡的经济体。此外，芝加哥拥有美国最高的十座摩天大楼中的4座和曾经的世界第一高楼西尔斯大厦（保持最高楼世界纪录 1974 年—1998 年），被誉为“摩天大楼的故乡”。同时，芝加哥还是美国铁路、航空枢纽和世界最重要的文化科教中心之一。

芝加哥奥黑尔国际机场（ORD）是世界上唯一的双中枢机场。世界上最大的两家航空公司：联合航空公司和美国航空公司，都在奥黑尔机场建立了自己的中枢。该机场是美国伊利诺伊州芝加哥市的主要机场，位于市中心西北 27km，占地面积 31km²，拥有 6 条跑道、4 个航站楼。自 20 世纪 60 年代扩建完成直到 1998 年，奥黑尔机场一直是世界上客流量最大的机场。奥黑尔机场是美国第四大国际航空枢纽，排在肯尼迪国际机场，洛杉矶国际机场和迈阿密国际机场之后。这里每天要起降两千七百次航班，每年有 7200 多万名乘客经该机场来往穿梭于世界各地，是全球最繁忙的机场。

b. 底特律：底特律是美国密歇根州最大的城市。该城市于 1701 年由法国毛皮商建立，是位于美国东北部，加拿大温莎以北、底特律河沿岸的一座重要的港口城市、世界传统汽车中心和音乐之都，是美国人口第 15 大县。

⑤ 中部区：中部地区主要包括内布拉斯加州、艾奥瓦州、堪萨斯州、密苏里州。

⑥ 西南区：西南地区主要包括阿肯色州、路易斯安那州、俄克拉何马州、得克萨斯州、新墨西哥州。主要城市有休斯敦、达拉斯。

a. 休斯敦：休斯敦（Houston），是美国得克萨斯州的第一大城，全美国第四大城市，墨西哥湾沿岸最大的经济中心。面积达 1440km²，市名是以当年得克萨斯共和国总统山姆·休斯敦（Sam Houston）命名的。休斯敦以其能源（特别是石油）、航空工业和运河闻名世界。休斯敦港是世界第六大港口，美国最繁忙的港口。根据美国商务部经济分析局数据显示，2023 年休斯敦地区生产总值为 5420.12 亿美元。

休斯敦是一个主要的大企业中心。2014 年全美 500 强企业中，有 26 家的总部设在休斯敦。而其余许多大公司也把它们的美国总部设在了休斯敦。休斯敦地区是全球最重要的工业基地之一，美国制造业城市中居第一位。休斯敦市是美国石油工业和石化工业的中心。在开采、加工、运输、市场开发、服务、供应及技术等方面都处于领先地位。休斯敦是美国能源和石化工业中心。大休斯敦地区集中了 3700 多家与能源相关的公司。全美 134 家油气勘探上市公司中的 40 家总部设在休斯敦。休斯敦地区有 9 家炼油厂，每天炼原油 230 万桶，占全美国的 13.2%，约占全得州的 50%。该地区初级石化产品生产能力占全国的 45%。全美 48%的乙烯和 66%的环氧树脂都产自这一地区。

b. 达拉斯：美国得克萨斯州首府，第二大城市，重要工商业中心。工业以炼油、石化、石油机械等为主，电子、航天新兴产业发达，食品加工、纺织、服装等传统产业部门仍颇具规模。达拉斯是美国西南部金融中心之一，许多保险公司总部所在地，是著名的石油垄断组织中心和棉花贸易市场。公路、铁路、空运均很便利，达拉斯—沃思堡机场为交通枢纽。

达拉斯-沃思堡国际机场（DFW）是美国得克萨斯州达拉斯和沃思堡共同所有的民用机

场，距达拉斯24km，距沃思堡29km，是得克萨斯州最大、最繁忙的机场。机场有7条跑道和1个直升机停机坪。2006年，根据一项调查结果，机场被授予“最佳货运机场”称号。客流量方面，本机场是世界第7大机场，就占地面积而言，本机场是全美第2大及世界第4大机场，仅次于丹佛国际机场。2014年该机场为全球十大繁忙机场。

⑦ 西北山区：西北山区主要的城市有西雅图、丹弗等。

a. 西雅图：西雅图（Seattle）是美国太平洋西北区最大的城市，西雅图建立于19世纪50年代，得名于西雅图酋长。西雅图的官方别名为翡翠之城，西雅图是个多民族城市。白人约占全市人口的70.1%；黑人占8.4%；印第安人和土著人占1.0%；西班牙/拉丁美洲裔占5.3%；混血人占4.5%；亚裔占13.1%，其中华裔约占全市人口的3.45%。

西雅图被认为是垃圾音乐的诞生之地。也是油渍摇滚的诞生地，西雅图人也因咖啡消费量极大而闻名。星巴克、西雅图贝斯特咖啡和塔利咖啡都于此建立。

1995年，西雅图被《货币》杂志评为“全美最佳居住地”，1996年被《财富》杂志评为“最佳生活工作城市”，1998 年是全美公认生活质量最高的城市。西雅图也是传统的会议旅游中心。

西雅图-塔科马国际机场（SEA），简称西塔机场，是位于美国华盛顿州西塔科的一个重要民用国际机场。机场为西雅图和塔科马两个城市以及整个西雅图都会区服务，距离西雅图市中心仅有半小时车程。阿拉斯加航空和地平线航空将此机场作为枢纽机场。该机场是全美国第15繁忙的机场。机场有通往美国国内以及加拿大、欧洲、中东和东亚的众多航线。

b. 丹弗：丹佛市县（City and County of Denver），美国科罗拉多州的一个合并市县，也是科罗拉多州的最大城市和首府。丹佛位于一片紧邻着洛矶山脉的平原上，形成丹佛—奥罗拉大都会区的核心。丹佛的市中心位于南佩雷特河（South Platte River）东岸，接近南佩雷特河与樱桃溪（Cherry Creek）的交接口，离山脚大约15mile远的地方。丹佛是美国西部交通枢纽。7条铁路干线、多条高速公路在此交会。城东北有斯泰普尔顿国际机场。城市紧靠景色秀丽的落基山，气候宜人，市内多公园、绿地，环境优美，成为旅游胜地。主要文教设施有科罗拉多州历史博物馆、丹佛艺术博物馆、红岩室外圆形剧场及丹佛大学等。食品工业占重要地位，为美国芝加哥以西最大的屠宰和肉类加工基地。一年一度的西部牲畜展览会在此举行，有规模巨大的牛、羊市场。甜菜制糖、面粉、酿酒等工业也较发达。

新兴的工业门类有宇航、采矿机械、电子仪表、冶金等。工厂主要分布在南普拉特河沿岸。20世纪70年代中期以后，丹佛成为美国开发西部山区石油、天然气、煤、油页岩、铀和太阳能的中心，市内涌现大批能源开发公司，城郊建有原子能发电厂。

丹弗国际机场（DEN）1995年启用，位于美国科罗拉多州丹佛市东北面，由丹佛市政府营运，是一座民用机场，并且是美国面积最大及全世界面积第二大机场，拥有美国最长的跑道。目前，以交通流量计算，丹佛国际机场是全美第五大机场、世界第十大机场。

⑧ 西部及太平洋区：西部及太平洋地区主要包括亚利桑那州、内华达州、加利福尼亚

州。主要的城市有旧金山和洛杉矶。

a. 洛杉矶：洛杉矶（Los Angeles），是一座位于美国西海岸的城市，又称为“天使之城”。它的面积为 1214.9km^2。洛杉矶—长滩—圣安娜都会区拥有 13485631 人口（2013 年）。大洛杉矶地区所涵盖的范围更大，包括 5 个县，大约 1800 万人口。

洛杉矶 GDP 为 6931.16 亿美元（截至 2014 年 6 月）排名世界第三（仅次于纽约和东京）。洛杉矶位于美国加州西南部，是美国的第二大城市，仅次于纽约，也同时是西部最大都会，美国最大的海港。全世界的文化、科学、技术、国际贸易和高等教育中心之一，还拥有世界知名的各种专业与文化领域的机构。该市及紧邻的区域，洛杉矶已为美国石油化工、海洋、航天工业和电子业的最大基地，它是美国科技的主要中心之一，拥有美国西部最大的海港，享有“科技之城”的称号。洛杉矶成为在美国仅次于纽约的金融中心。

洛杉矶国际机场（LAX），建于 1948 年，位于美国洛杉矶市，是加利福尼亚州洛杉矶市的主要机场。该机场 1948 年投入商用航班营运，一直是洛杉矶地区的主要机场。美联航占有的市场份额最大，是美联航在美西地区的两大枢纽之一。同时，洛杉矶国际机场也是美西地区最大的国际门户，几乎所有飞洛杉矶的国际航空公司都选择了洛杉矶国际机场。洛杉矶国际机场位于大洛杉矶地区的西部，距离市中心 27km，拥有 4 条跑道、1 个主体航站楼（分为 8 个候机大厅）。

b. 旧金山：旧金山（San Francisco），又译“三藩市”“圣弗朗西斯科”，美国加利福尼亚州太平洋沿岸港口城市，世界著名旅游胜地、加州（人口）第四大城市。旧金山临近世界著名高新技术产业区硅谷（Silicon Valley），是世界最重要的高新技术研发基地和美国西部重要的金融中心。旧金山属亚热带地中海气候，拥有独一无二的旧金山湾区、金门大桥和渔人码头，气候冬暖夏凉、阳光充足，临近众多美国国家公园（如约塞米蒂国家公园）和加州葡萄酒产地纳帕谷，被誉为“最受美国人欢迎的城市”。

旧金山国际机场（SFO）是坐落在美国加利福尼亚州圣马特奥县非建制地区上的一个民用国际机场。机场毗邻圣马特奥县的密尔布瑞市（Millbrae）和圣布鲁诺市（San Bruno），位于旧金山市南方大约 21km。旧金山国际机场是旧金山湾区及加利福尼亚州的重要机场，拥有可直飞美洲、欧洲、亚洲和大洋洲许多大城市的航班。机场是美国第 10 繁忙的机场，同时也是世界第 20 大机场。

奥克兰国际机场（OAK）位于美国加州奥克兰，位置在奥克兰商业中心南方约 15km 处，隔着旧金山湾与旧金山半岛相望。由奥克兰港务局（Port of Oakland）管理经营。该机场是服务旧金山湾区三个机场的其中一，该机场往来的航线包括墨西哥，萨尔瓦多，也遍及全美国。除了旧金山国际机场，奥克兰国际机场是该地区第二热门的机场，这主要是因为西南航空有着多数的航班往来该机场。尽管西南航空恢复了在旧金山国际机场的航线服务，奥克兰国际机场仍是该航空公司在旧金山湾区的主要转运站。近年来，奥克兰国际机场受到廉价航空公司的青睐将此设为主要航点，使得奥克兰国际机场成为美国快速成长的机场之一。如捷蓝航空就是其中之一。

⑨阿拉斯加区：阿拉斯加是美国50个州之一（第49个州），是美国面积最大的州（面积1,717,855km^2）。位于北美洲西北角，西隔白令海峡与俄罗斯的楚科奇半岛相望，南临太平洋和阿拉斯加湾，北临北冰洋，东与加拿大育空地区分界，东南延伸的狭长地带包括大陆沿岸部分和亚历山大群岛，与加拿大育空地区和不列颠哥伦比亚省毗邻。首府为朱诺，最大城市为安克雷奇。

a. 安克雷奇：安克雷奇是美国最北方的主要城市，是阿拉斯加州最大的城市，位于阿拉斯加中南部。安克雷奇是一个重要的港口城市，也是铁路的汇集地，超过95%的货物从这里进入阿拉斯加，主要的产业包括军事、石油与旅游业。

泰德·史蒂文斯安克雷奇国际机场（ANC）是位于安克雷奇市中心西南6km的商用国际机场，于1953年启用。该机场是全球第三大货运机场，由阿拉斯加州交通与公共设施部管理与运作。21世纪，该机场在货物运送方面也占了重要的地位。此外，安克雷奇有大量的地方货物仓库、铁路交通，并且港湾设备优良。在安克雷奇国际机场，货机比客机有优先权。经停安克雷奇的货物航空公司除了联邦快递及UPS两大美国的快递公司外，另外还有30多家其他货运公司。

美国航空运输资源及主要城市情况见表7-3、表7-4。

美国主要航空公司概况　　表7-3

序号	航空公司	总部	联盟
1	联合航空 UA	芝加哥	星空联盟
2	达美航空 DL	亚特兰大	天合联盟
3	美国航空 AA	沃斯堡	寰宇一家
4	美西南航空 WN	达拉斯	
5	联邦快递 FX	孟菲斯	
6	联合包裹 5X	亚特兰大	

美国主要城市及机场概况　　表7-4

地区	城市	机场
新英格兰区	波士顿 BOS	洛根机场 BOS
东部地区	纽约 NYC	肯尼迪机场 JFK
		纽华克自由国际机场 EWR
		拉瓜迪亚机场 LGA
	华盛顿 WAS	杜勒斯国际机场 IAD
		巴尔的摩华盛顿国际机场 BWI
		华盛顿国家机场 DCA
南部地区	亚特兰大 ATL	哈特菲尔德 ATL

续上表

地区	城市	机场
南部地区	孟菲斯 MEM	孟菲斯 MEM
	迈阿密 MIA	迈阿密 MIA
大湖区	芝加哥 CHI	奥黑尔机场 ORD
		中途机场 MDW
		美加斯机场 CGX
	底特律 DIT	底特律机场 DIT
西南地区	休斯敦 HOU	休斯敦国际机场（HOU）
	达拉斯 DAL	（达拉斯-沃思堡国际机场 DFW）
西北山区	西雅图 SEA	西雅图国际机场（SEA）
	丹佛 DEN	丹佛国际机场（DEN）
西部及太平洋地区	洛杉矶 LAX	洛杉矶国际机场 LAX
		橙县机场 SNA
		安大略机场 ONT
	旧金山 SFO	旧金山国际机场 SFO
		奥克兰机场 OAK
阿拉斯加地区	安克雷奇（ANC）	安克雷奇国际机场（ANC）

第三节
二区主要国家航空运输地理

一、英国（The United Kingdom of Great Britain and Northern Ireland，GB）

英国，全称大不列颠及北爱尔兰联合王国，本土位于欧洲大陆西北面的不列颠群岛，被北海、英吉利海峡、凯尔特海、爱尔兰海和大西洋包围。国土面积 24.41 万 km^2（包括内陆水域）。英国分为英格兰、威尔士、苏格兰和北爱尔兰四部分，首都为伦敦。2020 年，英国人口 6708.1 万。英国是一个高度发达的资本主义国家，欧洲四大经济体之一，其国民拥有较高的生活水平和良好的社会保障制度。英国是全球最大的金融服务净出口国。

1. 自然环境

（1）地理位置

英国是位于西欧的一个岛国，是由大不列颠岛上英格兰、苏格兰、威尔士以及爱尔兰岛东北部的北爱尔兰共同组成的一个联邦制岛国。英国被北海、英吉利海峡、凯尔特海、爱尔兰海和大西洋包围。东临北海，面对比利时、荷兰、德国、丹麦和挪威等国；西邻爱尔兰，横隔大西洋与美国、加拿大遥遥相对；北过大西洋可达冰岛；南穿英吉利海峡行33km即为法国。国土面积24.41万km^2（包括内陆水域）。其中英格兰地区13.04万km^2，苏格兰7.88万km^2，威尔士2.08万km^2，北爱尔兰1.41万km^2。

（2）气候特征

英国属温带海洋性气候。英国受盛行西风控制，全年温和湿润，四季寒暑变化不大。

（3）自然资源

英国主要的矿产资源有煤、铁、石油和天然气。硬煤总储量1700亿t。铁的蕴藏量约为38亿t。西南部康沃尔半岛有锡矿。在柴郡和达腊姆蕴藏着大量石盐。斯塔福德郡有优质黏土。康沃尔半岛出产白黏土。奔宁山脉东坡可开采白云石。兰开夏西南部施尔德利丘陵附近蕴藏着石英矿。在英国北海大陆架石油蕴藏量约在10亿～40亿t之间。天然气蕴藏量约在8600亿～25850亿m^3。此外，英国的动植物资源较为丰富。

2. 经济环境

英国作为一个重要的贸易实体、经济强国以及金融中心，是世界第五大经济体系，也是全球最富裕、经济最发达和生活水准最高的国家之一。

（1）工业

英国主要工业有：采矿、冶金、化工、机械、电子、电子仪器、汽车、航空、食品、饮料、烟草、轻纺、造纸、印刷、出版、建筑等。生物制药、航空和国防是英国工业研发的重点，也是英最具创新力和竞争力的行业。同许多发达国家一样，随着服务业的不断发展，英制造业自20世纪80年代开始萎缩，80年代和90年代初两次经济衰退加剧了这一态势。英制造业中纺织业最不景气，但电子和光学设备、人造纤维和化工产品，特别是制药行业仍保持雄厚实力。

（2）服务业

服务业包括金融保险、零售、旅游和商业服务等，是英经济的支柱产业，产值约占国内生产总值的四分之三。伦敦是世界著名金融中心，拥有现代化金融服务体系，从事跨国银行借贷、国际债券发行、基金投资等业务，同时也是世界最大的外汇交易市场、保险市场、黄金现货交易市场、衍生品交易市场和全球第三大保险市场、重要船贷市场和非贵重金属交易中心，并拥有数量最多的外国银行分支机构或办事处。

（3）旅游业

英国旅游业收入居世界第五，从业人员约330万，占就业人口的10%。受疫情影响，2021年赴英游客总数约640万人次。2022年，各国赴英游客总数约3120万人次。主要旅游地区有：伦敦、爱丁堡、卡迪夫、布赖顿、牛津和剑桥等。主要观光景点有：歌剧院、博物馆、美术馆、古建筑物、主题公园和商店等。

（4）农牧渔业

农业在英国内生产总值中所占比重不到 1%，从业人数约 45 万，不到总就业人数的 2%，低于其他主要工业国家。农用土地占国土面积的 70%，其中多数为草场和牧场，仅 1/4 用于耕种。农业人口人均拥有 70 公顷土地。英是欧洲最大捕鱼国之一。

（5）财政金融

英国一直是国际资本的重要输出大国。英国政府鼓励吸引外资。外资在英投资项目主要为计算机软件、信息技术、互联网、电子商务、电子和通信、医药和生物技术、管理行业、汽车、食品和饮料等。投资形式为收购、兼并现有企业、扩大生产规模、建立科研基地或跨国公司等。美国是对英国最大投资国，中国对英的投资也逐步增长。

（6）对外贸易

英国与世界 80 多个国家和地区有贸易关系，主要贸易对象是欧盟、美国和日本。主要进口产品有：食品、燃料、原材料、服装、鞋业、电子机械设备、汽车等。主要出口产品有：石油及相关产品、化工产品（包括医药制品）、烟草、饮料、机械设备等。欧盟是英国最大的贸易伙伴。英国国家统计局发布数据显示，2021 年，货物进出口总额 7779 亿英镑，其中出口 3124 亿英镑，同比增长 4.9%，进口 4655 亿英镑，同比增长 8.4%。

（7）交通运输

英国交通基础设施较齐全。陆路、铁路、水路、航空运输均较发达。伦敦有十分发达的地铁网。1994 年英法海底隧道贯通，将英国与欧洲大陆的铁路系统连接起来。卡梅伦政府执政后，推出建设高铁计划，英政府拟投资 320 亿英镑修建连接伦敦和伯明翰至北英格兰高铁网络，2017 年动工，预计 2026 年完工。

3. 航空运输

英国所有的航空公司和大多数机场均为私营企业，共有 50 多家航空公司，在役飞机 952 架，英国航空公司（British Airways）是世界最大航空公司之一，英国共有 449 家机场，其中 35 个机场年客流量在 10 万人次以上。英国最大机场是伦敦希思罗机场，也是欧洲最大及世界最大最繁忙的机场之一，2019 年客流量 8090 万人次；盖特威克机场是英国第二大机场，2019 年客流量 4660 万人次。

疫情之前，英国北、中、南三个城市爱丁堡、曼彻斯特和伦敦都与中国城市开通了直航，北京可直飞爱丁堡、曼彻斯特和伦敦；伦敦可直飞北京、上海、重庆、武汉、广州、长沙、青岛、西安等城市。从中国北京、上海等地飞往伦敦的航班都会在希思罗机场着陆，飞行时间为 11～13 小时。

（1）主要航空公司

①英国航空公司（BA）：英国航空公司（British Airways）成立于 1924 年 3 月 31 日，又称不列颠航空，简称英航，总部设在英国伦敦希思罗机场，以希思罗机场作为枢纽基地。英国航空公司的历史追溯到 1924 年成立的帝国航空。是英国历史最悠久的航空公司。英国

航空公司是全球最大的国际航空客运航空公司之一，全球七大货运航空公司之一。英航是“寰宇一家”航空联盟的创始成员之一。全球航班网络覆盖75个国家的150多个目的地。它是全球最大的国际航空公司之一，每年乘载约3600万名乘客。英航的两个主要的枢纽机场在英国伦敦的希思罗（Heathrow）机场（世界上最大的机场之一）和盖特威克（Gatwick）机场。英航总部设在伦敦希思罗机场附近。英国航空公司通过英航、英国地中海航空（British Mediterranean Airways）、南非商务航空（Comair）、洛根航空（Loganair）、丹麦太阳航空（Sun Air）提供全球航线网络。英国航空公司飞行网络遍布世界各地130多个国家，200多个目的地。英国航空公司自1980年起为中国提供服务。截至2018年数据统计，英国航空共运营273架客机，平均机龄13.8。

② 维珍航空公司（VS）：维珍航空是英国维珍大西洋航空公司（Virgin Atlantic Airways）的简称。维珍航空于1984年成立，是英国一家航空公司，提供来往英国的洲际长途航空服务。维珍航空是维珍集团的附属公司之一，维珍集团拥有其51%股权，达美航空则拥有49%股权。维珍航空已发展成为继英国航空公司的英国第二大国际航空公司，维珍航空以其一贯的高品质服务及勇于创新理念闻名，专注于企业发展的动力永续创新。维珍航空以伦敦的盖特维克机场和希思罗机场为基地，其航线遍及世界各大主要城市。维珍航空与新加坡航空、英伦航空、美国大陆航空、南非航空、全美航空、中国国际航空等签订共用航班编号协议。

（2）主要机场

① 伦敦希斯罗国际机场（LHR）：伦敦希思罗国际机场通常简称为希思罗机场，位于英国英格兰大伦敦希灵登区，离伦敦中心24km。希思罗机场拥有两条平行的东西向跑道及五座航厦。

伦敦希思罗国际机场由英国机场管理公司（BAA）负责营运，为英国航空和维珍航空的枢纽机场以及英伦航空的主要机场，为伦敦最主要的联外机场，也是全英国乃至全世界最繁忙的机场之一，在全球众多机场中排行第三，仅次于亚特兰大哈兹菲尔德-杰克逊国际机场和北京首都国际机场。由于机场有众多的跨境航班，因此以跨境的客流量计算，希思罗机场的客流量是最高的。

② 伦敦盖特威克机场（LGW）：伦敦盖特威克机场是英国第二大机场（仅次于伦敦希思罗机场）。它亦是全球最繁忙的单跑道机场，以及乘客量计全球第六最繁忙的机场等。

4. 主要城市

（1）伦敦

伦敦是大不列颠及北爱尔兰联合王国（简称英国）首都，欧洲最大的城市。与美国纽约并列世界上最大的金融中心。伦敦位于英格兰东南部的平原上，跨泰晤士河。16世纪后，随着英国的快速崛起，伦敦的规模也高速扩大。伦敦是英国的政治、经济、文化、金融中心和世界著名的旅游胜地，有数量众多的名胜景点与博物馆。伦敦是多元化的大都市，居民来自世界各地，一座种族、宗教与文化的大熔炉城市。使用的语言超过 300 多种。伦敦是四大世界级城市之一，与美国纽约、日本东京、法国巴黎并列。从 1801 年到 20 世纪初，作为英国首都，伦敦因在其于政治、经济、人文文化、科技发明等领域上的卓越成就，而成为当时全世界最大的都市。伦敦是欧洲最大的经济中心。金融业是伦敦最重要的经济支柱。

（2）伯明翰

伯明翰是仅次于伦敦的英国第二大城市，在英格兰中部、伦敦至利物浦的铁路干线上。为全英主要制造业中心之一。工业部门繁多，以重工业为主。世界最大的金属加工地区，有黑色冶金、有色冶金（铜、锌、黄铜、铝、镍），机床、仪表、车厢、自行车、飞机、化学、军工等工业。汽车工业规模很大，有“英国底特律”之称。伯明翰是全世界最大最集中的工业区。英国 25%以上的出口产品是在伯明翰区域制造的，目前经济正向第三产业转移，金融业和旅游业发展相当迅速。伯明翰是现代冶金和机器制造工业的创始地，同时也是全国主要铁路、公路干线和运河网的交会点。

英国航空运输资源及主要城市情况见表 7-5。

英国主要航空公司、主要机场、主要城市　　表 7-5

航空运输要素	航空公司	代码	总部/所在地	市场地位
航空公司	英国航空公司 寰宇一家	BA	伦敦	英国最大航空公司
	维珍航空公司	VS	伦敦	英国第二大航空公司
机场	伦敦希思罗机场	LHR	伦敦	英国最大机场
	伦敦盖特威克机场	LGW	伦敦	英国第二大机场
城市	伦敦	LON	伦敦	首都 英国最大城市
	伯明翰	BHX	伯明翰	英国第二大城市 英国的底特律

二、法国（the French Republic，FR）

法兰西共和国，简称法国，首都巴黎，位于欧洲西部，北邻比利时、卢森堡、德国、瑞士，东接意大利、摩纳哥，南连西班牙、安道尔，西北隔英吉利海峡与英国相望。海洋性、大陆性、地中海型和山地气候并存。地势东南高西北低。总面积 550000km^2（不含海外领土），海岸线 2700km，陆地线 2800km，本土划为 13 个大区、94 个省。截至 2022 年 1 月，总人口为 6563 万人（不含海外领地），主要为法兰西民族，大多信奉天主教，官方语言为法语。

法国是最发达的工业国家之一，在核电、航空、航天和铁路方面居世界领先地位。是联合国安全理事会常任理事国、欧盟创始国及北约成员国；是联合国教科文组织、国际刑警组织、经合组织、欧洲议会等国际和地区组织总部所在地。2021年，法国GDP为2.94万亿美元，人均GDP为43518美元。

1. 自然环境

法国位于欧洲西部，国土总面积55万km²，为欧洲国土面积第三大、西欧面积最大的国家。北邻比利时、卢森堡，东北与德国接壤，东部与瑞士相邻，东南与意大利交界，南部毗邻摩纳哥，西南紧邻西班牙和安道尔，西北隔拉芒什海峡（也称英吉利海峡）与英国相望。法国的南部、西部和西北部，分别濒临地中海、大西洋、英吉利海峡和北海四大海域，地中海上的科西嘉岛是法国最大的岛屿。

法国的地势东南高西北低，平原占总面积的2/3，主要山脉有阿尔卑斯山脉、比利牛斯山脉、汝拉山脉等。法国的气候特点是海洋性、大陆性、地中海型和山地气候并存。西部属海洋性温带阔叶林气候，南部属亚热带地中海式气候，中部和东部属大陆性气候。

法国铁矿蕴藏量约10亿t，但品位低、开采成本高，煤储量几近枯竭，所有铁矿、煤矿均已关闭，所需矿石完全依赖进口。有色金属储量很少，几乎全部依赖进口。能源主要依靠核能，约70.6%的电力靠核能提供。此外，水力和地热资源的开发利用也比较充分。森林面积本土约1700万公顷，覆盖率31%。

2. 经济环境

法国是世界主要发达国家之一，国内生产总值位居世界第七。法国是最发达的工业国家之一，在核电、航空、航天和铁路方面居世界领先地位。钢铁、汽车、建筑业为其工业的三大支柱。法国主要工业部门有矿业、冶金、汽车制造、造船、机械制造、纺织、化学、电器、动力、日常消费品、食品加工和建筑业等。航空航天、核能、海洋开发等工业部门近年来发展较快。

2018年下半年以来，受国际贸易环境恶化、欧元区经济放缓、油价上涨、“黄马甲”运动等因素影响，法国经济下行压力加大。根据世界银行数据，2020年法国国内生产总值为2.6万亿美元，同比下跌7.9%。人均国内生产总值为38625美元。2021年法国经济强劲反弹，增长6.8%，为欧元区表现最好的国家之一。

（1）农业

法国是欧盟最大的粮食生产国，世界第二大农产品出口国、欧盟最大农业生产国和农副产品出口国、世界和欧盟第二大葡萄酒生产国、欧盟第二大和世界第五大牛奶生产国、世界最大甜菜生产国以及欧盟最大油料生产国。据法国国家统计局资料：2021年农业产值812亿欧元（不含产品补贴），政府农业补贴总额90亿欧元。2020年，农业人口约60万，占总从业人口的2.1%。本土农业用地2681万公顷。法国已基本实现农业机械化，农业生产率很高。农业食品加工业是法国对外贸易的支柱产业之一。

（2）商业

法国商业十分发达，创收最多的是食品销售，在种类繁多的商店中，超级市场和连锁店最具活力，几乎占全部商业活动的一半。巴黎是世界性的消费中心，大量的高档时装、香水、化妆品以及波尔多红酒吸引着世界各地的消费者前来购物消费。

（3）旅游业

法国是世界第一大旅游接待国，且连续多年被评为全球最适合居住的国家。首都巴黎、地中海和大西洋沿岸的风景区及阿尔卑斯山区都是举世闻名旅游胜地，此外还有一些历史名城、卢瓦尔河畔的古堡群、布列塔尼和诺曼底的渔村、科西嘉岛等。2019 年，全年接待游客约 9000 万人次。2019 年国际旅游收入 579 亿欧元，居世界第三。旅游业产值占国内生产总值的 8%，直接、间接创造就业岗位 200 万个。2020 年，该行业受到新冠肺炎疫情影响，仅接待外国游客约 4000 万人次，较 2019 年减少 56%，国际旅游收入较 2019 年减少了 50%。截至 2021 年 1 月，全国有 17405 家酒店、8239 家野外宿营地、3669 家各类小旅店、青年之家等。2019 年，我国公民出境游首站赴法 73.56 万人次，法国公民访华 49.10 万人次。

（4）服务业

服务业在法国的经济和社会生活中占有举足轻重的地位，服务业产值占国内生产总值的 75%以上。其中电信、信息、旅游服务和交通运输部门业务量增幅较大，服务业从业人员约占总劳动力的 70%。

（5）对外贸易

法国与世界各大地区和 100 多个国家有贸易往来，是世界第六大出口国。据法国经济财金部数据：2021 年货物出口贸易额 5009 亿欧元，同比增长 17%，货物进口贸易额 5856 亿欧元，同比增长 18.8%，贸易逆差 847 亿欧元。服务出口贸易额 2571 亿欧元，同比增长 15.3%，进口额 2209 亿欧元，同比增长 7%，顺差 362 亿欧元。近年来，法国政府把促进出口作为带动经济增长的重要手段，在保持和扩大原有国际市场的同时，积极开发拉美、亚太等地区的市场。

法国进口商品主要有能源和工业原料、设备等，出口商品主要有纺织品、药品、农食产品、化工产品和化妆品、航空航天产品、汽车、能源等。54.3%的法国货物出口在欧盟内部。

3. 航空运输

受新冠肺炎疫情影响，2020 年，法国空运商业旅客数量 7004.56 万人次，较上一年下降 67.3%，执行商业航班 89.85 万架次，较上一年下降 54.3%。主要航空公司为法航，主要机场有巴黎戴高乐机场和奥利机场、尼斯机场等。2020 年，巴黎戴高乐机场空运旅客数量 2226 万人，较上一年下降 70.8%。主要航空公司为法国航空，主要机场有巴黎夏尔·戴高乐机场和奥利机场、尼斯蔚蓝海岸机场等。

（1）主要航空公司

法国航空公司（AF）（法国航空-荷兰皇家航空集团旗下公司）简称法航，是一家法国的航空公司，总部位于法国巴黎夏尔·戴高乐国际机场，同时也是法国国营航空公司。成立于1933年，在2004年5月收购荷兰皇家航空公司，并因此组成了法国航空-荷兰皇家航空集团（Air France-KLM）。Air France-KLM在法国的法律之下成立，而总部则设于巴黎戴高乐国际机场。法国航空-荷兰皇家航空集团是欧洲最大的航空公司，及世界上最大的航空公司之一。

Air France-KLM是“天合联盟”的成员。法国航空公司是“天合联盟”的创始成员之一。法航荷航集团一共拥有168架长程飞机，是从欧洲出航的最大的国际长程航运网络。本集团提供从巴黎戴高乐及阿姆斯特丹史基浦两个国际枢纽机场转往其他欧洲城市的最佳转机选择。法航营运380架飞机，其中133架由其子公司使用营运区域航线。法航机队的平均机龄为9.3年（长程航线平均机龄8.7年，中程航线平均机龄9.2年），是欧洲最现代化的航空公司之一。法航机队的低机龄，让旅客搭机更感舒适，并且大幅节省燃油、限制温室效应气体排放，并减少噪声对机场附近居民的影响。法国航空公司采用大众策略，成本为先，集中于客运和货运。法国航空公司的销售策略是致力于完善现有的运营网络，服务于大众乘客。依靠严格的成本控制来保证盈利。

（2）主要机场

夏尔·戴高乐国际机场（CDG）也被称为鲁瓦西机场（Roissy）。此机场坐落于巴黎，是欧洲主要的航空中心，也是法国主要的国际机场。它是以法国将军、前总统夏尔·戴高乐（1890—1970）的名字命名的。它位于巴黎东北25km处的鲁瓦西。夏尔戴高乐机场是欧洲第二大中转平台，仅次于伦敦的希斯罗机场，是世界重要的机场之一。巴黎夏尔戴高乐机场的主要航空公司有：法国航空（运量的54.7%）、EasyJet（6.5%）、汉莎航空（2.8%）、美国达美航空（1.5%）和XL Airways（1.4%）。按客运量来计算，戴高乐机场位于欧洲第二，世界第七。按提供的停机位数量计算，夏尔戴高乐机场以235个停机位在世界上排名第三。按提供的登机口数量计算，夏尔戴高乐机场以210个登机口在世界上排名第一。夏尔戴高乐机场共有9个航站楼。

4. 主要城市

巴黎（Paris），是法兰西共和国的首都，法国最大城市，欧洲第二大城市，法国的政治、经济、文化、商业中心。巴黎是世界四大国际化都市之一，其余分别为纽约，伦敦，东京。巴黎位于法国北部巴黎盆地的中央。横跨塞纳河两岸。在自中世纪以来的发展中，一直保留过去的印记，某些街道的布局历史悠久，也保留了统一的风格。今天的巴黎，不仅是西欧的一个政治、经济、文化中心，而且是一座旅游胜地，每天吸引无数来自各大洲的宾客与游人。巴黎位于法国北部盆地的中央，横跨塞纳河两岸，建都已有1400多年的历史，它不仅是法国，也是西欧的一个政治、经济和文化中心。巴黎香水有“梦幻工业”之称。法国还是美食之国。巴黎是历史之城、美食之都和创作重镇。形形色色不同背景的巴黎居民，为这座梦想之城带来缤纷活力，形成巴黎独一无二的印记。巴黎是著名的世界艺术之都，印象派美术发源地，芭蕾舞的诞生地，欧洲启蒙思想运动中心，电影的故乡，现代奥林匹克运动会创始地。巴黎又是世界公认的文化之都，大量的科学机构、研究院、图书馆、博物馆、电影院、剧院、音乐厅分布于全市的各个角落。

法国航空运输资源及主要城市情况见表 7-6。

法国主要航空公司、主要机场、主要城市　　表 7-6

航空运输要素	航空公司	代码	总部/所在地	市场地位
航空公司	法国航空公司 天合联盟	AF	巴黎	法国最大航空公司
机场	戴高乐国际机场	CDG	巴黎	法国最大机场
城市	巴黎	PAR		首都 法国最大城市

三、德国（The Federal Republic of Germany，DE）

德意志联邦共和国，简称德国，首都为柏林，是位于中欧的联邦议会共和制国家，北邻丹麦，西部与荷兰、比利时、卢森堡和法国接壤，南邻瑞士和奥地利，东部与捷克和波兰接壤，该国由 16 个联邦州组成，领土面积 357167km^2，以温带气候为主，截至 2022 年 6 月，德国人口 8322 万，是欧洲联盟中人口最多的国家，以德意志人为主体民族。德国是一个高度发达的资本主义国家。欧洲四大经济体之一，其社会保障制度完善，国民具有极高的生活水平。德国在基础科学与应用研究方面十分发达，以理学、工程技术而闻名的科研机构和发达的职业教育支撑了德国的科学技术和经济发展。以汽车和精密机床为代表的高端制造业，也是德国的重要象征。

1. 自然环境

（1）地理位置

德意志联邦共和国位于欧洲中部，东邻波兰、捷克，南接奥地利、瑞士，西接荷兰、比利时、卢森堡、法国，北接丹麦，濒临北海和波罗的海，是欧洲邻国最多的国家。

（2）地形

德国的地形变化多端，整个德国的地形可以分为五个具有不同特征的区域：北德低地平均海拔不到 100m、中等山脉隆起地带由东西走向的高地块构成、西南部中等山脉梯形地带，是莱茵断裂谷地区，两旁是山地，谷壁陡峭、南部阿尔卑斯前沿地带和巴伐利亚阿尔卑斯山区，其间拜恩阿尔卑斯山脉的主峰祖格峰海拔 2963m，为全国最高峰。

北部低地的特征是丘陵起伏的沿海岸高燥地和黏土台地与草原，泥沼以及中等山脉隆起地带前方向南伸展的黄土地之间有星罗棋布的湖泊。中等山脉隆起地带则将德国分成南北两片。西南部中等山脉梯形地带包括上莱茵低地及其边缘山脉。南部阿尔卑斯山前沿地带包括施瓦本巴伐利亚高原以及在南部的丘陵和湖泊，碎石平原，下巴伐利亚丘陵地区和多瑙洼地。巴伐利亚阿尔卑斯山区则包括阿尔高伊的阿尔卑斯山、巴伐利亚的阿尔卑斯山和贝希特斯加登的阿尔卑斯山，在这些山区散落着风景如画的湖泊。

（3）气候

德国处于大西洋东部大陆性气候之间的凉爽的西风带，温度大起大落的情况很少见。降雨分布在一年四季。德国的北部是海洋性气候，相对于南部较暖和。

（4）自然资源

德国自然资源较为贫乏，除硬煤、褐煤和盐的储量丰富外，在原料供应和能源方面很大程度上依赖进口，三分之二的初级能源需进口。德国森林覆盖面积为1076.6万公顷，占全国面积约30%。德国能源消耗居世界第5位，其中60%的主要能源依赖进口，政府政策为促进节约能源及可再生能源。

2. 经济环境

德国是欧洲最大经济体，全球国内生产总值第四大国（国际汇率），以及国内生产总值第五大国（购买力平价）。从工业革命时期以后，德国一直是日益全球化的经济的先驱、创新者和受益者。德国的经济政策基于社会市场经济的概念。

德国是高度发达的工业国。经济总量位居欧洲首位，世界第四。2021年德国国内生产总值3.57万亿欧元，剔除价格因素后同比增长2.9%。人均国内生产总值4.29万欧元。受俄罗斯乌克兰冲突影响，德国联邦统计局将2022年经济增长预期下调至2.2%。

德国是世界贸易大国，同世界上230多个国家和地区保持贸易关系，全国近1/3的就业人员从事的工作与出口有关。曾于1986—1990年、2003—2008年保持世界第一出口大国的地位。2021年德国外贸总额为2.58万亿欧元，其中出口额1.38万亿欧元，进口额1.2万亿欧元，顺差1725亿欧元。主要出口产品有汽车、机械产品、化工产品、通信技术、供配电设备和医学及化工设备。主要进口产品有化学品、汽车、石油天然气、机械、通信技术和钢铁产品。主要贸易对象是西方工业国，其中进出口一半以上来自或销往欧盟国家。

德国的出口额2003年之后，连续六年保持世界第一出口大国地位。外贸长期顺差。以企业营业额排名的财富世界500强排行榜中，有32家企业的总部设于德国。德国DAX指数则由30家市值最大的德国公司组成。德国具备专业技术的中小型企业也相当重要。

（1）农牧业

农业发达，机械化程度很高。2021年农林渔业产值680亿欧元，约占国民经济总产值的1%。就业人口约56万。2021年拥有农业企业约25.7万家，以中小企业和家庭企业为主。

（2）工业

德国是全球八大工业国之一。德国的主要工业部门有电子、航天、汽车、精密机械、装备制造、军工等。德国产品以品质精良著称，技术领先，做工细腻，但成本较高。德国的工业品在世界享有盛誉，而德国也是西欧最大汽车生产国。

其中德国鲁尔区是德国的传统煤钢工业区。慕尼黑（宝马汽车总部所在地）、汉堡（空客公司的三个客机总装中心之一）、斯图加特（奔驰和保时捷总部所在地）、沃尔夫斯堡（大众汽车总部所在地）、柏林、莱比锡、德累斯顿则是德国东部的工业重镇。新兴工业集中在慕尼黑一带。2018 年工业企业（不含建筑业）总产值 8742 亿欧元，占国内生产总值的 25.8%。2018 年工业就业人数（不含建筑业）833.5 万，占国内总就业人数（4620 万）的 18%。

（3）服务业

德国服务业包括商业、交通运输、电信、银行、保险、房屋出租、旅游、教育、文化、医疗卫生等部门。2021 年，服务业就业人数为 3366 万，占总就业人口的 74.9%。

（4）财政金融

德国非常重视对外投资和招商引资，也很重视与其他国家的合作。英国是德国葡萄酒的第二大出口国，出口量仅次于美国。德国从 2010 年开始超越了法国跃居欧洲吸引外资排名第 2 位，英国排名第 1 位。

3. 航空运输

（1）主要航空公司

德国汉莎航空集团（LH）于 1926 年 4 月 6 日在德国柏林正式成立，目前已发展成为全球航空业领导者和成功的航空集团，是世界十大航空公司之一。汉莎航空拥有六个战略服务领域，包括客运、地勤、飞机维修［飞机维护、修理和大修（MRO）］、航空餐食、旅游和 IT 服务。在全球拥有 400 多家海外子公司及附属机构。汉莎航空的核心业务是经营定期的国内及国际客、货运航班，飞行网络遍布全球 450 多个航空目的港。

除航空运输外，汉莎还向客户提供一系列的整体服务方案。集团旗下拥有“汉莎”和其他品牌，所有的品牌都彰显汉莎秉承一贯为客人提供安全、可信、守时、高品质、极具技术竞争力和灵活创新的服务理念。1997 年，汉莎与其他四家世界顶级航空公司成立了全球第一个航空联盟——星空联盟。汉莎是中国市场上最大的欧洲航空公司，拥有中欧航线上最频繁的直飞航班，每周 28 个直飞航班覆盖中国六座城市北京、上海、香港、南京、沈阳、青岛。截至 2021 年 10 月，汉莎航空共运营 340 架飞机。

（2）主要机场

① 法兰克福国际机场（FRA）：该机场位于德国黑森州法兰克福，是德国的国家航空公司——德国汉莎航空公司的一个基地。法兰克福国际机场比伦敦的希斯罗国际机场提供更多的飞行目的地，以乘客流量来算，法兰克福国际机场在欧洲位列第三位，排在伦敦的希斯罗国际机场和巴黎的夏尔·戴高乐国际机场之后。

② 慕尼黑机场（MUC）：慕尼黑机场位于德国慕尼黑东北 28km 的埃尔丁沼泽，紧邻弗赖辛。它于 1992 年 5 月 17 日投入使用，以取代原本因周边密集的住宅而规模无法扩建的慕尼黑-里姆机场。慕尼黑机场是欧洲最大的航空枢纽之一，约 100 家航空运营商在此提供航班飞往全球 69 个国家的 242 个航点。对于汉莎航空和星空联盟成员而言，慕尼黑机场是一个重要的基地枢纽，其转机乘客平均占机场总客运量 37%的份额。若以旅客吞吐量计，

慕尼黑机场的规模排名德国第二（仅次于法兰克福机场），同时位居欧洲第七位及世界第三十位。

4. 主要城市

（1）柏林

柏林是德国的首都，是政治、经济中心，现有居民约350万人，是德国最大的城市。柏林位于德国东北部，四面被勃兰登堡州环绕，施普雷河和哈维尔河流经该市。柏林是德国十六个联邦州之一，和汉堡、不来梅同为德国仅有的三个城市州。柏林是德国主要工业区。工业以电机、电子、仪器、仪表最为发达，其次是机械、冶金、化工、服装、食品加工、印刷等。工业多分布在城市边缘的施潘道区、夏洛滕堡区、克罗伊茨贝格区、滕珀霍夫区及克珀尼克区、特雷普托等工业区。农业用地在柏林面积中占相当比重，为其提供蔬菜、水果、花卉等，是附近地区尤其是东部腹地生产的小麦、燕麦和其他农产品的集散地。交通发达，有环形铁路和高速公路等交通大动脉，并与多条铁路交会，加之空中走廊可与全国各地及欧洲其他国家的主要城市便捷联系。人民生活水平较高，德国人均月收入税后大概有3000欧元。

（2）法兰克福

法兰克福是德国第五大城市，位于德国西部的黑森州境内，处在莱茵河中部支流美因河的下游。法兰克福拥有德国最大的航空枢纽、铁路枢纽。法兰克福国际机场（FRA）已成为全球最重要的国际机场和航空运输枢纽之一，也是仅次于伦敦希思罗国际机场和巴黎夏尔·戴高乐国际机场的欧洲第三大机场。法兰克福是德国乃至欧洲重要的工商业、金融服务业和交通中心，全城拥有超过324家银行，经营着德国85%的股票交易、欧洲规模最大的国际性车展。法兰克福大学是德国排名前列的国际顶尖高校，是德国最著名的研究奖Leibniz-Award获得者最多的大学，精英集群数量全德第二，马克斯·普朗克研究所在法兰克福大学有三个合作单位。2012年全球毕业生就业调查显示，法兰克福大学的毕业生就业竞争力排名世界第十，德国第一。

（3）汉堡

汉堡是德国三大州级市（柏林、汉堡、不来梅）之一，德国第二大城市，也是德国最重要的海港和最大的外贸中心、德国第二金融中心，同时是德国北部的经济和文化大都市，也已成为德国的新闻传媒与工业制造业中心，是欧洲最富裕的城市之一。汉堡是德国北部重要的交通枢纽，有着“世界桥城”的美称。汉堡是世界大港，被誉为“德国通往世界的大门”。世界各地的远洋轮来德国时，都会在汉堡港停泊。除美国西雅图外，汉堡是世界上第二大飞机制造区，生产“空中客车”。汉堡大多数工业和外贸有关。

（4）慕尼黑

慕尼黑也称明兴，是德国巴伐利亚州的首府。慕尼黑分为老城与新城两部分，总面积达310km²。2010年人口为130万，是德国南部第一大城，全德国第三大城市（仅次于柏林和汉堡）；都会区人口达到 270 万。慕尼黑位于德国南部阿尔卑斯山北麓的伊萨尔河畔，是德国主要的经济、文化、科技和交通中心之一。慕尼黑同时又保留着原巴伐利亚王国都城的古朴风情，因此被人们称作“百万人的村庄”。是生物工程学、软件及服务业的中心。慕尼黑是德国第二大金融中心（仅次于法兰克福），慕尼黑是欧洲重要的出版中心之一，拥有《南德意志报》出版社等众多出版社。

德国航空运输资源及主要城市情况见表 7-7。

德国主要航空公司、主要机场、主要城市　　表 7-7

航空运输要素	航空公司	代码	总部/所在地	市场地位
航空公司	德国汉莎航空 星空联盟	LH	法兰克福	德国最大航空公司
机场	法兰克福国际机场	FRA	法兰克福	德国最大机场
	慕尼黑国际机场	MUC		
城市	柏林	DUB		首都 德国最大城市
	法兰克福	FRA		德国第五大城市，德国乃至欧洲重要工商业、金融和交通中心
	汉堡	HAM		德国第二大城市 第二金融中心
	慕尼黑	MUC		德国第三大城市

四、阿联酋（The United Arab Emirates，AE）

阿拉伯联合酋长国，简称阿联酋，首都阿布扎比。截至 2019 年底，阿联酋总人口为 977 万。阿拉伯语为官方语言，通用英语。阿联酋是石油输出国组织（OPEC）成员国，国家经济以石油生产和石油化工工业为主，此外还大力发展以信息技术为核心的知识经济，同时注重可再生能源研发。阿联酋同时还是阿拉伯国家联盟、海湾合作委员会及大阿拉伯自由贸易区成员国。2021 年，阿联酋国内生产总值为 4101 亿美元。

1. 自然环境

（1）地理位置

阿联酋位于阿拉伯半岛东部，北濒临波斯湾，海岸线长 734km。西和南与沙特阿拉伯交界，东和东北与阿曼毗连，是由阿布扎比、迪拜、沙迦、哈伊马角、富查伊拉、乌姆盖万和阿治曼 7 个酋长国组成的联邦国家。西北与卡塔尔为邻、西和南与沙特阿拉伯交界、东和东北与阿曼毗连，总面积为 83600km^2。

（2）气候

阿拉伯联合酋长国属热带沙漠气候。

（3）自然资源

阿拉伯联合酋长国的石油和天然气资源非常丰富。截至 2022 年，已探明石油储量约 150 亿 t，天然气储量 7.7 万亿 m^3，均居世界第六位。其中椰枣树是阿联酋重要的经济作物，全国超过 4000 万棵，每年产椰枣上百万 t。椰枣种类有 120 多种，有的早熟，有的含糖量高，还有的含水分较多。另外，阿联酋的海域内水产资源丰富，沿海有珊瑚，盛产珍珠，还有着丰富的渔业资源，已发现鱼类和海洋生物 3000 多种。

2. 经济环境

阿联酋以石油生产和石油化工工业为主。政府在发展石化工业的同时，把发展多样化经济、扩大贸易和增加非石油收入在国内生产总值中的比重作为首要任务，努力发展水泥、炼铝、塑料制品、建筑材料、服装、食品加工等工业，重视发展农、牧、渔业；充分利用各种财源，重点发展文教、卫生事业。近年来，大力发展以信息技术为核心的知识经济，同时注重可再生能源研发，首都阿布扎比于 2009 年 6 月获选国际可再生能源署总部所在地。

阿联酋银行业发达，现有本国银行 23 家，外国银行及其他金融机构 100 余家。外汇不受限制，货币自由入出境，汇率稳定。联邦政府财政收入来自各酋长国的石油或贸易收入。

截至 2019 年底，阿联酋政府债务约 1152 亿美元，占 GDP 的 27.3%。阿联酋外债余额约为 2459 亿美元，占 GDP 的 58.4%。2020 年末，国际评级机构惠誉和穆迪分别将阿联酋联邦政府评级定为 AA-和 Aa2，前景稳定。2021 年，阿联酋国内生产总值 4101 亿美元，人均国内生产总值 4.35 万美元，GDP 增长率 3.8%。

3. 航空运输

阿联酋境内共有 39 个机场，其中包括阿布扎比、迪拜等 7 个国际机场。在全球航空公司的竞争排序中，阿联酋航空公司居阿拉伯国家首位。已同包括中国在内的 156 个国家签订双边航空协定，世界各国 110 多个航空公司有定期航班飞往阿联酋各机场。

（1）主要航空公司

① 阿联酋航空公司（EK）：阿联酋航空公司也称为阿拉伯联合酋长国航空公司。阿联酋航空成立于 1985 年 10 月 25 日，阿航向政府贷款 1000 万美元启动公司业务，当时它只有 2 架租来的飞机和 3 条航线。成立短短 5 个月后，阿联酋航空就将自己的第一架飞机送上了蓝天。总部设于迪拜，以迪拜国际机场为基地。阿联酋航空公司的母公司称为阿联酋航空集团（The Emirates Group）。阿联酋航空由迪拜酋长国政府拥有。阿联酋航空是全球发展最快的航空公司之一，是世界为数不多的清一色大型飞机的航空公司。截至 2018 年 6 月，阿联酋航空运营飞机总数达到 254 架，其中空客 A380 飞机 103 架，且阿联酋航空机队兼具年轻化和现代化。阿联酋航空航线网络服务范围覆盖欧洲、中东、远东、非洲、亚洲及澳洲，在全球连接超过 90 个目的地。2002 年阿联酋航空开通了至中国的直航航班。阿联酋航空计划把迪拜发展成完善的航空中心，以作为全球远程飞行枢纽。

② 阿提哈德航空（EY）：阿提哈德航空是阿拉伯联合酋长国的国家航空公司，总部设在阿联酋首都阿布扎比，于 2003 年 11 月开始商业运营，是阿联酋第二大航空公司，仅次于总部位于迪拜的阿联酋航空，同时也是中东第四大航空公司。阿提哈德航空是阿拉伯航空运输组织会员之一，它的飞机以阿布扎比国际机场为航空枢纽，往返于中东、非洲、欧洲、亚洲、大洋洲和北美洲的 86 个客运和货运目的地。阿提哈德航空拥有柏林航空、塞舌尔航空、澳洲维珍航空、爱尔兰航空、意大利航空、塞尔维亚航空、捷特航空的股份，成为商业航空历史上发展最快的航空公司。机队规模 112 架，平均机龄 5.7 年。

（2）主要机场

① 迪拜国际机场（DXB）：迪拜国际机场是迪拜的主要机场，也是阿联酋航空公司的枢纽港，可起降目前所有的机型。已完工的马克统国际机场，未来将辅之以现有的迪拜国际机场。建设迪拜国际机场的设想于 1959 年提出，1960 年举行了落成典礼。迪拜国际机场是中东地区最大的航空枢纽，同时也是中东地区重要的航空中途站之一，许多来往于亚洲、欧洲及非洲间的飞机中停于此。因为机场内拥有众多的商店，因此它成了在阿联酋购物免税商品的主要场所。

② 阿布扎比国际机场（AUH）：阿布扎比国际机场建于 1970 年，只有一条跑道，2016 年客运量约 2450 万人次。阿布扎比国际机场扩建项目总投资金额超过 82 亿美元，全部扩建工程最终完工后，空港廊桥将达到 80 个，年客运能力将超过 5000 万人次，空港区面积将超过 3400hm^2，能够满足未来 40 年来往阿布扎比的旅客流量需要。

4. 主要城市

（1）阿布扎比

阿布扎比是阿拉伯联合酋长国的首都，也是阿布扎比酋长国的首府。阿布扎比位于阿拉伯联合酋长国的中西边海岸，位于波斯湾的一个 T 字形岛屿上。有 80%人口移民自其他国家。阿布扎比的石油储藏量，占阿拉伯联合酋长国的 90%以上。商业、工业、旅游业和服务业兴旺。工业主要有建材、面粉、家具、纸袋、印刷、化学等部门。城东乌姆纳尔岛，建有炼油厂、海水淡化厂。城东北萨迪亚特岛有温室农场，以淡化海水灌溉，大量生产蔬菜。轻工业集中在附近的穆萨法。阿布扎比是全国公路和空运中心。扎伊德港是阿布扎比进口商品的重要口岸，位于阿布扎比岛的东北部。出口以石油为主，进口以食品、纺织品和各种日用消费品为主。市区有大量古建筑。阿布扎比的旅游业发达，70%的游客来自欧洲国家。

（2）迪拜

迪拜是现代化的国际大都市，阿拉伯联合酋长国人口最多的城市，继阿布扎比之后第二大酋长国，中东最富裕的城市，是中东地区的经济和金融中心，被称为中东北非地区的“贸易之都”。迪拜位于阿拉伯半岛中部、阿拉伯湾南岸，是海湾地区中心。与南亚次大陆隔海相望，与卡塔尔为邻、与沙特阿拉伯交界、与阿曼毗连。常住人口约 262 万人，本地人口占20%左右，外籍人士来自全球200多个国家和地区。中国人常住迪拜的有约20万人，其他外籍人士来自诸如埃及、黎巴嫩、约旦、伊朗、印度、巴基斯坦、菲律宾等。官方语言为阿拉伯语和英语，英语是最主要的商业语。迪拜拥有世界上第一家七星级酒店（帆船酒店）、世界最高的摩天大楼（哈利法塔）、全球最大的购物中心、世界最大的室内滑雪场等，以活跃的房地产、赛事、会谈等近乎世界纪录的特色吸引了全世界的目光。

迪拜，已经发展为全球性国际金融中心之一，成为东、西方各资本市场之间的桥梁，同时也成为重要的物流、贸易、交通运输、旅游和购物中心，是2020年世界博览会主办城市。

迪拜凭借优越的地理位置，实行自由和稳定的经济政策，大力发展转口贸易业、旅游业等非石油产业，还着重发展现代高科技产业，建成了一系列现代化配套基础设施。

迪拜的石油蕴藏量比阿布扎比少百分之十几至二十几，迪拜政府不想倚重不多的石油存量，所以致力使经济多元化，大力发展商业及活动，以增加财政收入来源。迪拜经济从依赖石油向服务、观光业转变，使得迪拜不动产升值，建筑业的快速增长，让城市建设经历了前所未有的发展。旅游业随着迪拜乐园及其他主题公园、度假胜地、体育场地等旅游基础设施的建造也得到了快速发展。

第四节 三区主要国家航空运输地理

一、日本（Japan，JP）

日本，全称日本国，主体民族为大和族，通用日语，总人口约1.25亿。

1. 自然环境

（1）地理位置

日本位于亚欧大陆东部、太平洋西北部，领土由北海道、本州、四国、九州4个大岛和其他7200多个小岛屿组成，因此也被称为“千岛之国”。日本陆地面积约37.79万km^2，地理面积狭小一定程度上限制了日本国内航空运输的市场。日本东部和南部为一望无际的太平洋，西临日本海、东海，北接鄂霍次克海，四面临海逼迫日本更多地发展国际航空运输。隔海分别和朝鲜、韩国、中国、俄罗斯、菲律宾等国相望，在一定程度上也创造了国际航空运输需求。

（2）气候

日本以温带和亚热带季风气候为主，夏季炎热多雨，冬季寒冷干燥，四季分明。全国横跨纬度达 25°，南北气温差异十分显著。日本是世界上降水量较多的地区。主要原因包括了日本海侧地区冬季的降雪；6、7 月（冲绳、奄美为 5、6 月）间连绵不断的梅雨以及夏季到秋季登陆或接近日本的台风。

（3）地形

日本是一个多山的岛国，山地呈脊状分布于日本的中央，将日本的国土分割为太平洋一侧和日本海一侧，山地和丘陵占总面积的 71%，大多数山为火山。国土森林覆盖率高达 67%。富士山是日本的最高峰，海拔 3776m，被日本人尊称为圣岳。日本群岛地处位于亚欧板块和太平洋板块的交界地带，即环太平洋火山地震带，火山、地震活动频繁，危害较大的地震平均 3 年就要发生 1 次。日本的平原主要分布在河流的下游近海一带，多为冲积平原，规模较小，较大的平原有石狩平原、越后平原、浓尾平原、十胜平原等，其中面积最大的平原为关东平原。日本平原面积狭小，耕地十分有限。因此日本建造机场的土地资源比较有限，逼迫其创新填海造陆建机场。

（4）地质

日本位于亚欧板块和太平洋板块的消亡边界，为西太平洋岛弧—海岸山脉—海沟组合的一部分，全国 68%的地域是山地。日本位于环太平洋火山地震带，全球有十分之一的火山位在日本，时常会发生火山活动。据统计，世界全部里氏规模 6 级以上的地震中，超过二成都发生在日本。

（5）水资源

日本境内河流流程短水能资源丰富，最长的信浓川长约 367km；最大的湖泊是琵琶湖，面积 672.8km^2。日本海岸线全长 33889km。由于日本是一个岛国，因此其海岸线十分复杂。西部日本海一侧多悬崖峭壁，港口稀少，东部太平洋一侧多入海口，形成许多天然良港。自然条件的差异性将进一步影响航空运输布局差异性。

（6）自然资源

日本自然资源贫乏，除煤炭、天然气、硫磺等极少量矿产资源外，其他工业生产所需的主要原料、燃料等都要从海外进口。但是，日本森林和渔业资源丰富，森林覆盖率占日本陆地面积的 67%，是世界上森林覆盖率最高的国家之一。北海道和日本海是世界著名的大渔场，盛产 700 多种鱼类。

2. 经济环境

日本是一个高度发达的资本主义国家，国民拥有很高的生活水平，2022 年人均国内生产总值 3.9 万美元。其为日本航空运输发展提供良好的经济支撑。日本是高度发达的现代化国家，是世界第三大经济体，汽车、钢铁、机床、造船、电子和机器人等产业在世界上的竞争优势相对明显。日本电力、电信基础设施相对完善，高速公路、铁路、航空、海运等交通设施便利，市场规模较大，法律法规和信用体系健全。2021 年国内生产总值约 541.9 万亿日元，实际增长率为 1.6%，外汇储备达 1.39 万亿美元。

（1）农业

日本资源比较贫乏，山地和丘陵约占总面积的80%。沿海平原狭小分散，土壤贫瘠，主要为黑土（火山灰）、泥炭土以及泛碱土，大部分冲积土已开垦为水田，形成特殊的水田土壤。根据地理位置、气候、土壤条件和生产特点，日本可划分为北海道、东北、北陆、关东和东山、东海、近畿、中国、四国、九州等9个农业区。

（2）工业

日本工业高度发达，工业结构向技术密集型和节能节材方向发展。主要门类有电子、家用电器、汽车、精密机械、造船、钢铁、化工和医药等，工业产品在国际市场上具有很强的竞争力。主要工业区大都集中在太平洋沿岸。日本的科学研发能力位居世界第二，应用科学、机械及医学等领域尤为突出。日本在电子、手机通信、低耗能环保车、机械、工业机器人、光学、化学、半导体和金属等多项领域具有世界领先技术且屡获殊荣。日本的工业用机器人产量占世界一半以上。

（3）服务业

日本服务业产值极为重要，占了全国3/4的经济产值。其中银行、金融、房产中介、零售（百货）、客运、通信均属于服务业范畴。当前，日本科研、航天、制造业、教育水平均居世界前列，如三菱UFJ、Mizuho、NTT、TEPCO、Nomura、三菱地产、新东京海上产物、JR铁路、全日空等公司都在各自的领域位于龙头地位。同时，以动漫、游戏产业为首的文化产业和发达的旅游业也是其重要象征，至今保存着茶道、花道、书道等日本传统文化。首都东京不仅是全国第一大城市和经济中心，更是世界数一数二的金融、航运和服务中心。日本的产业结构在一定程度上也有利于其航空运输的发展。

外贸在国民经济中占重要地位，有贸易关系的国家（地区）约200个。据日本财务省统计，2021年日本进出口总额约为177.2万亿日元，其中出口约85.9万亿日元，进口约91.3万亿日元。从20世纪50年代开始日本确立了贸易立国的发展方针，加入世贸组织后，日本开始取得和其他缔约方同样的平等地位。按照世贸组织中最惠国待遇的基本原则，同大多数国家和地区进行自由贸易，为日本对外贸易规模的不断扩大，创造了有利的国际市场条件。主要出口商品有汽车、电器、机械、化学制品等，主要贸易对象是中国、美国、韩国等，因此，日本与这些国家的通航航线相对更为密集一些。

3. 航空运输

近些年，受到经济环境的影响，日本的航空运输行业也受到一些影响，但仍然是航空运输大国。

（1）主要航空公司

①日本航空公司（简称日航，JL）：日航是日本的国家航空公司，同时为寰宇一家成员之一。总部设于东京，其以成田国际机场（国际线）及东京国际机场（国内线）为基地，

服务全球229个航点。原为日本规模最大的航空公司，在2010年1月申请破产保护后被全日空超越，但仍拥有日本各航空业者中最多的国际线航点及搭乘人次。

日本航空起源于1953年10月1日，是由日本政府立法成立的国有航空公司。1954年开办了第一条通往美国的跨太平洋国际航线。经过30年的扩展，日本航空在1987年实现完全民营化。2002年，日本航空与当时日本第三大航空公司日本佳速航空合并。日本航空的安全措施亦为国际航空运输协会所认可。

日本航空现使用波音767-300ER、波音777-200ER、波音777-300ER、波音787等作中长程国际飞行；短程及内陆则使用波音737、767及787。集团内另有4个营运国内线的航空公司：J-Air、日本空中通勤（JAC）、日本越洋航空（JTA）及琉球空中通勤（RAC），提供接驳服务及往次要航点的短途航班。

日本航空公司业务与产品包括：预订航班运输服务、非预定运输服务、飞机维修服务以及其他有关空运和飞机维护的业务。作为日本代表性的航空企业，长期从事着国际和国内航线的运营，航线遍布世界各地。航线网络延伸至亚洲、欧洲、北美洲以及巴西、澳大利亚、关岛。日本航空公司连同其附属的日本航空快捷（JAL Express）、J-Air、日本越洋航空（Japan Transocean Air，JTA），国内航班每天超过1000班次；国际航班每周超过1700班次。

知识延伸

日本航空的破产之路

日本航空公司于2010年1月19日正式向东京地方法院申请破产保护，其核心子公司“日航国际”和金融子公司“JAL Capital”也在申请之列，将同总公司一起接受破产重组，这将成为日本历史上第六大破产案。日本航空公司在此紧要关头，日本政府委派了一名备受尊敬的企业家，同时也是坚定的政治盟友——稻盛和夫（Kazuo Inamori）出任日本航空公司CEO，以使其摆脱现在面临的困境。

日本航空破产有3大原因，一个是高企的劳动力成本，日本航空的劳动力成本是行业内最高的，这同它的“老牌”有关。因为“老牌”，日本航空的工会也是最顽固的；而经营效率方面，日本航空则比其竞争对手，例如日本全日空（ANA）航空公司要低得多。更重要的是，日本航空公司一直以航空路线的“大而全”自豪、为其覆盖力感到自豪，忽略了取舍和优化，不愿意放弃很多无利可图的航线。在“9·11”之后，航空市场急剧收缩，规模越大则受到冲击越大。日本航空连续的“安全门”事件，口碑迅速恶化，全日空坐收其利。

仅仅考察航空市场竞争元素是不全面的。股神巴菲特曾说：“我既不会买铁路股，也不会买航空股，因为我搞不清楚这两者究竟有什么不同。”巴菲特的意思很明确，那就是航空和铁路之间的“护城河”是不确定的，彼此之间相互消解。

日本航空最大的对手也许不是全日空等公司，而是日本新干线（日本的高速铁路）。新干线发轫于20世纪70年代，也是日本航空全盛转衰的起点。我们知道，航空和高铁的经济地理学完全不同，航空优在长途，而高铁胜在短途。如果一个国家的经济区域是分散的，例如20世纪50年代，日本城市化率较低，经济区域带分散，人口的经济活动分布也高度分散化。于是，航空对于长途慢速铁路有着不可比拟的优势。但是，到了新干线问世之时，日本经济发生了巨变，以京都经济圈为主的三大经济圈形成，城市化率已经接近80%，城市集聚效应相当显著，大量的人口生活在几个超级经济圈内，于是短途的高速铁路几乎覆盖了最有经济价值的人群，也就是说，对于日本国内航空航线而言，它的超远距离的“黏合经济活动”优势几乎丧失。

资料来源：百度百科

② 全日本航空公司（简称全日空，NH）：全日本空输（ANA）是一家日本的航空公司。全日空的母公司是“全日本空输”集团。全日空是亚洲最大的航空公司之一是“星空联盟”航空联盟成员之一。其主要业务包括定期航空运输业务、非定期航空运输、采购、销售、出租和保养飞机及飞机零件业务、航空运输地面支援业务。全日空在日本主要城市之间拥有全面航线网络，其国际航线延伸到亚洲、北美、欧洲等地。全日空航线网络优势在日本国内、亚洲地区，开办的国际航线通达40余个目的地。全日空在日本国内占有较大的市场份额，每天有800多个航班，接近日本国内市场的50%，是亚洲最大的航空公司之一。

（2）主要机场

① 东京羽田国际机场（HND）：东京羽田国际机场建于1931年8月，最早是一座国营的民航机场。第二次世界大战后，为美军所接管。1952年再次开放，作为首都东京航空运输的出入门户，经营国际和国内航空客货运输业务。

② 东京成田国际机场（NRT）：成田国际机场1978年建立，位于日本关东地区，距东京市区68km之遥的千叶县成田市，是日本最大的国际航空港。东京成田国际机场年旅客吞吐量居日本第二位（第一位是羽田机场），货运吞吐量居日本第一、全球第三。成田空港是日本航空、全日空、美国联合航空公司、美国西北航空公司（已被收购，现为达美航空成员）、美国达美航空公司的亚洲枢纽港。根据日本机场分类法，成田机场与东京羽田机场、大阪国际机场、关西国际机场和中部国际机场统一划分为一类机场。

③ 大阪关西国际机场（KIX）：大阪关西国际机场建造在大阪湾的人工岛屿上，是世界上第一个填海机场，座位于日本大阪府泉佐野市，邻近有神户机场、大阪伊丹国际机场，

有跨海大桥与大阪相连。关西国际机场的国际货运航班数量不断刷新最高纪录。其中，面向中国的货运航班网络可誉为日本最大，并且通过同日本国内货运航班的联合，作为“日本的门户”将日本全国的航空货物运往亚洲各地以及北美、欧洲等地，在国际国内两方面发挥着中继物流据点的作用。

④名古屋中部国际机场（NGO）：名古屋中部国际机场为日本中部地区的一个国际机场，位于爱知县名古屋市以南的常滑市，建设在伊势湾上的一个人工岛上，于2005年2月17日正式启用。名古屋中部国际机场是进出日本的重要门户，根据日本机场分类法，其与东京的成田机场和羽田机场、大阪的大阪国际机场和关西国际机场被统一划分为日本国内的一类机场。

4. 主要城市

（1）东京

东京为日本国首都，位于日本本州岛关东平原南端。东京为日本政治、经济、文化、交通等众多领域的中心，亦为世界经济发展度与富裕程度最高的都市之一。根据建成区面积、人口以及国内生产总值等指标，东京是亚洲第一大城市，世界第二大城市，全球最大的经济中心之一。东京都市圈是目前全球最大的都市区和都会区。此外，东京拥有目前全球最复杂、最密集且运输流量最大的铁道运输系统和通勤车站群，其中东京地铁系统每日平均客运量达1080万人次，繁忙程度居全球地铁首位。

（2）大阪

大阪位于日本西部近畿地方大阪府的都市，是大阪府的府厅所在地，也是政令指定都市之一。大阪市面积223km^2，总人口约有267万人，是日本次于东京、横滨人口第三多的城市。大阪拥有以钢铁、机械制造、金属加工为主的重工业和以纺织、印刷、食品、造纸和化工为主的轻工业。市内有10万余家各类商店，在城市的阪急区，还有繁华的地下街。工商活动规模和大众运输捷运铁道密度均居日本前茅。大阪市与东京（区部）同为全国经济、文化中心，1889年设市后工业迅速发展，是阪神工业地带的核心，工业生产规模仅次于东京（区部）。轻重工业综合发展，化学、机械、钢铁、金属加工、出版、印刷、电机最为重要。西部临海地域为重化工业集中区、海陆空交通枢纽，出口钢铁、录像机、机械、金属制品等，进口工业原料、矿产品等。周围多卫星城市，相互毗连，为东海道城市地带的一环。服务业是大阪经济中占比重最大的产业，其中又以商业、金融业、信息产业等占比重较大。大阪也以独特的文化而著称。

（3）名古屋

名古屋市是日本爱知县的首府，也是日本三大都市圈（东京大都市圈，京阪神大都市圈，名古屋大都市圈）之一，同时，作为重要的港口城市，名古屋港也是日本的五大国际贸易港之一。名古屋市是中京工业核心地带的代表性城市之一，经济十分发达。名古屋市为日本陆、海、空的重要交通枢纽，交通十分发达。市内有许多铁路干线、公路干线通过，还有总长 30km 的地铁。作为东海道新干线的枢纽站之一，名古屋市还与东名、名神、中央道、东名阪等高速公路相通。名古屋港是仅次于横滨、神户的日本第三大国际贸易港，与此同时，名古屋中部国际机场也被称为“日本中部地区的空中门户”。

日本航空运输资源及主要城市情况见表 7-8。

日本主要航空公司、主要机场、主要城市　　表 7-8

航空运输要素	航空公司	代码	总部/所在地	市场地位
航空公司	日本航空公司 寰宇一家	（JL，JAL）	东京	日本第二大航空公司
	全日本航空公司 星空联盟	（NH，ANA）	东京	日本第一大航空公司
机场	东京成田机场	NRT	东京	日本最大的航空港
	东京羽田机场	HND	东京	最繁忙的机场
	大阪关西国际机场	KXI	大阪	世界上第一个填海机场
	名古屋中部国际机场	NGO	名古屋	海上机场
城市	东京	TYO		首都、第一大城市
	大阪	OSA		第二大城市
	名古屋	NGO		第三大城市

二、韩国（Korea，KR）

韩国，全称大韩民国，简称韩国。韩国位于东北亚朝鲜半岛南部，三面环海，西濒临黄海，与胶东半岛隔海相望，东南是朝鲜海峡，东边是日本海，北面隔着三八线非军事区与朝鲜相邻，领土面积占朝鲜半岛总面积的 4/9。同日本一样，韩国三面临海、国土面积狭小使其着力发展国际运输。从地理位置来看，比邻中国、日本，为其国际运输的发展提供了较好的发展环境。此外，韩国总人口 5200 万，人口密度较高，主要民族为韩民族。当前，韩国是一个发达的资本主义国家，是拥有完善市场经济制度的经合组织发达国家。

1. 自然环境

（1）地形

地形具多样性，低山、丘陵和平原交错分布。低山和丘陵主要分布在中部和东部，海拔多在 500m 以下。汉拿山位于济州岛的中心，海拔 1950m，是韩国的第一高峰。平原主要分布于南部和西部，海拔多在 200m 以下。黄海沿岸有汉江平原、湖南平原等平原，南海沿岸有金海平原、全南平原及其他小平原。

（2）气候

北部属温带季风气候，南部属亚热带气候，海洋性特征显著。韩国四季分明，春、秋两季较短；夏季炎热、潮湿；冬季寒冷、干燥，时而下雪。年平均降水量1500mm左右，其中6—8月雨量较大，降雨量为全年的70%。年均降水量约为1500mm，降水量由南向北逐步减少。韩国各地区之间温差较大。

（3）自然资源

韩国矿产资源较少，已发现的矿物有280多种，其中有经济价值的约50多种。有开采利用价值的矿物有铁、无烟煤、铅、锌、钨等，但储量不大。由于自然资源匮乏，主要工业原料均依赖进口。

2. 经济环境

韩国经济是市场经济模式，20国集团成员之一的世界主要经济体，是拥有完善市场经济制度的经合组织发达国家。韩国是一个资本主义发达国家，是APEC、世界贸易组织和东亚峰会的创始成员国，也是经合组织、二十国集团和联合国等重要国际组织成员。自20世纪60年代以来，韩国政府实行了“出口主导型”开发经济战略，缔造了举世瞩目的“汉江奇迹”。1997年亚洲金融危机后，韩国经济进入中速增长期。2021年，韩国国内生产总值1.79万亿美元。人均国民收入3.5万美元。经济增长率4.3%。其为日本航空运输发展提供良好的经济支撑。

（1）农业

韩国农业资源非常稀缺，现有耕地面积152.8万hm^2，是世界人均耕地面积最少的国家之一，农产品多依赖国外进口。除了大米和薯类能基本自给外，其他粮食85%需要进口。另外韩国60%以上的牛肉、鱼贝类，20%水果、禽肉和奶都需要从国外进口，只有砂糖和蛋可以完全自给。韩国农业以小规模家庭经营为主。随着韩国经济的飞速发展，农业在韩国GDP的比重不断快速下降。韩国城市化发展速度很快，农业劳动力流失和老龄化问题严重。农业生产结构中种植业（特别是大米）的比例较高，而畜牧业等的比重小。不过粮食作物的面积有减少的趋势，高附加值作物、蔬菜和水果的面积在种植业中的比重在增加，高经济附加值的作物高丽参和芝麻占韩国农业生产的1.6%。韩国政府对农业一直采取保护扶植政策，农业补贴占GDP的4.7%，居世界前列。韩国在农产品贸易上实行许可制和高关税制以保护本国农业发展，农产品价格比国际农产品价格平均高2.85倍。不过在全球贸易自由化的进程中，韩国也不得不逐步开放农业市场。这使得相应的国内生产大幅度减少。

（2）能源

韩国是能源消费大国，占世界能源消费的2.1%，居第八位。由于能源资源匮乏，韩国97%的能源消费依赖进口，是世界第二大液化天然气进口国和第二大煤炭进口国，石油消费居世界第七位。韩国很重视核能的发展，是世界第五大核电生产国。韩国也很重视新能源和可再生能源的发展，早在1987年国会就制定了《新能源和可再生能源发展促进法》。政府对每个10年发展都制定《新能源和可再生能源基本计划》，同时对发展新能源和可再生能源给予政策支持。

（3）制造业

制造业是韩国经济的主导产业，钢铁、造船、汽车、半导体及数码产品等制造业有着较强的国际竞争力，多数产品拥有自主品牌，在国际产业链中的地位在不断提高。韩国是世界造船大国，很长一段时间也是世界第一大造船国。此外，韩国是世界电子产品的佼佼者，内存、液晶显示器及等离子显示屏等平面显示装置和移动电话都在世界市场中有较高地位。世界知名的韩国电子产品制造商有三星、LG、SK 等，其中三星是全球最大的信息技术公司。经济的快速增长、经济对外依赖性高及优势产业对韩国航空运输的发展起到了一定的推动作用。

3. 航空运输

（1）主要航空公司

① 大韩航空公司（KE）：大韩航空株式会社成立于 1969 年，前身是 1946 年成立的韩国国家航空，是大韩民国最大的航空公司，同时也是亚洲最具规模的航空公司之一，属于天合联盟和韩进集团的成员之一。仁川国际机场为大韩航空的国际枢纽港，经营欧洲、非洲、亚洲、大洋洲、北美洲及南美洲航线，致力于连接 43 个国家 120 个城市；而金浦机场则为国内枢纽港。大韩航空是全球 20 家规模最大的航空公司之一，每天飞行近 400 个客运航班，穿梭于 40 个国家的 126 个城市之间。当前，大韩航空拥有 155 架飞机，包含空客 380、330 系列和 300 系列，以及波音 777 系列、737 系列和 747 系列。大韩航空还是环球航空联盟——“天合联盟”的创立成员之一。大韩航空业务类型涉及客/货航空运输、维护服务、餐饮、酒店等。航线延伸至欧洲、非洲、亚洲、大洋洲、北美洲及南美洲，大韩航空（KAL）是世界上最大的越洋货物运载企业之一，拥有庞大的货运机队，并在全球八大机场中拥有货运站。从 1997 年起，均被“国际航空运输协会”（IATA）评为世界第二大商业航空货运企业。大韩航空凭借在航线拓展和机队现代化上的不断努力，连续六年保持了国际航空货运世界第一的位置。

知识延伸

大韩航空的 A380

2011 年 6 月 17 日，大韩航空正式引进首架空客 A380 巨型客机，先后订购了 10 架，成为亚太区最具竞争力的航线运营商。此举大大增加搭乘大韩航空飞往美国、欧洲、中国、日本及东南亚地区游客数量除了东京、中国香港航线外，A380 客机还投入运营纽约、巴黎、洛杉矶等固定长途航线。

大韩航空的A380客机设有三个级别舱位共407个座位，拥有迄今为止A380客机运营商中最少的客舱座位数。同时，大韩航空A380客机机舱拥有独特的设计，全新一代座椅（头等舱Kosmo Suites、商务舱Prestige Sleeper、新经济舱座椅New Economy Seats）也都应用于A380客机机舱内。

与此同时，大韩航空还是业界第一家在A380客机内设有免税品展示区（Duty Free Showcase，DFS）的航空公司。展示区展示了多种免税商品，包含酒类、化妆品、香水以及各种时尚饰品，还安排了专职于免税品展示区的乘务员。此外，机内迷你酒吧休息室也是大韩航空的特色设施之一，搭乘大韩航空长途航线的乘客可以在这个极具风格的迷你酒吧休息室内休息，并细细品味大韩航空独家提供的鸡尾酒，享受一段自在舒适的空中之旅。

资料来源：百度百科

② 韩亚航空公司（OZ）：韩亚航空于1988年2月17日成立，并在同年12月23日开通往釜山的航班，而1987—1990年采用的徽号是人类双手张开图案，并在济州与首尔作为国内航线的中枢点。韩亚航空是由母公司锦湖韩亚集团根据韩国政府政策成立的韩国第二个国家航空公司，原称作首尔国际航空。主要产业有航空运输、机内销售、供油服务等。韩亚航空自1988年成立以来，一直秉承“安全第一、服务至上，满足客户需求”的经营理念，目前已拥有83架飞机，运营11条国内航线、74条国际客运航线、22条国际货运航线。凭借高品质的安全服务和模范式经营，韩亚航空客服正式上线。韩亚航空连续四年获得SKYTRAX评选的五星级航空公司美誉（全球仅七家），连续六年获得《GLOBAL TRAVELER》最佳机内服务和乘务员奖，2009年获得有航空界诺贝尔奖之称的ATW评选出的“2009年度最佳航空公司AIRLINE OF THE YEAR”荣誉称号。2010年在SKYTRAX评选的“年度最佳航空公司”（全球1800万顾客参与评选）中名列首位，是目前唯一连续两年获得ATW和SKYTRAX最高奖项的航空公司，实现了航空业界大满贯。2020年11月16日，大韩航空宣布，计划以价值1.8万亿韩元收购韩亚航空。

（2）主要机场

① 首尔金浦国际机场（GMP）：首尔金浦国际机场位于韩国首尔市，是属于韩国国内航班为主的机场。也有飞往上海虹桥和东京羽田的航班。金浦机场到市区距离17km，曾经是东北亚地区最繁忙的机场之一。仁川机场启用后，金浦成为以国内航班为主的次要机场。

② 仁川国际机场（ICN）：仁川国际机场是韩国最大的民用机场，亚洲第6位最繁忙的国际机场，2001年启用。代替旧有金浦国际机场的国际航线枢纽地位。机场坐落在韩国著名的海滨度假城市仁川广域市西部的永宗岛上。距离首尔市52km，离仁川海岸15km。周围又无噪声源影响，自然条件优越，绿化率30%以上，环境优美舒适，加上其

整体设计、规划和工程都本着环保的宗旨，亦被誉为“绿色机场”。仁川国际机场是韩国国际客运及货运的航空枢纽，同时也是韩国最大的两家航空公司大韩航空及韩亚航空的主要枢纽。

4. 主要城市

（1）首尔

首尔，全称首尔特别市，旧称汉城。大韩民国首都，是朝鲜半岛最大的城市，亚洲主要金融城市之一，也是韩国的政治、经济、科技、文化中心。首尔全市下辖25区，面积约605.25km^2，是世界上人口密度极高城市之一。虽然首尔仅占韩国面积的0.6%，但其GDP却占全国的21%。消费者物价指数居世界第五。同时也是高度数字化的城市，网速和数字机会指数均居世界首位。从产业上看，首尔的金融、房地产、电信、批发和零售行业相对比重高于其他地区的平均水平。

（2）釜山

釜山，是韩国第一港口和第二大城市，历史上一直是东亚大陆和海洋文化交流的纽带和桥梁。釜山位于韩国首尔东南端450km处，城市中的温泉星罗棋布，群山环抱，还是一个风景秀丽的海滨城市，已经发展为多种文化共存的国际性现代都市。釜山工业仅次于首尔，包括纺织、机械、化工、食品、木材、水产品加工等各领域，其中机械工业尤为发达，造船、轮胎生产居韩国首位。釜山镇海经济自由区的建立进一步巩固了釜山地区贸易中心和金融中心的地位。

韩国航空运输资源及主要城市情况见表7-9。

韩国主要航空公司、主要机场、主要城市　　表7-9

航空运输要素	航空公司	代码	总部/所在地	市场地位
航空公司	大韩航空公司 天合联盟	KE	首尔	韩国最大航空公司
	韩亚航空公司 星空联盟	OZ	首尔	韩国第二大航空公司
机场	金浦国际机场	GMP	首尔	国内航班为主
	仁川国际机场	ICN	首尔	韩国最大民用机场 亚洲最大机场
城市	首尔	SEL		首都 韩国“皇宫之城”
	釜山	PUS		韩国第一大贸易港口第二大城市
	济州岛	CJU		韩国“夏威夷”

三、新加坡（Republic of Singapore，SG）

新加坡，全称为新加坡共和国，别称为狮城，是东南亚的一个岛国，政治体制实行议会制共和制。新加坡北隔柔佛海峡与马来西亚为邻，南隔新加坡海峡与印度尼西亚相望，毗邻马六甲海峡南口，国土除新加坡岛之外，还包括周围数岛。新加坡是一个多元文化的移民国家，促进种族和谐是政府治国的核心政策，新加坡以稳定的政局、廉洁高效的政府而著称，是全球最国际化的国家之一。新加坡是亚洲的发达国家。根据 2014 年的全球金融中心指数（GFCI）排名报告，新加坡是继纽约、伦敦、香港之后的第四大国际金融中心，也是亚洲重要的服务和航运中心之一。新加坡是东南亚国家联盟（ASEAN）成员国之一，也是世界贸易组织（WTO）、英联邦（The Commonwealth）以及亚洲太平洋经济合作组织（APEC）成员经济体之一。2021 年，新加坡经济实现强劲反弹，同比增长 7.6%。国内生产总值达 5333.5 亿新元（约合 3876.9 亿美元）。

1. 自然环境

（1）地理位置

新加坡地理位置优越，有“东方十字路口”之称。北面与马来半岛隔着宽仅 1.2km^2 的柔佛海峡，西边有长堤相连，交通便利；在南面隔着新加坡海峡同印度尼西亚相望，海峡长 105km^2，宽 1.7km^2，扼守着马六甲海峡入口处的航行要道，地理位置十分重要。优越的地理位置，也为新加坡发展航空运输提供了得天独厚的优势。新加坡的土地面积是 719.1km^2，狭小的国土面积，“逼迫”新加坡航空运输走上国际舞台。

（2）地形

新加坡地势起伏和缓，其西部和中部地区由丘陵构成，大多数被树林覆盖，东部以及沿海地带都是平原。

（3）气候

新加坡地处热带，长年受赤道低压带控制，为赤道多雨气候，气温年温差和日温差小。平均温度在 23～34℃之间，年均降水量在 2400mm 左右，湿度介于 65%～90%之间。

2. 经济环境

新加坡属外贸驱动型经济，以电子、石油化工、金融、航运、服务业为主，高度依赖美、日、欧和周边市场，外贸总额是 GDP 的四倍。经济长期高速增长。为刺激经济发展，政府提出“打造新的新加坡”，努力向知识经济转型，并成立经济重组委员会，全面检讨经济发展政策，积极与世界主要经济体商签订自由贸易协定。根据 2014 年的全球金融中心指数（GFCI）排名报告，新加坡是全球第四大国际金融中心。政府为加快工业化过程、促进经济发展，创建了裕廊工业区。工业主要包括制造业和建筑业，制造业产品主要包括电子、化学与化工、生物医药、精密机械、交通设备、石油产品、炼油等产品。迄今新加坡已经成为东南亚最大修造船基地之一，以及世界第三大炼油中心。

新加坡的服务业扮演着重要的经济角色，主要产业包括批发零售业（含贸易服务业）、商务服务业、交通与通信、金融服务业、膳宿业（酒店与宾馆）、其他共六大门类。批发与零售业、商务服务业、交通与通信业、金融服务业是新加坡服务业的四大重头行业，其中批发零售业由于包括贸易在内，因此份额最大。新加坡的旅游业占 GDP 的比重超过 3%，是新加坡外汇主要来源之一。游客主要来自东盟国家、中国、澳大利亚、印度和日本等地。外贸是新加坡国民经济重要支柱，进出口的商品包括：加工石油产品、化学品、消费品、机器之零件及附件、数据处理机及零件、电信设备和药品等。主要贸易伙伴：马来西亚、泰国、中国、日本、澳大利亚、韩国、美国、欧盟、印尼等。

2021 年新加坡 GDP 总计 3970 亿美元，人均 GDP 为 7.28 万美元。由此可见，新加坡是全球比较富裕的国家之一，这也为新加坡航空运输发展提供强有力的经济基础。当然，由于新加坡在许多方面对外国依赖较深，容易受到外部因素的影响，经济发展存在着一定的脆弱性和不稳定性。

3. 航空运输

新加坡拥有 8 个机场，其中新加坡樟宜机场及实里达机场是国际民航机场，其余则用于军事用途。主要有新加坡航空公司及其子公司胜安航空、新航货运和酷航等。

（1）新加坡航空公司（SQ）

新加坡航空有限公司（简称新航）是新加坡的国家航空公司，以樟宜机场为基地，主要经营国际航线，在东南亚、东亚和南亚拥有强大的航线网络，并占据袋鼠航线的一部分市场。除此之外，新加坡航空的业务还有跨太平洋航班，包括以 A340-500 来营运的全球最长的直航航班新加坡—纽约和新加坡—洛杉矶。新航还是首个营运全球最大型的客机 A380 的航空公司。其全资附属公司“胜安航空”，主要飞向亚洲容量较小的二线城市满足不同需求。新加坡航空公司的子公司——新加坡货运航空公司不仅经营全货机机队，还一并管理着新航客机腹舱的货运业务。新航拥有维尔京大西洋航空公司 49%股权和廉价航空虎航 49%的股份。新加坡航空公司一直被誉为最舒适和最安全的航空公司之一，主要原因是公司拥有最年轻的飞机群，飞机的平均机龄为 6.6 年。新航假期是新加坡航空公司旗下，为自由行游客推出的高品质旅行度假产品。依托新航及其全资区域子公司胜安航空强大的航线网络，提供往返机票、酒店住宿、机场接送及精选目的地旅游等多样超值的旅游套餐组合。

知识延伸

新加坡女孩

新加坡是东南亚乃至全球的重要交通枢纽，新加坡空姐是这方天际上一道亮丽风景线。若称她们是“爱与美的化身”，并不言过其实。说“美”，她们的确容貌姣好，身材标准；说“爱”，她们付出关爱，呵护备至。职业要求她们在“美”与“爱”上着笔，但很多从事这个行业的人都说，“美”已成为对自己的自然要求，“爱”也内化为待人处事的由衷表达。

自1972年诞生以来，新加坡女孩（Singapore Girl）已成为亚洲优雅、好客和特殊风土人情的象征，并已成为新航的代名词，是新航备受其他航空公司赞誉，无懈可击的服务标准永恒的代表。

1993年，新航空姐的蜡像进驻伦敦世界知名的杜莎夫人蜡像馆，成为馆中第一个展出的商业人像。杜莎夫人蜡像馆表示，新航空姐中选的原因为反映日渐普及化的国际旅游。杜莎夫人蜡像馆方面指出，选择新航空姐的原因在于她反映了蓬勃发展的国际旅游。

新加坡空姐身着由蜡防印花布料制成的纱笼卡巴雅制服，与众不同，卓尔不群，成为新加坡航空公司的最具识别性的标志之一。她们每时每刻都如此高贵典雅，成为新加坡航空公司的无数次营销活动中的亮点，并持续赢得世界各地乘客的青睐。

（2）新加坡樟宜国际机场（SIN）

新加坡樟宜国际机场是一座位于新加坡樟宜的国际机场，占地 13km^2，距离市区17.2km。樟宜机场是新加坡主要的民用机场，也是亚洲重要的航空枢纽。樟宜机场由新加坡民航局营运，是新加坡航空、新加坡航空货运、捷达航空货运、欣丰虎航、胜安航空、捷星亚洲航空和惠旅航空的主要运营基地。此外，它亦是加鲁达印尼航空公司的枢纽和澳洲航空的第二枢纽，后者利用新加坡作为中途站来营运欧澳两地的袋鼠航线，是樟宜机场最繁忙的外国航空公司，每年利用本机场输送超过200万名乘客。

新加坡航空运输资源及主要城市情况见表7-10。

新加坡主要航空公司、主要机场、主要城市　　表7-10

航空运输要素	航空公司	代码	总部/所在地	市场地位
航空公司	新加坡航空公司 星空联盟	SQ	新加坡	新加坡最大航空公司
机场	樟宜国际机场	SIN	新加坡	新加坡最大机场
城市	新加坡	SIN	新加坡	首都 世界花园城市

四、澳大利亚（The Commonwealth of Australia，AU）

澳大利亚，全称为澳大利亚联邦。其领土面积 7686850km^2，四面环海，是世界上唯一一个国土覆盖整个大陆的国家。拥有很多独特的动植物和自然景观的澳大利亚，是一个奉行多元文化的移民国家。澳大利亚是一个高度发达的资本主义国家。作为南半球经济最发达的国家和全球第12大经济体、全球第四大农产品出口国，其也是多种矿产出口量全球第一的国家，因此被称作“坐在矿车上的国家”。同时，澳大利亚也是世界上放养绵羊数量和出口羊毛最多的国家，也被称为“骑在羊背的国家”。澳大利亚人口高度都市化，近一半国民居住在悉尼和墨尔本两大城市，全国多个城市曾被评为世界上最适宜居住的地方之一。澳大利亚也是一个体育强国，常年举办全球多项体育盛事。现在，澳大利亚积极参与国际事务，是联合国、20国集团、英联邦、太平洋安全保障条约、经济合作与发展组织及太平洋岛国论坛的成员。

1. 自然环境

（1）地理位置

澳大利亚位于南太平洋和印度洋之间，由澳大利亚大陆和塔斯马尼亚岛等岛屿和海外领土组成。它东濒太平洋的珊瑚海和塔斯曼海，西、北、南三面临印度洋及其边缘海。是世界上唯一一个独占一个大陆的国家。

（2）地形

澳大利亚的地形很有特色。东部山地，中部平原，西部高原。全国最高峰科修斯科山海拔2228m。澳大利亚国土（约70%）属于干旱或半干旱地带，中部大部分地区不适合居住。澳大利亚有11个大沙漠，它们约占整个大陆面积的20%。由于降雨量很小，大陆1/3以上的面积被沙漠覆盖。澳大利亚是世界上最平坦、最干燥的大陆，中部洼地及西部高原均为气候干燥的沙漠，中部的艾尔湖是澳大利亚的最低点，湖面低于海平面16m。能作畜牧及耕种的土地只有26万km^2。沿海地带，特别是东南沿海地带，适于居住与耕种。这里丘陵起伏，水源丰富，土地肥沃。除南海岸外，整个沿海地带形成一条环绕大陆的“绿带”，正是这条绿带养育了这个国家。

（3）气候

澳大利亚地处南半球，虽然时差与中国只有2～3小时，但是季节却完全相反。12月—2月为夏季，3—5月为秋季，6—8月为冬季，9—11月为春季。澳大利亚跨两个气候带，北部属于热带气候，澳大利亚南部属于温带气候，四季分明。澳大利亚内陆是荒无人烟的沙漠，干旱少雨，气温高，温差大；相反在沿海地区，雨量充沛，气候湿润，呈明显的海洋性。

（4）自然资源

澳大利亚的矿产资源、石油和天然气都很丰富，矿产资源至少有70余种。其中，铝土矿储量居世界首位，占世界总储量35%。澳大利亚是世界上最大的铝土、氧化铝、钻石、铅、钽生产国，黄金、铁矿石、煤、锂、锰矿石、镍、银、铀、锌等的产量也居世界前列。同时，澳大利亚还是世界上最大的烟煤、铝土、铅、钻石、锌及精矿出口国，第二大氧化铝、铁矿石、铀矿出口国，第三大铝和黄金出口国。已探明的有经济开采价值的矿产蕴藏量：铝矾土约 31 亿 t，铁矿砂 153 亿 t，烟煤 5110 亿 t，褐煤 4110 亿 t，铅 1720 万 t，镍 900 万 t，银 40600t，钽 18000t，锌 3400 万 t，铀 61 万 t，黄金 4404t。澳原油储量 2400 亿公升，天然气储量 13600 亿 m^3，液化石油气储量 1740 亿公升。森林覆盖面积占国土的 20%，天然森林面积约 1.55 亿 hm^2（2/3 为桉树），用材林面积 122 万 hm^2。被称为“坐在矿车上的国家”。

澳大利亚被称为“世界活化石博物馆”。据统计，澳大利亚有植物 1.2 万种，有 9000 种是其他国家没有的；有鸟类 650 种，450 种是澳大利亚特有的。全球的有袋类动物，除南美洲外，大部分都分布在澳大利亚。澳大利亚由于环境稳定，所以特有地球演化过程中保留下来的古老生物种类，它们虽显得原始，却成为人类研究地球演化历史的活化石。

2. 经济环境

澳大利亚是一个高度发达的资本主义国家。2021 年国内生产总值（GDP）全球排名第 13，人均生产总值达到 5.99 万美元。澳农牧业发达，自然资源丰富，澳大利亚长期靠出口农产品和矿产资源赚取大量收入，盛产羊、牛、小麦和蔗糖，同时也是世界重要的矿产资源生产国和出口国。农牧业、采矿业为澳传统产业。澳大利亚的高科技产业近几年有较快发展，在国际市场上竞争力有所提高。自 20 世纪 70 年代以来，澳大利亚经济经历了重大结构性调整，旅游业和服务业迅速发展，占国内生产总值的比重逐渐增加，当前已达到 70% 左右。黄金业发达，已经成为世界屈指可数的产金大国。服务业是澳经济最重要和发展最快的部门。经过 30 年的经济结构调整，已成为国民经济支柱产业，占国内生产总值 80%以上。产值最高的行业是房地产及商务服务业、金融保险业。澳大利亚对国际贸易依赖较大。澳与 130 多个国家和地区有贸易关系，主要贸易伙伴依次为中国、日本、美国、新加坡、英国、韩国、新西兰、泰国、德国和马来西亚。

3. 航空运输

澳大利亚是全球第 8 大航空市场。2021 年，运行国内航班 39.4 万架次，运送国内旅客 2498 万人次。其中墨尔本—悉尼、布里斯班—悉尼、布里斯班—墨尔本航线为最重要的三条国内航线。主要国内航空公司有“澳洲航空”（Qantas）和“捷星航空”（Jetstar）。2021 年，运行国际航班 4.5 万架次，运送国际旅客 112.3 万人次。

澳大利亚及其境外属地共有 480 个已领取牌照的机场，设跑道的机场 349 个。澳大利亚有 12 个国际机场，为国际航空公司的班机提供服务。60 家航空公司经营往返于国际航线。年客流量超过 1000 万人次的国际机场有悉尼、墨尔本、布里斯班和珀斯。悉尼机场是最大国际机场，占澳国际旅客往来量的 50%。航空业务主要由澳航（Qantas）、维珍澳大利亚（Virgin Australia）两个航空公司主导。

（1）主要航空公司

澳洲航空公司（QF）于 1920 年在澳大利亚昆士兰州创立，是全球历史最悠久的航空公司之一。澳洲航空公司是澳大利亚第一大航空公司，是澳大利亚国家航空公司，其母公司为澳洲航空集团。澳洲航空的袋鼠标志，象征着可靠、安全、先进技术及优质服务。澳洲航空公司连同其附属的 QantasLink、JetConnect 的航线网络覆盖大洋洲，延伸至东南亚、东亚及印度、英国、德国、美国、加拿大、南非等地。澳洲航空的枢纽是悉尼机场和墨尔本机场，澳洲航空运营的国际航班将航线连接到布里斯班、佩斯、新加坡樟宜国际机场、洛杉矶国际机场和伦敦希思罗机场。澳洲航空的国内枢纽是悉尼、墨尔本、佩斯、布里斯班的机场，以及重点城市如阿德莱德、凯恩斯和堪培拉的机场。

（2）主要机场

① 悉尼机场（SYD）：悉尼机场，亦称作金斯福德·史密斯国际机场，位于新南威尔士州悉尼马斯觉，也是澳洲航空、维珍蓝航空、捷星航空、区域快线的枢纽机场。悉尼机场是全球持续运营时间最长的机场之一，也是全澳大利亚最繁忙的机场。悉尼机场有 3 条跑道，是澳大利亚各首府中占地最小的机场。

② 墨尔本机场（MEL）：墨尔本机场是澳大利亚维多利亚州墨尔本的主要民航机场，也是澳大利亚第二繁忙的机场，距离墨尔本商业中心区有 23km。墨尔本机场于 1970 年启用并取代附近的艾森顿机场（Essendon Airport），成为墨尔本大都会区四个机场中唯一的国际机场。墨尔本机场拥有多条直航航线前往澳大利亚所有首府、各大洋洲、亚洲、非洲、欧洲、北美航点。墨尔本机场是澳大利亚航空、维珍蓝航空、老虎航空的枢纽机场。墨尔本机场的出口货运量列澳大利亚各机场之冠；进口货运量则列澳大利亚第二。两家货运航空公司 Australian air Express 和 Toll Priority 的总部均设于墨尔本机场；机场的国内货物吞吐量亦列全澳之冠。

4. 主要城市

（1）堪培拉

堪培拉是澳大利亚的首都，位于澳大利亚东南部山脉区的开阔谷地上。1913 年按规划始建，1927 年联邦政府从墨尔本迁此。以银行、饭店和公共服务业为主要经济部门。有铁路连接各大城市。有澳大利亚国立大学（连续多年澳大利亚大学排名第 1 位）、堪培拉大学和国立图书馆。市区西南有宇宙航行跟踪站。旅游业甚盛。气候温和，四季分明。作为澳大利亚政治中心，堪培拉城内建有澳大利亚国会大厦、澳大利亚高等法院和众多其他政府部门与外交机关。它也是许多全国性社会和文化机构的所在地，例如澳大利亚战争纪念馆、澳大利亚国立大学、澳大利亚体育学会、澳大利亚国立美术馆、澳大利亚国立博物馆及澳大利亚国家图书馆。澳大利亚军队总部，以及主要军事教育机构邓特伦皇家军事学院和澳大利亚国防学院也设在堪培拉。

（2）悉尼

悉尼，澳大利亚第一大城市及新南威尔士州首府，澳大利亚经济、金融、航运和旅游中心，世界著名的国际大都市。悉尼位于澳大利亚东南沿海。悉尼市环绕杰克逊港（包括雪梨港）而建，20世纪以来成为世界著名的海港城市。悉尼在澳大利亚国民经济中的地位举足轻重。2013年，悉尼的区域生产总值达到3374.5亿美元，高于丹麦、中国香港、新加坡等发达国家及地区。高度发达的金融业，制造业和旅游业是悉尼市场经济的主体。其中，世界顶级跨国企业、国内外金融机构的总部均扎根悉尼。同时，悉尼也是澳大利亚证券交易所、澳大利亚储备银行以及美国20世纪福克斯制片厂的所在地。悉尼是多项重要国际体育赛事的举办城市，曾举办过包括1938年英联邦运动会、2000年悉尼奥运会及2003年世界杯橄榄球赛等。作为国际著名的旅游胜地，悉尼以情人港、海滩、歌剧院和港湾大桥等标志性建筑而闻名遐迩。

（3）墨尔本

墨尔本是澳大利亚维多利亚州的首府、澳大利亚联邦第二大城市，澳大利亚文化、工业中心，是南半球最负盛名的文化名城。墨尔本曾是澳大利亚联邦的首都，城市绿地率高达40%。大墨尔本地区面积达到8806km^2，是南半球较广大的都会区之一。墨尔本城市环境非常优雅，曾荣获联合国人居奖，并连续多年被联合国人居署评为“全球最适合人类居住的城市”。墨尔本有“澳大利亚文化之都”的美誉，也是国际闻名的时尚之都，其服饰、艺术、音乐、电视制作、电影、舞蹈等潮流文化均享誉全球。墨尔本是南半球第一个主办过夏季奥运会的城市，一年一度的澳大利亚网球公开赛、F1赛车澳大利亚分站、墨尔本杯赛马等国际著名赛事都在墨尔本举行。

澳大利亚航空运输资源及主要城市情况见表7-11。

澳大利亚主要航空公司、主要机场、主要城市　　表7-11

航空运输要素	航空公司	代码	总部/所在地	市场地位
航空公司	澳大利亚航空公司 寰宇一家	QF	悉尼	澳大利亚最大航空公司
机场	悉尼机场	SYD	悉尼	澳大利亚最大 最主要客运机场
	墨尔本机场	MEL	墨尔本	澳大利亚第二 最主要货运机场
城市	悉尼	SIN	悉尼	最大的城市
	墨尔本	CBR	墨尔本	新金山 第二大城市
	堪培拉	MEL	堪培拉	首都

本章思维导图

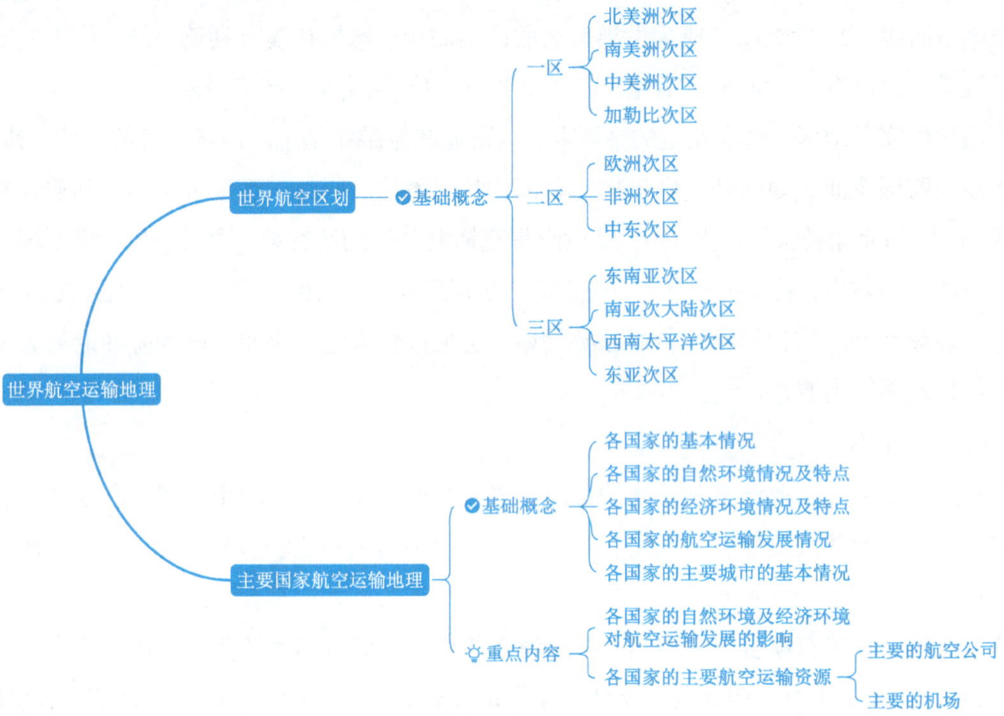

练 习 题

一、填空题

1. 按照IATA的航空区划，日本属于第______大区，______子区。
2. 日本领土是由_______、_______、_______、_______四大岛及7200多个小岛组成。
3. 全日空的两字代码是________，其属于_______联盟。
4. 按照IATA的航空区划，韩国属于第______大区，______子区。
5. 按照IATA的航空区划，加拿大属于第______大区，______子区。

二、单选题

1. 世界第一个海上国际机场是________。

A. NHD　　B. KIX

C. SIN　　D. ICN

2. 名古屋的三字代码________。

A. TYO　　B. OSA

C. FUK　　D. NGO

3. 被誉为东方十字路口的国家是（　　）。

A. SG　　B. AU

C. JP　　D. SQ

4. 下列哪个城市是 CA 最大的城市（　　）。

A. YOW　　B. YTO

C. TYO　　D. YMQ

5. AU 的首都是（　　）。

A. SYD　　B. YOW

C. CBR　　D. MEL

6. 下列位于东亚子区的城市是（　　）

A. SEL　　B. HKG

C. TSN　　D. KUL

三、多选题

1. 以下属于星空联盟的成员是（　　）

A. NH　　B. QF

C. OZ　　D. SQ

2. 下列描述正确的有（　　）

A. 被誉为“新金山”的城市是 MEL

B. AU 有“坐在矿车里的国家”之称

C. SEL 是 KR 的第一大贸易港口

D. JP 被誉为“硅岛”的是本州

E. PEK 是枢纽机场

3. 澳大利亚属于（　　）子区，美国属于（　　）子区。

A. 西南太平洋，南大西洋　　B. 欧洲，北大西洋

C. 西南太平洋，北大西洋　　D. 南大西洋，北大西洋

四、判断题

1. 日本平原狭小，境内多山，逼迫日本创新填海造陆建造机场。（　　）

2. 当前里日本经济发展水平优于表日本，相对应的里日本的航空运输要比表日本更为发达。（　　）

3. 日本四面临海，可促进其国内航空运输的发展。 （ ）
4. 加拿大的首都是YOW。 （ ）

五、简答题

1. 简述世界航空运输区划情况。
2. 简述日本的地理环境对航空运输发展的影响。
3. 简述韩国的地理环境对航空运输发展的影响。
4. 简述美国航空区划情况。
5. 简述美国主要的航空运输资源情况。
6. 简述新加坡航空运输快速发展的原因。

参考文献

[1] 潘玉君，武友德. 地理科学导论[M]. 2 版. 北京：科学出版社, 2014.

[2] 万青. 航空运输地理[M]. 3 版. 北京：中国民航出版社, 2021.

[3] 谭惠卓. 航空运输地理教程[M]. 北京：中国民航出版社, 2007.

[4] 唐小卫. 航空运输地理[M]. 北京：科学出版社, 2012.

[5] 朱沛. 机场规划与运营管理[M]. 北京：兵器工业出版社, 2003.

[6] 陈慧琳. 人文地理学[M]. 3 版. 北京：科学出版社, 2013.

[7] 王娇娥，莫辉辉. 航空运输地理学研究进展与展望[J]. 地理科学进展, 2011, 30(6): 670-680.

[8] 金子兴，魏华，戴周丽. 飞行员和宇航员眼中的昼与夜[J]. 地理教学, 2013, 21: 57-59.